氢能与燃料电池

黄国勇　主编

中国石化出版社

内 容 提 要

“氢”是一种洁净的二次能源载体，可为燃料电池提供氢源，有望成为“后化石能源时代”能源主体，催生可持续发展的氢能经济，对发展氢能与氢燃料汽车具有巨大的能源战略意义。本书系统地介绍了氢能概要、氢气的传统制备方法与新型制备方法、氢气的提纯、氢气的储存及运输、氢燃料电池、氢燃料电池汽车和氢能产业前景等。

本书作者根据研究生课程《新能源材料设计与制备》多年授课经验编著此书，可为我国氢能从业者提供科普资料或为相关专业本科、研究生课程提供参考教材。

图书在版编目(CIP)数据

氢能与燃料电池 / 黄国勇主编 . —北京：中国石化出版社，2020. 8（2025. 7 重印）
ISBN 978-7-5114-5902-2

Ⅰ. ①氢… Ⅱ. ①黄… Ⅲ. ①汽车-氢燃料-燃料电池 Ⅳ. ①U463. 63

中国版本图书馆 CIP 数据核字（2020）第 140638 号

中国石化出版社出版发行

地址：北京市东城区安定门外大街 58 号
邮编：100011 电话：(010)57512500
发行部电话：(010)57512575
http://www.sinopec-press.com
E-mail:press@sinopec.com
北京艾普海德印刷有限公司印刷
全国各地新华书店经销

*

710 毫米×1000 毫米 16 开本 16.75 印张 308 千字
2020 年 9 月第 1 版 2025 年 7 月第 4 次印刷
定价：78.00 元

前 言

PREFACE

随着全球气候恶化、石油危机加剧、人口剧增对整个社会的影响不断加重，实行可持续发展的战略迫在眉睫。氢能是一种绿色、高效的二次能源，具有来源广、燃烧热值高、清洁无污染、可储能等优点，以其独有的优势赢得了人们的青睐。目前，氢能还没有被大规模普及应用，但其已成为能源领域的未来之星。随着制氢与储氢的研究更为深入，氢能在解决环境污染和能源危机方面的巨大潜力将会逐渐释放，其应用前景将会更为广泛。同时，氢能可应用于氢燃料电池，其具有能量转化率高、噪声低、零排放等优点，有望成为下一代电动汽车电源。因此，发展氢能与氢燃料汽车具有巨大的能源战略意义。

然而，我国氢能产业刚刚起步，相关教材、专业书籍等不足，亟须针对氢能行业发展需求，编制氢能与燃料电池领域从业书籍。本书作者根据中国石油大学(北京)研究生课程《新能源材料设计与制备》多年授课经验编著此书。全书按内容共分为8章，包括氢能概要、氢气的传统制备方法与新型制备方法、氢气的提纯、氢气的储存及运输、氢燃料电池、氢燃料电池汽车和氢能产业前景等。本书可为我国氢能从业者提供科普资料或为相关专业本科、研究生课程提供参考教材。

本书第1章首先对氢进行了详细的介绍，包括氢的发展史和形态、氢的分布、氢的同位素、氢的性质等，使读者对氢能有初步的了解。在地球上，氢元素主要以化合物形式存在，因此，必须通过人工手段将化合态氢元素还原成氢单质，从而加以利用。高效安全的制氢方法对我国氢能产业的发展具有十分重要的意义，随后第2章、第3章介绍了氢气的传统制备方法和新型制备方法。由于氢燃料电池汽车所用燃料氢气的品质标准非常苛刻，必须对现有氢气进行进一步分离与提纯，使其达到使用标准，故第4章主要介绍氢气的提纯。同时，为了开发具有更高能量密度潜力的先进存储方法，第5章详细介绍了氢气的储存及运输。接着引出第6章氢燃料电池，详细介绍了六种氢燃料电池，包括它们的工作原理、结构、关键材料、影响电池性能的因素、优缺点、应用领域和发展状况等。第7章大致介绍了氢燃料电池汽车。第8章侧重于介绍当前国内外氢能产业的发展状况，提出了我国氢能产业今后发展方向与建议。

全书由中国石油大学(北京)黄国勇教授主编，作者参阅了国内外的大量专著、学术论文和教材。黄国勇教授课题组王馨、侯学军、程文博、成建凤等研究生参加了此次编写工作。

由于编者水平有限，书中难免存在错误与不妥之处，敬请读者批评指正，在此致以最诚挚的感谢。

目　录

CONTENTS

第1章 氢

1.1 氢的概述

1.1.1 氢元素

宇宙中存在着丰富的氢。在原始太阳系星云中，氢所占的比重按质量计为75.0%，其次为氦，占23.8%，宇宙几乎是由氢和氦组成的。在宇宙中，质量数大的其他元素(重元素)是由最简单的氢元素开始，通过核聚变反应而生成的。对于太阳来说，它的能量来自其体内大量存在的氢的核聚变反应。

在地球上，大气中存在的单体氢气分子仅为0.5×10^{-6}(体积分数)左右。由于大气中含有氧气，氢气分子不能作为单体稳定地存在，它会与氧结合生成水，以氢氧化物或者配位水及结构水存在于矿物中。另外，氢还能与其他元素形成各种各样的化合物而存在，如碳氢化合物或者氨的衍生物等。虽然氢在地壳中的含量按质量分数计仅为较小的0.14%，但它在非金属中排在氧、硅之后的第3位，在所有元素中排第10位。

氢元素是元素周期列表中排列第1且是世界上最古老的元素，其同位素有质量数为1的氕(H：Protium，相对原子质量1.007825)、质量数为2的氘(D：Deuterium，相对原子质量2.014102)和质量数为3的氚(T：Tritium，相对原子质量3.0105)，三者原子核中都只有1个质子，而中子数分别是0、1、2。

1.1.2 氢的发展史及其形态

1.1.2.1 氢的发展史

氢虽然是世界上最古老的元素之一，但是人们对氢的发现是在18世纪。1766年，英国物理学家、化学家亨利·卡文迪什(H. Henry Cavendish)在实验过程中发现金属锌与盐酸之间反应产生了一种气体，并发现其与空气混合一遇火星就会发生爆炸。经过多次实验卡文迪什发现了这种新气体与普通空气混合后发生爆炸的极限，随后不久他又测出了这种气体的密度以及燃烧后的产物是水。1787年法国化学家拉瓦锡(Antoine-Laurent de Lavoisier)证实了水是由氢、氧两种元素构成的。由于氢是水的组成元素，故将氢称为“水素”。

1931年，氢的同位素氘被美国著名化学家、物理学家哈罗德·尤里(Harold Clayton Urey)发现。尤里给他定了一个专有名词“Deuterium”，中译名氘(读作dāo)，符号D。后来英美科学家又发现了质量数为3的“Tritium”，中译名为氚(读作chuān)，符号T，是具有放射性的另一重要的氢同位素。

2016年，英国科学家使金刚石对顶砧处于一个超级高压状态，生成了一种固体金属状态的“第五状态氢”。“第五状态氢”一般存在于大型天体(行星或太阳内核)之中，分子形式主要为单原子，电子与金属电子具有同样的特性。

1.1.2.2 氢的形态

氢气可以气、液、固三种状态存在，下面将分别对各种状态的氢及其特性进行介绍。

1. 气态氢

常温常压下，氢气是一种无色无味、极易燃烧且难溶于水的气体，其密度只有空气的1/14，是目前已知的世界上密度最小的气体。所以，氢气同氦气一样被广泛应用在飞艇、氢气球的填充气体等方面。此外氢气还被用作还原剂。

(1) 气态氢的制取包括实验室制氢和工业制氢

实验室制氢的原理主要是利用金属活动性比氢强的金属单质与酸反应，置换出氢气。用锌与稀硫酸反应：

$$Zn+H_2SO_4 \rightleftharpoons ZnSO_4+H_2\uparrow \tag{1-1}$$

工业制氢包括传统的石油制氢、煤制氢、天然气制氢以及新型的制氢方法(比如生物质制氢、电解水制氢、太阳能制氢等)。

(2) 气态氢的用途

目前，氢能产业作为最具前景的热门产业之一受到世界范围内的广泛关注，气态氢在各领域都受到了广泛的应用，主要用途见表1-1。

表1-1 气态氢的主要用途

行业	用途
化工领域	主要用作合成氨、甲醇的原料。世界上约60%的氢用在合成氨上，生产1t合成氨需要336Nm^{3}氢气，生产1t甲醇约需要560Nm^{3}氢气
石油工业领域	主要用于石油加氢脱硫、粗柴油加氢脱硫、燃料油加氢脱硫、加氢裂化、C_3馏分加氢、$C_6 \sim C_8$馏分加氢脱烷基、生产环已烷等

续表

行业	用　途
玻璃生产领域	氢气在浮法玻璃生产中被用作使锡槽中液态锡不被氧化的保护气。在该应用中氢气的纯度要求 99.999%
电子领域	主要用于半导体，电真空材料、硅晶片、光导纤维生产等领域。在该应用中氢气是作为反应气、还原气或保护气来使用的。例如在钨和钼的生产过程中，用氢气还原氧化物得到产品粉末
冶金领域	主要用氢气作还原气，将金属氧化物还原为金属。此外，在高温锻压部分金属器材时，用氢气作为保护气氛，以保护表面不被氧化
食品加工领域	主要将氢气用于天然食用油中不饱和成分的氢化处理。经氢化处理的产品就能阻止细菌生长，适合长期储存，并提高油的黏度
医疗领域	氢气的选择性抗氧化，对各类疾病过程中的氧化损伤、炎症反应、细胞凋亡和血管异常增生等具有治疗作用。此外，氢气对以脑血管疾病和老年痴呆为代表的中枢神经系统疾功能紊乱都具有明显保护作用

2. 液态氢

(1) 液氢的生产

液氢是氢作为能量载体时较好的使用和储存方式之一，因此在氢能开发应用时，液氢的生产是重要环节之一。由于氢气的转化温度最高为-252.75℃，所以只有将气氢冷却到转化温度以下，再通过节流膨胀的方法将其转化为液氢。

液氢的生产一般有节流氢液化循环、带膨胀机的氢液化循环和氦制冷氢液化循环三种方法。1859 年，德国制冷工程师、低温实验学家林德(Linde)和英国工程师汉普逊(Hampson)提出了节流循环；1902 年，带有活塞式膨胀机的空气液化循环由法国工程师克劳特(Kraut)首先实现；氦制冷氢液化循环以氦为制冷介质，通过制冷循环使得氢冷凝液化成为液氢。

通过对比氢液化过程中的能量消耗，节流循环消耗的能量最高，氦制冷氢液化循环次之，带膨胀机的液化循环能量消耗最低。倘若以节流循环作为基准来看，氦制冷氢液化循环单位能耗相对于前者要低 25%，带膨胀机的液化循环要低 50%。所以大型氢液化生产装备中广泛使用循环效率最高的带膨胀循环，而小型氢液化装备中多采用流程较为简单、无低温运行部件的节流循环。氦制冷氢液化循环具有设备运行安全、能够消除处理高压氢危险的优点，但由于系统设备复杂，所以在氢液化过程中应用较少。

(2) 液氢的应用瓶颈

液氢的性质不同于普通液体，具有缔合力小、极性弱、温度范围窄、离子化程度低、密度和黏度较低等特点。通常情况下，液氢的物理性质处于低温液体与惰性气体之间。

液氢以其特有的性质主要作为航天航空火箭发动机燃料，目前在应用过程中还存在下列缺点：

1）由于飞行过程中液氢在储箱中的晃动导致航天器的状态不稳定；

2）温度分层；

3）低密度；

4）使用过程中挥发速率较高，会产生一定的能量损失和危险性。

(3) 液氢的优化

为了克服上述缺点，科学家提出了一些有效的方法。一是通过低温冷冻的方式，使其生成一种液氢与固氢的混合物泥氢，以解决低密度的问题；二是通过向液氢中加入胶凝剂生成胶氢的方式来提高密度，它与液氢一样呈流动状态。

通过有效的改善，胶氢相对于液氢来说具有以下优点：

1）提高密度。通过在液氢中加入不同用量的胶凝剂，能够不同程度地提高其密度，添加一定含量铝粉胶凝剂，密度可提高 300%左右。

2）提高比冲可以有效地提高发动机的发动能力。

3）安全性提高。胶氢相较于液氢来说黏度增加了 2~4 倍，大大降低了泄漏风险。

4）降低液体晃动性。由于生成胶氢后，黏度、密度都相对提高，其液面的晃动会相对变弱。

5）降低蒸发速度。液氢凝胶化以后，蒸发速率仅为液氢的 25%。

3. 固体氢

固体氢是通过冷却的方式使液氢的温度降低到-259. 2℃以下时生成的一种白色雪花状的固氢。

(1) 固体氢变成金属态的条件

在较高的压力下，半导体、绝缘体乃至分子固体氢有成为金属态的趋势。研究结果表明，通过谱带交叠的方式在 300GPa 下固体氢会变成金属态。为了进一步了解情况，科学家在更高的压力下进行光谱测量，首次发现了带隙随密度变化的现象，但并未发现金属氢的存在。科学家预测，直接带隙的闭合可能在 450GPa 左右的压力下出现，这是人们探索金属氢所追求的下一个目标。

(2) 固体氢的用途

1）冷却器。1999 年 3 月 4 日，美国航空航天局采用一台 30cm 口径的红外线望远镜研究星系的形成和演变过程，该望远镜需要采用固态氢的低温冷却系统来保持其灵敏度。

2）高能燃料。研究表明，固态氢还是一种高温高能燃料，若能够将其应用于航天航空领域，一方面可以作为飞行器非重要的零件使用，另一方面还可作为燃料使用。在运行过程中，可通过转化非重要部件材料为能源维持飞船的运行时间。

3）高能炸药。由于氢气是一种极易燃的气体，当其处于压缩固态时，具有极强的爆炸威力，相当于TNT的20~35倍，目前仍处于军事研究中。

1.1.3　氢的分布

1.1.3.1　地球上的氢

按照地球物理学分类法，将地球分为地表、地核、地幔。其各圈层氢的丰度(一种化学元素在某个自然体中的质量占这个自然体总质量的相对份额，$\times10^{-6}$)分别为：地核30、地幔1.26×10^3、地壳1.4×10^3。在地球的矿物中，氢主要以OH^-、H_2O以及H^+形式存在(如在某些盐类矿物中)。地球外圈的氢主要是以水的形式存在，水中的氢约占水总质量的1/9，如果将海水中的氢提取出来，其燃烧所产生的热量是化石燃料的9000倍。

1.1.3.2　空间中的氢

在大气层中，氢的含量随高度的上升逐渐升高。对流层及平流层中几乎没有氢的存在，大气内层氢的含量约占50%，而随着高度的上升大气外层氢的含量约为70%左右。氢是太阳光球中含量最高的元素，是硅含量的25000倍。天体中的部分行星是由高度压缩的氢组成，有数据表明太阳及其行星中氢占原子总量的92%。

1.1.3.3　人体中的氢

氢也是生命元素，组成人体的元素有60多种，其中常量元素O、C、H、N、Ca、P、K、S、Na、Cl、Mg共11种，占人体质量的99.95%以上。一个体重70kg的成年人体内O、C、H、N、Ca、P分别占人体质量的61%、23%、10%、2.6%、1.4%和1.1%。氢在人体内是排第三位的元素，位于氧、碳之后，也是组成一切有机物的主要成分之一。

1.1.4　氢的同位素

同位素是指质子数相同而中子数不同的一种元素的不同核素。

科学界公认的氢有三种同位素，即氕，记作^1H或H；氘，记作^2H或D；氚记作^3H或T。氕和氘可以稳定地存在，而氚是具有放射性(半衰期12.33年)的同位素。在自然界的储量中，氕为99.985%，占绝大部分；氘为0.015%，占很小部分；天然氚只占极少量，但可以利用^{6}Li等的核反应生成物来获得，还可以作为同位素示踪物来使用。

1.1.4.1 氢同位素的发现

英国物理学家索第(F. Sody)与卢瑟福(E. Rutherford)于1913年首先提出同位素问题。索第认为，同位素的相对原子质量和放射性是不同的，但其他的物理和化学性质相同。此后的几年内，人们虽然相继发现了200多种具有同位素的元素，但是氢的同位素却一直没有被发现。1919年，德国物理学家斯特恩(O. Stern)认为，氢的相对原子质量为1.0079，估计它应具有一种同位素，即一种相对原子质量为2的氢同位素。根据1~1.0079之间的差值来估计它们的相对丰度值，氢的同位素应占1%左右，但他和同事试图从实验上加以证实却未获成功。

1927年，英国化学家阿斯顿(Aston)以氧的相对原子质量为16.0000为标准，用质谱仪对氢元素进行了质谱分析，测得的氢与氧的比值是1.0077∶16.0000，这个比值与化学方法测得的比值非常一致，以至于阿斯顿认为，氢元素是没有同位素的，它是一个“纯粹的”元素。

氢的同位素氘(D)是被哈罗德·尤里发现的。1931年，科学家尤里通过将液氢在一定条件下缓慢蒸发，随后对剩余液氢进行光谱分析。结果发现，在氢的光谱线中出现新的谱线，该谱线的位置与预期质量为2的谱线一致，从而确定了重氢的存在。尤里将这个新发现的同位素命名为Deuterium，简写为D，中文译作“氘”。遗憾的是，尤里等人未发现他们曾预言的相对原子质量为3的氢的同位素。

1934年，澳大利亚物理学家奥利芬特(Oliphant)用粒子加速器轰击氘核，生成一种具有放射性的新同位素，相对原子质量为3，命名为Tritium，中译名为氚，符号T，是具有放射性的另一种重要的氢同位素，其半衰期为12.26年。

2001年，日本和俄国科学家合作对碳原子进行轰击，随后用液态氢对所制造的质子数为2、中子数为4的氦6进行轰击，获得了质子数为1、中子数为4的^{5}H。由于^{5}H的稳定性较差，在较短的时间内就会发生衰变。因此，人们通常认为氢只有三个同位素。

1.1.4.2 氢同位素的性质

由于氢几乎全部是由^{1}H组成的，所以，氢最轻的同位素^{1}H的性质就决定了氢的性质。^{1}H和D的分离可用电解法，电解水时，^{1}H的迁移速度比D的迁移速度快6倍，这样，剩余物中D的浓度提高。重复电解，则得到D_2O，即重水。氢的同位素的性质见表 1-2。

表 1-2 氢的同位素的性质

同位素	英文名称	标记	相对原子质量	单质沸点/℃	丰度	半衰期/年
^{1}H	Hydrogen	H	1	-252.77	99.9844%	
^{2}H	Deuterium	D	2	-249.57	0.0156%	
^{3}H	Tritium	T	3	-248.12	10^{-17}	12.26

1.1.4.3 氢同位素的用途

1. 热核反应的原料

这是氢同位素最重要的用途。氢的同位素氘和氚是氢热核聚变的材料，在一定条件下，氘和氚发生核聚合反应即核聚变，生成氦和中子，并发出大量的热。

2. 利用氢同位素测定地质的历史

随着稳定同位素研究的进展，利用氧、氢同位素测定古温度(地质时期的地表温度)已成为沉积地球化学与环境分析研究的前沿课题。自 20 世纪开始，美国等发达国家的研究人员就在南极大陆等地通过分析不同年代冰盖深处冰芯中气体含量、颗粒物质、各种同位素等，确定了当时地球的大气成分、气温、降水量等环境情况。

3. 同位素示踪

氘和氚可以作为“示踪剂”来研究化学过程和生物化学过程的微观机理。因为氘原子和氚原子都保留了普通氢的全部化学性质，而氘、氚与氢的质量不同，氚与氢的放射性不同，这样就可以深入研究被示踪分子的来龙去脉。例如：利用氢同位素记录污水的历史，可以控制污水排放；在“氢稳定同位素质谱技术”的基础上，研究出一种能够追溯环境污染源的“分子水平氢稳定同位素指纹分析法”。

1.1.5 氢的性质

1.1.5.1 氢的物理性质

氢元素是元素周期表中排列第一位的元素。氢气是一种无色无味、难溶于水的气体。在标准大气压下，在处于-252.77℃的低温情况下，氢气会液化成无色的液体；随着温度的继续降低，在-259.2℃时，有无色液体转变为白色雪花状固体的固态氢。在自然界中，氢主要与碳、氧等元素结合以化合物的形式存在。氢的物理常数见表 1-3。

表 1-3　氢的物理常数

序号	性质	条件或符号	单位	数据
1	原子序数			
2	原子半径		pm	28
3	相对原子质量	H		1.008
4	相对分子质量	H_2		2.016
5	范德华半径		pm	120
6	离子半径	鲍林(Pauling)离子半径	pm	203
7	共价半径		pm	37.1
8	摩尔体积	标准状况下	L/mol	22.42
9	熔点		℃	-259.2
10	沸点		℃	-252.77
11	H—H 键能		kJ/mol	436
12	H—H 键长		μm	0.07414
13	介电常数	气氢 20℃，0.101MPa	F/m	1.000265
		气氢 20℃，2.02MPa	F/m	1.00500
		液氢-253℃	F/m	1.225
		固氢-259℃	F/m	0.2188
14	电负性	元素(鲍林标度)		2.20
15	电离能	氢分子(H_2)	kJ/mol	1489.5
16	临界温度	常态	K	33.19
17	临界压力	常态	MPa	1.315
18	临界密度	常态	g/cm^3	0.0310
19	临界体积	常态	L/mol	0.0650
20	临界温度	平衡态	℃	-240.17
21	临界压力	平衡态	atm	12.77
22	临界密度	平衡态	g/cm^3	0.0308
23	比定压热容(C_p)	100℃，1atm	cal · g · ℃	3.428
24	比定容热容(C_V)		cal · g · ℃	2.442

注：1atm = 101.325kPa。

1.1.5.2　氢的化学性质

由于氢键的结合力较强，在通常情况下较为稳定，与其他物质的反应基本在高温或高压条件下进行。在高温或催化剂存在的条件下，氢气性质活泼，与金属、非金属等能够发生化学反应。

1. 与金属的反应

氢能够在加热或隔绝空气的情况下与一些活泼型金属如钾、钠、钙、镁等反应生成氢化物。其与金属钠、镁的反应式为：

$$2Na+H_2 \xrightarrow{\text{隔绝空气}} 2NaH \tag{1-2}$$

$$Mg+H_2 \xrightarrow{\triangle} MgH_2 \tag{1-3}$$

在高温下，氢气与金属氧化物的反应如下(以氧化铜为例)：

$$H_2+CuO \xrightarrow{\text{高温}} Cu+H_2O \tag{1-4}$$

2. 与非金属的反应

在光、热等条件下，氢气能够与一些非金属进行反应(如氧、氯、硫等)，其反应式为：

$$H_2+Cl_2 \xrightarrow{\text{光照或点燃}} 2HCl \tag{1-5}$$

$$2H_2+O_2 \xrightarrow{\text{点燃}} 2H_2O \tag{1-6}$$

$$H_2+S \xrightarrow{\text{高温}} H_2S \tag{1-7}$$

此外，在高温情况下，氢气能够与氯化物发生还原反应，其反应式为：

$$TiCl_4+2H_2 \xrightarrow{\text{高温}} Ti+4HCl \tag{1-8}$$

$$SiHCl_3+H_2 \xrightarrow{\text{高温}} Si+3HCl \tag{1-9}$$

$$SiCl_4+2H_2 \xrightarrow{\text{高温}} Si+4HCl \tag{1-10}$$

3. 氢气的加成反应

在高温、高压、催化剂等共同作用下，氢气具有与碳碳重键和碳氧重键发生加成反应的能力。在工业中，通常利用氢气与醛、酮等反应生成醇，与不饱和有机物反应生成饱和有机物进行工业生产。工业应用中，一氧化碳与氢气的反应如下：

$$2H_2+CO \xrightarrow{\text{高温高压催化剂}} CH_3OH \tag{1-11}$$

1.1.5.3 氢键

1. 氢键——质子的化学特征

氢键是一种分子间或分子内部存在的一种相互作用，当氢原子与一些电负性较大的原子结合后，在靠近半径小、电负性同样较大的原子(氧、氟、氮等)时，两原子之间便会以氢为介质形成氢键。

2. 氢键的分类

(1) 分子间氢键

分子间氢键是分子与分子之间形成的键，通常情况下黏度比较大。当这些具有较多氢键的物质如浓硫酸、甘油等在熔化或气化过程中，由于还需要能量破坏分子间的氢键，所以相较于同系列氢化物具有较高的熔点沸点。

(2) 分子内氢键

分子内氢键是一些分子内部之间形成的键。分子内氢键与分子间氢键的结构不同，其往往会受到环状结构的影响，形成的物质熔点、沸点也会较低。

(3) 双氢键与 Π 氢键

分子与分子之间除了能形成分子间氢键外，还可以形成氢化物在脱氢过程中间体的双氢键。此外，在蛋白质和多肽中还存在能够作为质子受体的大 Π 键形成的 Π-氢键。

3. 氢键的理化性质

氢键一般是在物质处于液体状态下形成的，但是某些情况下也会在部分固态或气态中继续存在。而氢键的存在对物质的性质也会有影响。例如有分子内氢键存在的物质其熔点和沸点高，而分子间氢键存在的物质其熔点和沸点较低、溶解度大、黏度大。有分子间氢键存在的物质若发生缔合现象，其还会对液体的密度具有一定的影响。

1.2 作为能量载体的氢

现代文明是以消耗石油等化石燃料为前提构筑起来的。化石燃料是过去数亿年由有机物和植物在地下分解而形成的，其质量和体积能量密度都非常高(例如，汽油的质量能量密度为 44.4MJ/kg，体积能量密度为 32.4MJ/L)。人类当前消耗化石燃料的场所越来越广阔，所以，低密度且变化大的可再生能源很难用以维持现代文明体系。为此，必须把可再生能源作为一次能源，通过一定方式转换成作为能量载体的二次能源来实现这一目的。这种二次能源需要具备以下特性：

1) 可简单地从一次能源中获取；

2) 向各种形态能量的转换效率高；

3) 便于消费者使用；

4) 大量储藏到少量储藏均可以做到；

5) 从短距离运输到远距离运输均易实现；

6) 使用无环境污染。

氢气作为当前最具有发展潜力的二次能源，其具有以下特性：

1. 存储方式多样

作为重要储藏指标的氢储藏量及能量密度见表 1-4。在储氢合金里，以原子形式进入晶体的晶格间形成金属氢化物，在常温、常压下，氢可被压缩至原体积的 1/1000 以下。当大规模储藏时可以采用气体形式，运输时可以采用液体形式，用于交通设备或小规模储藏时可以采用金属氢化物。

表 1-4 储藏量及能量密度的比较

储藏介质	氢的含量/%（质）	氢的储藏量/（g/cm^3）	能量密度(氢的燃烧热)/（J/g 介质）	（J/cm^3介质）
标准状态的气体	100	8.9×10^{-5}	143000	13
氢气瓶(250atm)	100	0.017	143000	2430
液氢(-253℃)	100	0.070	143000	10010
MgH_2	7.6	0.110	10870	15730
TiH_2	4.0	0.151	5720	21593
Mg_2NiH_4	3.6	0.093	5150	13300
$TiFeH_{1.9}$	1.8	0.095	2570	13590
$LaNi_5H_6$	1.4	0.103	2000	14730
$MmNi_{4.5}Mn_{0.5}H_{6.6}$	1.5	0.101	2150	14440

注：Mm 为混合稀土。

2. 能量密度大

与其他燃料相比，H_2的单位质量能量大。尽管 H_2的质子数和电子数与氦原子相等，但由于不含中子，其相对分子质量是氦相对原子质量的 1/2，在所有物质中最小，这使其作为燃料具有一定的优势。在 101.325kPa、25℃条件下，作为能量载体的一部分物质(燃料)的单位摩尔和单位质量的燃烧反应化学热值见表 1-5。在这些燃料中，尽管 H_2的单位摩尔的 $\Delta H^\ominus$ 和 $\Delta G^\ominus$ 都最小，各燃料之间的相差也不是很大。如果按以单位质量热值来看，由于 H_2的相对分子质量小，因此其单位质量热值较大。如果把以下燃料作为二次能源或者能量转换介质进行大量储藏与输送，氢气无疑是最好的选择。

表 1-5 各种燃料燃烧反应的化学热值的比较(25℃，101.325kPa)

燃料		$\Delta H^\ominus$/(kJ/mol)	$\Delta H^\ominus/M$/(kJ/g)	$\Delta G^\ominus$/(kJ/mol)	$\Delta G^\ominus/M$/(kJ/g)
氢	H_2	-286	-143	-237	-118
甲烷	CH_4	-890	-55.6	-818	-51.0
一氧化碳	CO	-283	-10.1	-257	-9.2
碳(石墨)	C	-394	-32.8	-394	-32.8
甲醇	CH_3OH	-727	-22.7	-702	-21.9
联氨	N_2H_4	-622	-23.9	-624	-19.5
氨	NH_3	-383	-22.5	-339	-19.9
二甲醚	CH_3OCH_3	-1460	-31.7	-1390	-30.2

3. 能量转化容易

利用电化学系统，H_2和 O_2相对于 H_2O 在化学能与电能之间的相互转化比较容易。如果利用电化学系统，可以把化学能和电能直接进行相互转换。相对于 H_2O，H_2和 O_2的化学能 ΔG 可通过下面的关系转换成电能：

$$\Delta G = -zFU \tag{1-12}$$

式中 z——反应电子数；

F——法拉第常数，C/mol；

U——可逆电池的电动势，V。

在理论上，对于任何燃料，式(1-12)都成立。但由于实际反应是在有限速度下进行的，因此需要额外的能量(过电压)进行补充，而所需额外能量由于燃料不同而相差很大。

4. H_2的燃烧产物无污染、无危害

H_2 的燃烧产物为水，无污染、无危害。

综合考虑以上特性可知，H_2是一种极具利用潜力的二次能源。目前构想的氢能体系如图 1-1 所示。

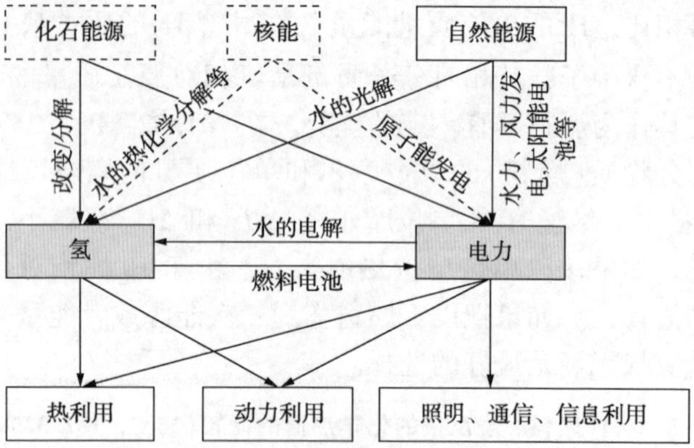

图 1-1 目前构想的氢能体系

1.2.1 氢能利用的意义

氢能是指单质氢气与其他物质(如单质氧气)发生化学反应过程中释放的能量。它具有清洁、高效、循环利用的特点，相比于地热能、风能等，氢能的储存和运输更为方便，它也是“能源互联网”中的重要纽带。在绿色发展的今天，氢能是世界能源舞台上一种极为优越的新能源，主要优点有：燃烧热值高、无污染、资源丰富。

1.2.2　氢能的应用

随着经济、社会的发展，人类对能源的比重逐渐增大，导致当前煤、石油、天然气等非可再生能源消耗过快。据预计，到21世纪中叶化石燃料将面临枯竭的状况。同时由于化石燃料的大量燃烧造成环境污染、温室效应等众多环境问题。20世纪的几次能源危机也不断促使人类去寻找替代能源。具有可持续发展潜力、清洁无污染、燃烧热值高、效率高的氢能成为极具发展潜力的替代能源。而氢能利用中的关键在于廉价高效的制氢技术和安全的储氢技术，若这两项关键技术取得突破，氢能的高效利用指日可待，能源面临枯竭的问题也将得到解决。

1.2.2.1　作为燃料

由于氢能相较于其他化石燃料具有较高的热值，被作为燃料在航空航天领域广泛使用。从第二次世界大战期间到今天，火箭发动机、超音速和亚音速飞机、人造卫星、航天飞机等均使用氢气作为液体推动剂。随着科技的快速发展，氢燃料在航空航天领域将得到更广泛的应用。

1.2.2.2　作为清洁能源

氢气具有清洁、高效、无污染等特点，是最具发展潜力的清洁能源。而氢氧燃料电池由于其结构简单、运行稳定、能量转化效率高、无污染物排放等优势得到了广泛的应用，目前在便携式移动电源、家庭电源等小型电源以及大型发电站都具有一定的应用，是其作为清洁能源最为理想的方式。

当前燃料电池汽车成为燃料电池在发展过程中最有前景的应用。近年来，世界各国都将目光放在了发展燃料电池汽车产业上，奔驰、宝马等知名公司也将研发重点转移到氢燃料电池汽车上。在政府及企业的大力支持下，燃料电池汽车的各项技术发展迅速，丰田在2015年投入市场的概念车，其电池组功率密度已达到3kW/L。

随着技术的进步和世界各国政府的推动，氢燃料电池(Fuel Cell，FC)技术的发展更加迅速，也从侧面反映出氢能作为清洁能源的必然性。而制氢和储氢技术的进一步完善和提高，为氢能燃料电池汽车的发展提供了基础，氢能产业必将成为21世纪最具发展前景的产业。

1.2.2.3　作为核反应堆

氢的同位素氘和氚能够进行热核反应。由于核聚变能够产生巨大的能量，一般主要应用于氢弹、原子弹等核武器的制造。虽然核反应目前不能人为控制，但是人们仍然可以在矿物开采、农田灌溉、河道建设、气候调节等日常生产中利用其反应产生的巨大能量。

1.2.3 小结

随着全球气候恶化、石油危机加剧、人口剧增对整个社会的影响不断加重，实行可持续发展战略迫在眉睫。氢能以其独有的优势赢得了人们的青睐。随着制氢与储氢的研究更为深入，氢能在解决环境污染和能源危机方面有着极大的发展潜力，其应用前景将会更为广泛。

虽然氢能的发展具有极大的潜力，但目前氢能的开发利用还存在着一些亟须解决的问题。

1. 低成本的制氢技术

氢气作为二次能源，它的制取不仅需要消耗巨大的能量，而且当前的制氢效率较低，因此大规模的廉价的制氢技术是未来氢能开发需要关注的问题之一。

2. 安全可靠的储存和运输方式

由于氢气具有易气化、爆炸、着火、扩散能力强等特点，造成其在储存和运输方面具有很大的困难。因此，能量密度高、能耗小、安全性高的储存和运输方式是当前需要关注的问题之一。

3. 氢燃料电池汽车的产业化

在作为车载燃料使用时，应符合车载状况所需要满足的要求。同时，由于当前加氢站的建设还不完善，燃料电池汽车产业群、产业链还未全面形成。

氢气具有燃烧热值高、绿色环保等特点，可以通过燃料电池把化学能直接转化为电能，氢气的来源丰富，取之不尽、用之不竭，是最具希望成为21世纪人类理想的清洁能源。但是要把希望变成现实，人们当前还要解决许多的难题。制氢是基础，储氢和输氢是关键，燃料电池是核心。只有解决这些技术难题，才能够真正实现氢气的大量、低成本制取，安全便捷的储运，广泛经济的利用。随着氢能的开发以及化石燃料的短缺，我们可以坚信氢能在未来必将在工业、航空航天、交通运输、日常家居中被广泛应用。氢能的大规模利用也将会带动众多产业链的发展，成为国家可持续发展的重要支柱之一。

参考文献

[1] 毛宗强，毛志明，等．氢气生产及热化学利用[M]．北京：化学工业出版社，2015.

[2] Loubeyre P，Occelli F，Letoullec R. Optical studies of solid hydrogen to 320 GPa and evidence for black hydrogen[J]. Nature，2002，416(6881)：613-617.

[3] 毛宗强．氢能——21世纪的绿色能源[M]．北京：化学工业出版社，2005.

[4] Edmund Storms. An Explanation of Low - energy Nuclear Reactions (Cold Fussion) [J]. J Condensed Matter Nucl Sci，2012，9：1-22.

[5] 张蕾．煤热解制氢负载型催化剂的制备及其表征[D]．北京：中国矿业大学(北

京)，2009.
[6] 郑祥林．液氢的生产及应用[J]．今日科苑，2008，000(006)：59.
[7] 〔日〕氢能协会编．宋永臣，宁亚东，金东旭译．氢能技术[M]．北京：科学出版社，2009.
[8] 张磊．煤泥水热解制氢及相关催化剂的研究[D]．北京：中国矿业大学(北京)，2009.
[9] 毛宗强．漫谈 CO_2减排与氢能源[J]．现代物理知识，2010(5)：43-47.
[10] 禹天福，许宏．美国凝胶液氢(胶氢)的研究[J]．导弹与航天运载技术，2002(4)：59-65.
[11] 何斌，刘卫国，王翔．关于建立新型运载火箭推进剂保障模式的研究[J]．载人航天，2006(1).
[12] 王艳艳，徐丽，李星国，等．氢气储能与发电开发[M]．北京：化学工业出版社，2017.
[13] 科学技术部．这十年能源领域科技发展报告[M]．北京：科学技术文献出版社，2012.
[14] 中国氢能源网 http：//www. china-hydrogen. org/.
[15] 毛宗强．氢的安全性[J]．太阳能，2007，11：14-16.
[16] Gabriele Zini，Paolo Tartarini 著．李朝升译．太阳能制氢的能量转换、储存及利用系统——氢经济时代的科学和技术[M]．北京：机械工业出版社，2015.
[17] 汪广溪．氢能利用的发展现状及趋势[J]．低碳世界，2017(29)：295-296.
[18] 吉力强，赵英朋，王凡，等．氢能技术现状及其在储能发电领域的应用[J]．金属功能材料，2019(6)：23-31.
[19] 陈小燕．突变 Y141D 恢复唾液酸转移酶活性的研究及其活性中心氢键链的作用分析[D]．泰安：山东农业大学，2015.
[20] 柳士鑫．磁化水性质的变化对蛋白质分子和大肠杆菌蛋白质的影响[D]．天津：天津大学，2007.
[21] 刘艳玲，张振豹．浅析氢键及其对物质性质的影响[J]．吕梁高等专科学校学报，2010，26(2)：36-38.
[22] 江锡钧，毛庆炜．浅析氢键对物质性质的影响[J]．新高考：理化生，2010(3)：31-32.
[23] 季方良．氰氟虫腙的合成工艺研究[D]．杭州：浙江工业大学，2018.
[24] 尚廷科．液氢 DE 生产[J]．太阳能，2000(04)：26-27.
[25] 杨洪迁，陆荣，张平，等．走进氢能[C]//第二届国际氢能论坛青年氢能论坛论文集．2003.
[26] 黄亚继，张旭．氢能开发和利用的研究[J]．能源工程，2003，000(002)：33-36.
[27] 徐光磊，周东莉．绿色能源——氢能[C]//第二届国际氢能论坛青年氢能论坛论文集，2003.
[28] 王丽君．基于信号处理的氢燃料发动机优化控制[D]．郑州：解放军信息工程大学，2010.
[29] 佚名．清洁能源——氢能的应用[J]．化工时刊，2018，32(11)：5.

第2章 氢气的传统制备方法

如前文所述，氢能作为一种高效、清洁、可再生的能源，以其绿色无污染、原料丰富、利用方式多样的优势赢得了人们的青睐。氢能是指单质氢气与其他物质(如单质氧气)发生化学反应过程中释放的化学能。然而，由上一章内容可知，游离的单质氢气只存在于宇宙中，在地球上，氢元素主要以化合物形式存在。因此，必须通过人工手段将化合态氢元素还原成氢单质，从而加以利用。高效安全的制氢方法对我国氢能产业的发展具有十分重要的意义。当前，制氢工艺主要包括石油制氢、煤制氢、天然气制氢以及生物质制氢等。在这些制氢方法中，我们根据制氢原料以及制氢过程中所消耗的能量对其进行细分，将利用化石能源作为原料或以其作为能量来源的制氢方法称为传统制氢方法；而以生物质、水等非化石能源为原料、以其他能量形式(如太阳能、核能)作为产氢过程中能量消耗来源的方法称为新型的制氢方法。在本章节，我们将首先对氢气的传统制备方法进行讲解。

2.1 石油制氢

石油制氢是指利用石油炼制后所得到的烃类物质为原料制备氢气。这些烃类物质包括石脑油、重油、石油焦、炼厂干气等，不同原料对应的制氢工艺流程、制氢设备等不尽相同，接下来将一一介绍。

2.1.1 石脑油制氢

2.1.1.1 石脑油简介

石脑油是石油经蒸馏的产物之一，是一种轻质油(分子式 C_nH_m，n 为 4~7，m 为 10~16)。石脑油又可分为轻石脑油与重石脑油，工业上仅采用轻石脑油用作制备氢气的原料。其中，轻石脑油是石油在 70~145℃温度范围的馏分，是碳含量为 C_4~C_7的气态烃部分。

2.1.1.2 石脑油制氢的原理

石脑油制氢的基本原理是指石脑油与水蒸气在高温条件下发生反应，生成氢气与一氧化碳的过程。主要反应方程式如下：

$$C_nH_m+nH_2O \longrightarrow nCO+\left(n+\frac{m}{2}\right)H_2(n=4\sim7,\ m=10\sim16) \quad (2-1)$$

可将生成的 CO 气体与水蒸气进一步反应，生成 CO_2 和 H_2，从而提高 H_2 的产量。反应方程式如下：

$$CO+H_2O \longrightarrow CO_2+H_2 \quad (2-2)$$

2.1.1.3　石脑油制氢工艺流程

传统的石脑油制氢全工艺路线可分为四个单元，即原料气处理单元、蒸汽转化单元、CO 变换单元以及氢气提纯单元。其对应的工艺流程主要包括石脑油脱硫脱氯处理、蒸汽转化、CO 变换、变压吸附（Pressure Swing Adsorption，PSA）。工艺流程如图 2-1 所示。

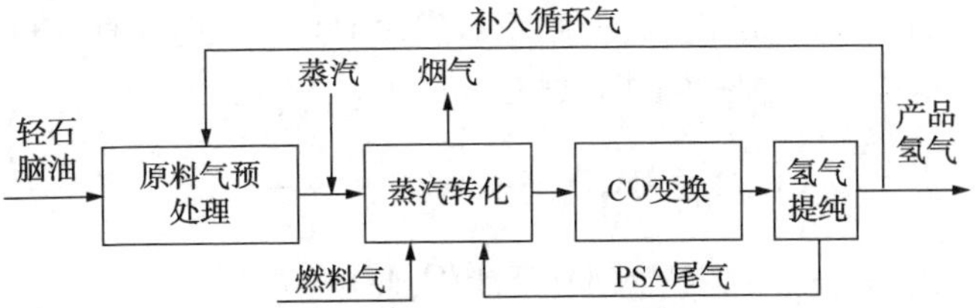

图 2-1　石脑油制氢流程图

1. 原料气处理单元

本单元在氢气的作用下，对石脑油原料进行预处理，去除原料中含有的硫、氯等杂质。这些杂质一方面会使装置中所含的多种催化剂中毒；另一方面，还会腐蚀设备和管道。若不除去，将会对后续工艺造成严重影响。通常采用制得的产品氢气作为循环气进行本单元的处理。去除杂质时主要反应如下：

$$COS+H_2 \longrightarrow CO+H_2S \quad (2-3)$$

$$RSH+H_2 \longrightarrow RH+H_2S \quad (2-4)$$

$$RCl+H_2 \longrightarrow RH+HCl \quad (2-5)$$

本单元还存在 ZnO、CuO 等催化剂，用于吸收上述除杂反应中产生的 H_2S 和 HCl 气体。以 H_2S 为例，反应式如下所示：

$$ZnO+H_2S \longrightarrow ZnS+H_2O \quad (2-6)$$

$$CaO+H_2S \longrightarrow CaS+H_2O \quad (2-7)$$

2. 蒸汽转化单元

本单元为石脑油制氢的主要反应单元。以水蒸气作为氧化剂，脱硫后的原料气进入本单元后，其中的烃类物质在催化剂的作用下发生转化，得到氢气和一氧化碳。对应方程式如式（2-1）所示。

3. CO 变换单元

第二个单元送来的原料气中含有一定量的 CO，其在本单元发生转化反应，使 CO 与水蒸气反应而生成 CO_2 和 H_2。

4. 氢气提纯单元

提纯是全工艺最后一个阶段，也是制氢的关键阶段，用于去除产品氢气中所含的杂质，提高氢气纯度。变压吸附是一种分离效果很好的气体分离技术，它利用吸附剂对变换气中各组分的吸附容量随压力变化而变化的特性，使得吸附剂在加压条件下选择性吸附 CO、CO_2、N_2 等，再在减压条件下可逆脱附这些杂质，使吸附剂再生使用。当前很多制氢公司都采取了低耗能的变压吸附净化系统，即变压吸附(PSA)。

2.1.1.4　石脑油制氢的 HYCO 工艺流程

另一种可以用于石脑油制氢的生产工艺为 HYCO 工艺(HYCO 即为 Hydrogen 和 CO 的简称)。本工艺中发生的主要反应如下：

$$C_nH_m+nH_2O \longrightarrow nCO+\left(n+\frac{m}{2}\right)H_2 \tag{2-8}$$

$$CO+H_2O \longrightarrow CO_2+H_2 \tag{2-2}$$

$$CH_4+CO_2 \longrightarrow 2CO+2H_2 \tag{2-9}$$

与 2.1.1.3 中所述工艺原理不同，本工艺中补入了甲烷气体用于消耗石脑油转化反应中生成的 CO_2。这种工艺既可以减少温室气体的排放，又能够生成 CO，提高经济效益。

HYCO 工艺流程与前文工艺相比，取消了 CO 变换单元，在石脑油转化单元后增加了胺洗脱 CO_2 单元，即甲基二乙醇胺法(Methyldiethanolamine，MDEA)脱除酸性气体。脱除 CO_2 后的合成气进入冷箱单元，利用低温分离的原理，脱除甲烷和氮气等杂质成分，得到高纯度 CO 和氢气。氢气再进入 PSA 提纯得到纯氢。HYCO 装置主要工艺流程简图如图 2-2 所示。

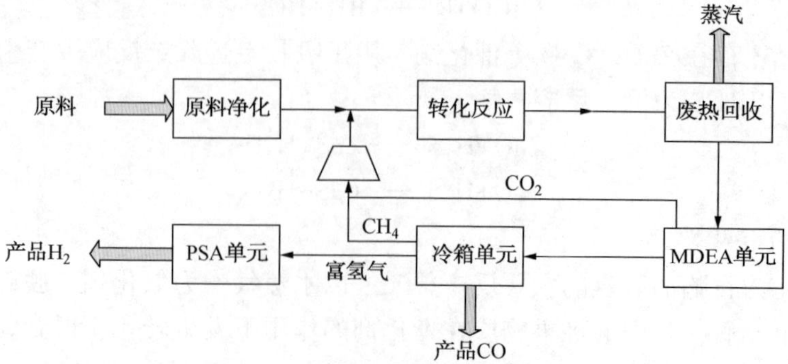

图 2-2　HYCO 装置工艺流程图

2.1.1.5　石脑油制氢的特点

1）随着当前工业发展对轻石脑油需求的不断提高，轻石脑油的价格不断上升，导致以石脑油为原料的制氢过程成本不断提高。

2）石脑油中所含杂质过多，需要采用多种催化剂及除杂工序进行预处理，增加了工艺的复杂性。

3）石脑油制氢过程在高温下进行，该过程能耗较大。制氢过程中反应多为放热反应，反应过程中余热利用不足，造成能源的浪费。

4）石脑油制氢会产生 CO_2，加剧温室效应。

2.1.1.6　石脑油制氢的工业现状与发展

利用以石脑油来制取氢气是传统氢气生产的方法之一。1959 年，英国帝国化学工业集团(Imperial Chemical Industries，ICI)开发建设了第一套用石脑油作制氢原料的烃类水蒸气转化制氢装置，随后建设了 400 多套这样的装置用于制氢。1990 年，我国利用石脑油进行制氢的装置投产建成。但随着轻石脑油价格的提高，在 1994 年时，石脑油制氢中原料石脑油费用在制氢总成本中就已经由 75% 上升到 90%。加之使用石脑油制备氢气时能耗较大，使得石脑油已逐渐被其他烃类物质所代替。对于石脑油制氢来说，提高石脑油在生产工艺中的附加值及其在反应过程中的利用率是当前主要的研究方向。例如，利用 HYCO 工艺，以石脑油为原料制取氢气的同时生产一氧化碳。

2.1.2　重油制氢

2.1.2.1　重油简介

原油按照密度可以分为常规石油(轻质油)、中质油和重油三类。重油与轻质油相对，就是我国油田所称的稠油，国际上通称为重油。重油是原油在提取汽油、柴油后的剩余重质油。重油的主要组成元素为 C、N，还含有部分 S、N、O 等杂质。

目前国内外对重油定义存在较多分歧，各种定义主要用到重度(America Petroleum Institute，API)和黏度作为划分参数。联合国训练研究所对于重油的定义为原始油藏温度下脱气原油黏度在 100~10000mPa・s 之间，或者在 15.6℃ 及大气压下密度为 0.934~1.0g/cm^3(API 为 20°~10°)的原油。中国石油勘探开发研究院在“十一五”评价中将黏度为 50~10000mPa・s 的石油称作重油，当没有黏度数据时，API 为 10°~20°(相对密度为 0.934~1.0)的称作重油。

2.1.2.2　重油部分氧化制氢基本原理

重油通常通过部分氧化法进行制氢。重油部分氧化制氢是指重油与氧气、水蒸气在一定温度和压力的重整器中进行氧化重整产生一氧化碳和氢气的过程。该反应的原理比较复杂，其反应过程可分为以下三个阶段：

1. 重油的预热和汽化阶段

参与反应的重油为液态油，为了使重油更充分地进行制氢反应，需要对其进行气化处理。汽化时，重油通过汽化炉喷嘴连同氧气和水蒸气一起被喷入炉内，在炉内的高温环境的作用下被加热并发生汽化，以便于后续反应的进行。

2. 反应阶段

本阶段为重油制氢过程的主要反应阶段，进行的反应如下所示。重油被炉内高温环境加热至着火点，按式(2-10)与氧气进行反应，反应伴随大量热量产生。这一反应很容易进行，但因供应的氧气量并未达到完全燃烧的氧气量，故未被氧化的烃类大部分与水蒸气按反应式(2-8)进行反应，生成 CO 和 H_2；小部分烃类在高温下按反应式(2-12)自行分解生成甲烷、碳和氢气。

$$C_nH_m+\frac{n}{2}O_2 \longrightarrow nCO+\frac{m}{2}H_2 \tag{2-10}$$

$$C_nH_m+nH_2O \longrightarrow nCO+\left(n+\frac{m}{2}\right)H_2 \tag{2-8}$$

$$C_nH_m+\frac{2n+m}{4}O_2 \longrightarrow nCO+\frac{m}{2}H_2O \tag{2-11}$$

$$C_nH_m \longrightarrow \alpha CH_4+\beta C+\gamma H_2 \tag{2-12}$$

3. 均热阶段

该阶段在反应器的剩余部分进行，反应过程中温度处于相对均匀的状态。反应阶段生成的各类物质处在高温下，其中过剩的水蒸气及少量 CO_2 还会与甲烷发生一些副反应，反应式如式(2-13)、式(2-9)所示。在本阶段生成的合成气中常会伴有少量的炭黑存在。

$$CH_4+H_2O \longrightarrow CO+3H_2 \tag{2-13}$$

$$CH_4+CO_2 \longrightarrow 2CO+2H_2 \tag{2-9}$$

原料重油中所含的硫杂质在装置中还原气氛的作用下转化成 H_2S，并被 ZnO 等催化剂所吸附。具体公式如 2.1.1.3 中式(2-3)~式(2-7)所示，下文相似脱硫反应不再赘述。

2.1.2.3 重油部分氧化制氢工艺流程

重油制氢过程主要由两部分组成，即主体装置部分和辅助设施部分，如图 2-3 所示。其中，主体装置部分包括空气分离部分、油气化部分、炭黑回收装置以及一氧化碳的耐硫变换部分等；而辅助设施部分包括废水处理装置、高压锅炉、硫黄回收和尾气处理装置等。该工艺流程包含的设备较多，工艺流程较为复杂，操作过程也较苛刻，还具有许多改进的空间。

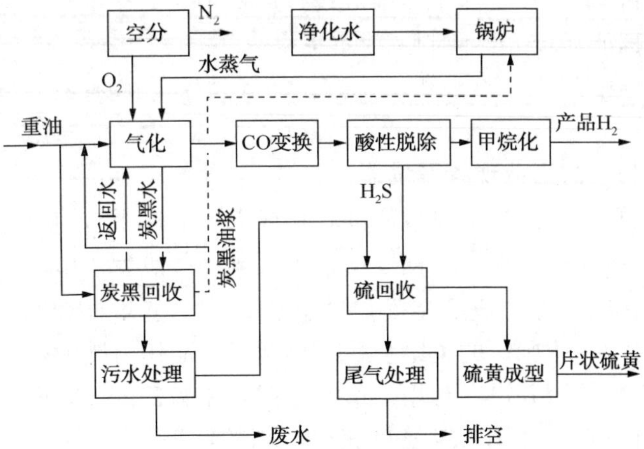

图 2-3　重油制氢流程图

1. 空气分离部分

空气分离部分的作用是向重油部分氧化反应提供高纯度氧气和氮气。其中氧气纯度与产品氢气纯度有关，氢气纯度会随着氧气纯度的下降而下降。

2. 油汽化部分

油汽化过程即重油部分氧化制氢的反应过程，在该阶段重油经上述反应转化成粗制合成气。值得注意的是，重油在汽化过程中会生成少量的炭黑，这部分炭黑经水洗变成炭黑水而排出系统。

3. CO 变换部分

脱出炭黑的合成气含有近一半的 CO，该步主要将 CO 与水反应生成 H_2 和 CO_2。因为重油中含有部分的硫黄等杂质，因此在 CO 转化时需要在具有良好耐硫性的反应器中进行，具体操作与石脑油制氢相似。

4. 氢气提纯部分

经 CO 变换后的变换气中常含有 CO_2 和 H_2S 等酸性气体，需要通过一定方法将其吸收。本单元利用低温甲醇的物理吸收方法洗去酸性气体，后经 PSA 装置提纯，得到高纯度的氢气。

2.1.2.4　重油制氢的特点

1）重油价格较低，原料在制氢成本中占较低的比重，且重油制氢会产生一定的炭黑副产物，合理利用能够提高重油制氢的经济效益。

2）如前文所述，重油制氢过程有两部分组成，工艺流程较复杂，操作条件较严苛。

3）重油制氢过程对氧气的要求较高，氧气的纯度对产品氢气的纯度有直接影响，因此空分部分的投资在主体部分投资中占很大的比重。

4）制氢过程能耗较大，使制氢成本提高。

5）制氢过程中会产生的氨和氰化物，需要特定的除杂装置进行处理，增加了投资成本。

2.1.2.5 重油制氢的工业现状及发展

通过部分氧化还原的方法将重质油转化成 CO 和 H_2 的专利最早由美国德士古公司和英国壳牌公司所掌握，早期这项技术多用于合成氨、甲醇、醋酸和城市煤气等。重油制氢装置（原合成氨装置）是国家第六个“五年计划”（1980—1985 年）期间的主要项目——化肥厂的关键装置。早期，重油作为燃油生产过程中所产生的废弃物，在多数领域并没有利用的价值，但其在制备氢气方面却具有很好的效果，加之重油价格较低，用于制氢可获得较高的经济效益，得到了较好的应用。但是随着科研人员的不断研究，重油在其他方面（如冶金等）的利用价值逐渐被开发，加之石油资源的日益短缺和油品价格的不断上涨，以石化产品作为制氢原料的成本越来越高，重油的价值优势也慢慢削减。重油制氢也逐渐被天然气制氢、煤制氢等工艺所取代。

2.1.3 石油焦制氢

2.1.3.1 石油焦简介

石油焦是炼油厂焦化装置产生的一种固态副产品，是原油经蒸馏将轻质油分离后，重质油再经热裂转化而成的产品。其外观与煤炭类似，是一种有金属光泽、质地坚硬、呈不规则状的固体。石油焦并非一类具有确切组成、结构的物质，在重质油研究领域中常以甲苯（或苯）不溶物认作石油焦。石油焦的主要组成元素为碳、氢，占有 90%（质）以上，除此之外还含有少量氧、氮、硫和金属元素等杂质。

近年来，世界原油的重质化和劣质化倾向越来越严重，对于加工高硫、高密度和高沥青含量的劣质原油炼油厂而言，高硫石油焦的产生成为不可避免的事情。2019 年国内石油焦总产量 27667.5kt，同比增长 2.41%（651.5kt）。解决好高硫石油焦的出路问题是在加工高硫原油炼油厂中发展焦化的重要前提。

2.1.3.2 石油焦制氢的工作原理

石油焦制氢即利用石油焦原料在一定的高温及压力条件下，发生气化反应制取 CO、H_2 合成气的过程。石油焦进行气化反应时，由反应器底部进入，分别经历干燥区、裂解区、还原区。在干燥区，石油焦中含有的水分被蒸发出来，易于后续反应进行；在裂解区的高温环境下，石油焦发生热裂解生成由碳、氢气、甲烷、一氧化碳、二氧化碳和焦油等组成的挥发分；在还原区，水蒸气在催化剂作用下将剩余的碳、一氧化碳、二氧化碳还原，生成一氧化碳、氢气和甲烷等气体。石油焦气化制氢主要发生以下反应：

$$C+H_2O \longrightarrow CO+H_2 \quad (2-14)$$

$$C+2H_2O \longrightarrow CO+2H_2 \quad (2-15)$$

$$C+CO_2 \longrightarrow 2CO \quad (2-16)$$

$$C+2H_2 \longrightarrow CH_4 \quad (2-17)$$

$$CH_4+H_2O \longrightarrow CO+3H_2 \quad (2-13)$$

$$CO+H_2O \longrightarrow CO_2+H_2 \quad (2-2)$$

2.1.3.3 石油焦制氢的工艺流程

石油焦制氢的工艺过程主要包括空气分离、石油焦气化、CO 变换、氢气提纯四大部分。工艺流程如图 2-4 所示。

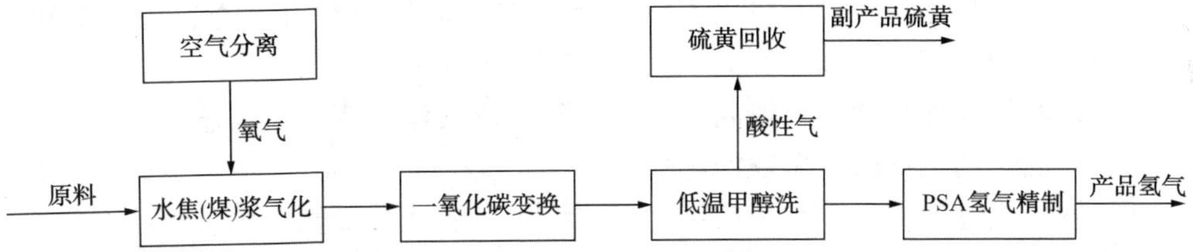

图 2-4 石油焦制氢流程图

1. 空气分离部分

空气分离主要是为石油焦气化过程提供高纯度氧气和氮气。其中氧气纯度与产品氢气纯度有关。目前，空气分离主要有三种工艺技术：深冷分离、变压吸附分离和膜分离。对于氧气纯度高、压力高、大型化的空气分离装置，均采用深冷分离技术。

2. 石油焦气化部分

原料石油焦经过料浆制备单元制成合格料浆后，与空分装置提供的氧气一同进入气化单元的气化炉。原料料浆在气化炉内发生部分氧化反应得到粗合成气，其主要成分为氢气和一氧化碳。合成气在气化单元经过急冷和洗涤除尘后，进入一氧化碳变换单元。

3. CO 变换部分

本单元的主要目的是通过变换反应使得一氧化碳与水蒸气反应生成一定量的氢气，提高产氢率。一氧化碳与水蒸气经过变换反应产生的氢气经过废热回收以及冷却洗涤后进入下一单元。变换单元设置在石油焦气化部分之后，根据催化剂是否耐硫，可分为耐硫变换和非耐硫变换。

4. 氢气提纯部分

氢气提纯部分包括低温甲醇洗工序和 PSA 氢气提纯工序两部分。变换气在低温甲醇洗单元脱除所含的硫和二氧化碳后，进入 PSA 系统进行精制，得到合格纯度的工业氢气产品后外送；低温甲醇洗单元产生的含有硫化氢的酸性气体在硫回收单元得到副产品硫黄。

2.1.3.4 石油焦制氢的特点

1）石油焦作为石油加工过程中得到的低值副产品，利用其来进行制氢既可以解决高硫石油焦的出路问题，又可改变传统制氢高成本的问题。做到优化资源配置，具有很好的综合经济效益。

2）高硫石油焦制氢，工艺技术成熟可靠，石油焦来自炼油厂，供应有保障，产品氢气供应炼油厂，市场风险小。

3）石油焦制氢需要首先将固态的石油焦进行料浆制备后才能参与气化制氢反应，且反应对料浆具有较高的要求，工艺复杂。

4）石油焦气化装置投资较高，需要具备一定规模才能产生效益。

5）石油焦气化反应速率较慢。

6）就气化过程的碳转化率而言，石油焦反应活性及可燃性相对较差。

2.1.3.5 石油焦制氢的工业现状与发展

目前已工业化的石油焦气化技术较多，国外专利拥有商有 GE(Texaco)、Shell 等公司，21 世纪前后中国华东理工大学也开发出了多喷嘴气化等各种煤(石油焦)气化技术。在各种类型的煤气化技术中，目前仅华东理工大学多喷嘴气化等少数水煤浆气化技术具有实际掺用石油焦的使用经验和试验研究数据。与煤制氢技术相比，石油焦气化制氢技术还需在以下 3 方面寻求技术突破：①提高水浆浓度和稳定性；②提高氢气浓度和分离效率，利用膜分离-气化炉联合技术，将氢气的生成效率提高到 40%；③改善石油焦气化活性以提高转化率。

石油焦制氢是石油焦利用的理想出路。近年来，我国石油焦产量逐渐增多，2019 年我国石油焦产量高达 27667.5kt。并且由于我国进口原油中硫的含量不断增加，焦化生成的石油焦中含硫量也不断增加，石油焦质量不断下降。石油焦气化制氢技术的发展不仅可使石油焦经济效益提高，而且还解决了高硫石油焦的利用问题。

2.1.4 炼厂干气制氢

2.1.4.1 炼厂干气简介

炼厂干气是指炼油厂炼油过程中产生并回收的非冷凝气体(也称蒸馏气)，包括催化裂化干气、催化重整干气、加氢干气、焦化干气等。炼厂干气来源多样复杂，成分也各有不同，主要为乙烯、丙烯等烯烃类物质和甲烷、乙烷等烷烃类物质，还含有一些硫、氯等杂质。炼厂干气中通常含有少量的氢气成分，可通过深冷分离、变压吸附分离和膜分离等方法直接分离得到氢气，也可作为制氢原料，进行氢气的制备。但是由于部分干气中烯烃含量过高会使反应用催化剂发生严重的结炭现象，因此应选用烯烃含量低的炼厂干气用作制氢原料。

2.1.4.2 炼厂干气水蒸气转化制氢

对于炼厂干气水蒸气转化法制氢而言，反应气中组分多为 $C_1 \sim C_5$ 的小分子烃类，这些小分子烃类通过与水蒸气反应产生氢气，无须再进行烃类裂解等反应。

干气制氢工艺流程主要包括：干气加氢精制除杂、干气蒸汽转化、CO 变换、PSA。具体工艺流程与前文所述的制氢工艺相似，不同之处在于以干气为制氢原料时需要对其进行加氢精制。该过程除了要去除原料气中硫、氯元素以外，还要去除饱和原料气中的烯烃物质。具体流程如图 2-5 所示。

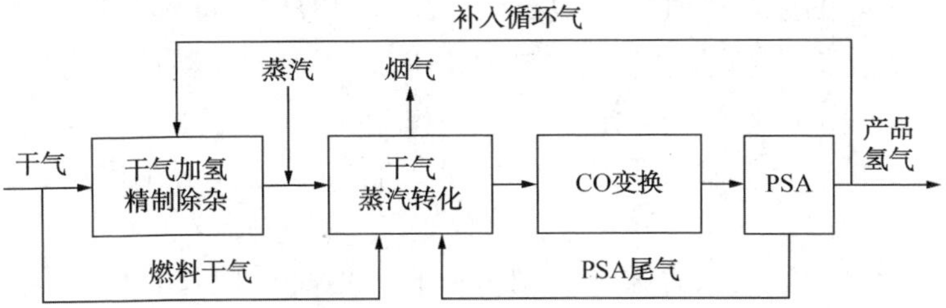

图 2-5 炼厂干气水蒸气制氢工艺流程图

2.1.4.3 炼厂干气选择氧化制氢

炼厂干气选择氧化制氢在水蒸气转化制氢的工艺上得到了很大的提高。与水蒸气转化制氢相比，选择氧化制氢具有以下优势：

1）炼厂干气在适量的氧气以及催化剂的作用下进行选择氧化反应，将炼厂干气中的低碳烃类成分转化为 CO 和 H_2。该过程是温和的放热过程，反应时不需要额外提供过多热能，降低了制氢过程的能源消耗。如 CH_4 的选择氧化反应可表示如下：

$$CH_4+\frac{1}{2}O_2 \longrightarrow CO+2H_2 \qquad (2-18)$$

2）与水蒸气转化制氢不同，选择氧化制氢反应用的催化剂不受原料气中烯烃的影响，因此原料气不需要加氢处理。反应工序减少，降低了基础设备的成本投入。

3）选择氧化催化剂具有高活性和高选择性，提高了原料的利用率。此种催

化剂对 CH_4 的转化率可达到 90%以上，C_2H_6、C_2H_4、C_3H_6、C_3H_8 基本完全转化，反应产物中 H_2、CO 的选择性高达 90%。

4）一般情况下，炼厂干气水蒸气转化制氢过程中需要采用 2~3 种催化剂，但选择氧化过程仅需要一种催化剂即可。

小分子烃类在选择氧化催化剂的作用下具有较高的转化率，并且这种催化剂对于 H_2、CO 有着较好的选择性。因此选择氧化制氢工艺的转化工序较水蒸气转化工艺更加简便，其他反应工序与炼厂干气水蒸气转化工艺基本一致。

2.1.4.4　炼厂干气制氢的特点

1）炼厂干气制氢工艺是在石脑油制氢工艺的基础上发展起来的，因此工艺技术成熟可靠、操作便利。

2）对于炼厂干气水蒸气转化法制氢而言，小分子烃类与水直接反应避免了烃类裂解等其他反应的进行，因而相较于其他石油制氢工艺节约了大量能源，降低了制氢成本。

3）炼厂排除的废弃干气较其他石油产品更加廉价，能够降低制氢成本。

4）选择氧化催化剂活性较高，并且对于 H_2、CO 有着较好的选择性，有利于提高原料的利用率及氢气产率。

5）相较于其他石油制氢工艺，炼厂干气制氢工艺反应工序少，减少了基础设备投资。

6）炼厂干气制氢能获得廉价的制氢原料，但是反应过程中干气中的烃类物质未得到合理利用。

2.1.4.5　炼厂干气制氢的工业现状与发展

炼厂干气作为炼油厂产生的产品废气，以其作为制氢原料具有很高的经济效益。炼厂干气水蒸气转化制氢是在前文所述的石脑油制氢工艺的基础上发展起来的，但因为炼厂干气组成复杂，应用该方法进行制氢机理复杂，工序繁琐，相比较而言选择氧化工艺具有显著优势。炼化一体化也是国内炼油厂的一种趋势，炼厂气资源的综合利用，对于提高炼油厂的经济效益和加工深度具有重要意义。炼厂干气制氢的技术已在一些炼油厂得到了应用，目前的研究主要集中在如何降低炼厂干气精制成本、选择氧化工艺耦合和开发新型反应器将蒸汽转化等方面，致力于降低制氢过程中的能源损耗，降低炼厂气制氢成本。

2.2　煤制氢

我国的煤炭资源十分丰富，煤炭在我国的能源结构中，占有 70%~80%的比重。虽然近些年煤炭的重要地位受到了石油能源的影响，煤炭在诸多工业应用中的利用程度相对减少，随着石油资源的日渐枯竭，石油在工业方面的应用必然会有所下降。而煤炭因储量巨大，加之科学技术的飞速发展，煤炭气化等新技术日趋成熟，煤炭必将在工业中得到广泛应用。并且有专家预测，到2025年，煤炭在我国的能源结构中仍占到50%左右。

我国是世界上 CO_2 排放第一大国，一直以来受到来自世界各国的巨大压力。因此，我国将会在煤的使用过程中大力推行洁净煤技术。而煤制氢将会是我国洁净煤技术的重点之一。目前国内已经工业化的煤炭制氢的方法主要为煤气化制氢。除此之外，煤制氢的方法还有煤焦化制氢、煤浆电解制氢等。本节将对以上方法进行讲解。

2.2.1　煤焦化制氢

煤的炼焦过程是煤在高温下于炭化室内进行热解和焦化，发生复杂的物理和化学变化的过程。煤焦化是煤的炼焦过程中的一步。传统的煤制氢工艺包括煤焦化制氢以及煤气化制氢，本小节主要介绍煤的焦化制氢方法。

2.2.1.1　煤焦化制氢的工作原理

煤的焦化，即煤在无氧、高温下环境下的焦化过程。煤的焦化可制得固态产物的焦炭以及气相副产物。气相副产物即焦炉煤气，其中含有约55%~60%的氢气。其反应式如下所示：

$$\text{煤}\xrightarrow{900\sim1000℃\text{、隔绝空气}}H_2+CH_4+CO \tag{2-19}$$

2.2.1.2　煤焦化制氢的工业现状及发展

随着我国煤炭产业的发展，煤的焦化制氢工艺已较为成熟，但其还存在投资成本大、反应过程中需用纯氧、产氢效率较低、副产物 CO_2 产量大等缺点。并且煤的炼焦过程以制取焦炭为主，焦化过程只是其中的一步，含有氢气的煤焦炉气为该过程的副产物。作为独立的制氢工艺而言，煤的焦化制氢显然没有明显的优势，该工艺也逐渐被工厂所淘汰。

2.2.2　煤气化制氢

2.2.2.1　煤气化制氢的工作原理

煤气化制氢是将煤(煤粉、煤浆或者煤焦)与气化剂在高温气化炉中发生化学反应生成以CO、H_2 为主的合成气，再经过CO变换、低温甲醇洗工艺、氢气提纯等工序，得到高纯度产品氢气的过程。

煤炭的气化过程包含一系列物理变化和化学变化，一般可分为干燥、热解、气化和燃烧四个阶段。其中，干燥属于物理变化，其他的阶段则属于化学变化。干燥是为了将煤炭中含有的水分蒸发出来，易于后续反应进行；随着温度的进一步提高，煤分子发生热解反应，生成大量挥发性物质（其中包含少量氢气），同时煤黏结成半焦。半焦会在气化炉中与气化剂发生化学反应，生成以一氧化碳、氢气、甲烷为主要成分的气态产物（粗煤气）。气化过程主要是煤、水、氧气、氢气、一氧化碳、二氧化碳之间的相互反应。

气化的主要反应有：

1）水蒸气转化反应：

$$C+H_2O \longrightarrow CO+H_2 \tag{2-14}$$

2）水煤气变换反应：

$$CO+H_2O \longrightarrow CO_2+H_2 \tag{2-2}$$

3）部分氧化反应：

$$C+\frac{1}{2}O_2 \longrightarrow CO \tag{2-20}$$

4）完全氧化（燃烧）反应：

$$C+O_2 \longrightarrow CO_2 \tag{2-21}$$

5）甲烷化反应：

$$CO_2+4H_2 \longrightarrow CH_4+2H_2O \tag{2-22}$$

6）布多尔（Boudouard）反应：

$$C+CO_2 \longrightarrow 2CO \tag{2-16}$$

2.2.2.2 煤气化制氢的工艺流程

煤气化制氢技术的工艺过程可分为四个单元，包括煤的气化单元、CO 的变换单元、酸性气体脱除单元以及 H_2 提纯单元。主要流程如图 2-6 所示。

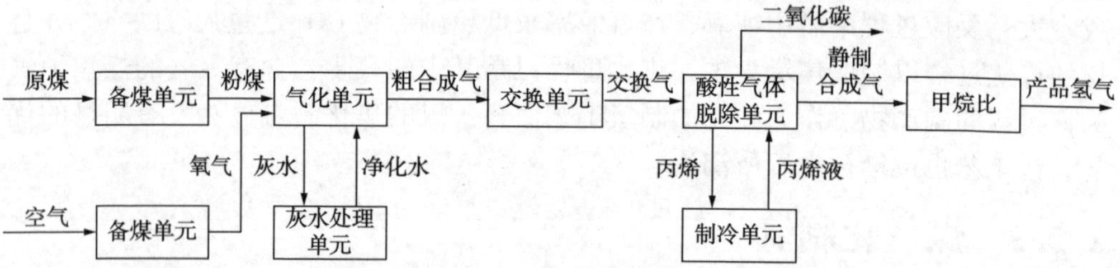

图 2-6 煤气化制氢工艺流程图

1. 煤的气化单元

煤的气化指将固态的煤转化成为气态的产品，是煤制取氢气的关键核心技术。气化过程是一个热化学过程，它是以煤或煤焦为原料，以氧气、水蒸气作为气化剂，在高温高压条件下将煤或煤焦中的可燃部分转化为可燃性气体的工艺过程。进行气化的设备称为煤气发生炉或气化炉。

2. 一氧化碳变换单元

本单元的主要目的是通过变换反应使得一氧化碳与水蒸气反应生成一定量的氢气和二氧化碳，提高产氢率。变换单元根据催化剂是否耐硫，可分为耐硫变换和非耐硫变换，煤炭制氢装置一般采用耐硫变换工艺。

3. 酸性气体脱除单元

煤气化合成气经 CO 变换后，转化气中除了氢气外，还含有少量二氧化碳等酸性气体，本单元的主要任务就是脱除这些酸性气体。脱除酸性气体的方法主要有溶液物理吸收法、溶液化学吸收法、低温蒸馏法和吸附法四大类，其中以溶液物理吸收法和溶液化学吸收法最为普遍，本小结介绍的工艺流程中使用的是低温甲醇洗工艺。该工艺是采用冷甲醇作为溶剂来脱除酸性气体的物理吸收方法，其具有对酸性气体选择性好、分离得到的气体纯净度高等优点，并且由于低温甲醇洗法能耗较低，故此得到广泛的应用。

4. 氢气的提纯技术单元

本单元通过 PSA 技术对生成的氢气进行进一步的提纯。PSA 技术具有能耗低、操作简单、产品氢纯度高、投资小等优势。

2.2.2.3　煤的气化技术

煤气化制氢工艺的关键在于对煤气化技术的研究。气化技术对于反应的气化效率以及产品氢气成本至关重要。根据煤料与气化剂在气化炉内接触方式的不同，可将气化技术分为固定床气化、流化床气化、气流床气化等。

1. 固定床气化技术

固定床气化以块煤、焦炭块或型煤作入炉原料，煤料与气化剂逆流接触。按照压力等级可将固定床气化分为常压固定床和加压固定床。

（1）常压固定床

常压固定床煤气化技术广泛应用于氮肥产业。其通常以 25～75mm 的块状无烟煤或焦煤为原料，具有原料利用率低、操作繁琐、单炉日处理量少、产品气纯度较低、碳转化率较低等缺点。目前国内外已很少使用该技术，正逐渐被其他技术所取代。

（2）加压固定床

鲁奇炉加压气化炉是一种典型的加压固定床，其以块煤（5～50mm）为原料，工作压力为 2.5～4.0MPa，气化反应温度为 900～1100℃。该技术有效气成分含量低，碳转化率较高。与常压固定床相比，鲁奇炉有效解决了常压固定床单炉产气能力小的问题，通过扩大炉径和增设破黏装置，提高了气化强度和煤种适应性，适用于除强黏结性煤以外所有煤种。

2. 流化床气化技术

流化床气化技术以0~8mm的粉煤作为原料，煤颗粒与气化剂呈流态化状态。流化床气化技术具有气化反应速率快、环境友好、床内温度场分布可控和过程易于控制等优点。但是该技术还存在气化温度低、热损失大、粗煤气质量差等问题，制约着其大规模利用。

3. 气流床气化技术

气流床气化的反应速率极快，反应时气化剂夹带着煤粉高速喷入气化炉。气流床气化具有气化温度高、碳转化率高、单炉生产能力大、煤气中不含焦油、污水少等优点。

2.2.2.4 煤气化制氢的特点

1）我国煤炭资源丰富，利用煤炭进行氢气生产原料成本较低。

2）煤气化装置副产的大量蒸汽，可节省炼油厂燃料油。

3）煤气化制氢装置工艺成熟，并且适于大规模生产。

4）煤气化制氢配套装置较多，设备结构复杂，运转周期相对较长，设备投资较大。

2.2.2.5 煤气化制氢的工业现状与发展

煤气化制氢曾是我国主要的制氢方式，但随着石油工业的发展，特别是天然气蒸汽转化制氢方法的出现，煤气化制氢技术的发展逐步减缓。当前，随着成品油质量升级的推进，国内新建炼油厂大多选择了全加氢工艺路线，这极大增加了对氢气质量和产量的要求。煤/石油焦气化制氢以其优异的成本优势成为中国炼油厂制氢的发展趋势。我国拟在建的15个炼化一体化项目中，已有11个采用煤制氢，煤气化制氢对于我国的能源结构而言是最经济的大规模制氢技术路线。

2.2.3 煤浆电解制氢

电解制氢是一种清洁可靠的制氢方式，根据水溶液中电解质的不同可分为电解碱性水溶液、电解固体氧化物、电解聚合物、电解硫化氢和电解水煤浆等。水煤浆(Coal Water Slurry，CWS)俗称液态煤，是在20世纪70年代石油危机时出现的一种煤基流体代油燃料。它是由65%煤、34%的水和1%添加剂通过物理加工得到的。目前，煤浆电解技术还处在研究阶段，并未被大规模产业化应用。在此，我们仅对其机理以及影响因素进行介绍。

2.2.3.1 煤浆电解制氢的反应机理

煤浆电解制氢也称为电解水煤浆制氢，是指在恒压条件下，利用具有催化特性的惰性电极电解水煤浆，使其在阴极产生氢气，在阳极得到二氧化碳的过程。传统的水电解制氢所需最小电压为1.23V，而煤浆电解制氢过程中所需的最小电压仅为0.21V。1979年，Coughlin和Farooque首次提出在酸性介质下电解煤浆制氢，其反应式如下所示：

阳极反应：

$$C+2H_2O \longrightarrow CO_2+4H^++4e^- \tag{2-23}$$

阴极反应：

$$4H^++4e^- \longrightarrow 2H_2 \tag{2-24}$$

总反应：

$$C+2H_2O \longrightarrow CO_2+2H_2 \tag{2-15}$$

后来，又有研究人员发现了铁离子在反应中的重要作用，并提出了以下反应机理：

溶液中的化学反应：

$$4Fe^{3+}+C+2H_2O \longrightarrow 4Fe^{2+}+CO_2+4H^+ \tag{2-25}$$

阳极反应：

$$4Fe^{2+} \longrightarrow 4Fe^{3+}+4e^- \tag{2-26}$$

阴极反应：

$$4H^++4e^- \longrightarrow 2H_2 \tag{2-24}$$

总反应：

$$C+2H_2O \longrightarrow CO_2+2H_2 \tag{2-15}$$

煤浆电解制氢的反应机理非常复杂，研究其反应机理以及反应过程中的影响因素也是研究人员探索的重点。掌握煤浆电解制氢过程中的反应机理，对提高煤利用率以及提高制氢效率具有重要意义。

2.2.3.2　煤浆电解制氢工艺的影响因素

改善煤浆电解制氢的工艺条件是有效提高煤浆电解技术的关键。煤浆的电解制氢过程受到诸多工艺因素的影响，包括电极体系，煤种类、煤浆浓度与煤颗粒大小，电解质膜材料，温度，酸浓度，搅拌速率等。

1. 电极体系的影响

1）减少电解液的电压损失。由欧姆定律得：

$$V_{液}=IR_{液}=I\rho\frac{L}{A}=I\frac{L}{\chi A} \tag{2-27}$$

式中　I——电流强度，A；

$R_{液}$——电解液电阻，Ω；

ρ——电解液密度，g/cm^3；

χ——电导率，1/(Ω·cm)($\chi=\frac{1}{\rho}$)；

L——电极间的距离，cm；

A——电解液的有效面积，cm^2。

由上式可知，电解液的压力损失与电解液的电导率成反比。因此，一般选用电导率较高的电解溶液作为电解液，降低溶液电阻。此外，电解液的电导率还与电解液的浓度、煤颗粒的浓度、搅拌速率以及温度有关。升温后电解液的电导率也随之增加；搅拌还可以加快煤颗粒与电极的接触，加速反应，同时使氢气从电解液中分离速率加快，降低电解液的含气量，达到节能的目的。

2）在电解过程中加入合适的溶液催化剂，可以有效地降低电耗，是提高制氢率的有效措施。

3）催化电极的析氢活性对于煤浆电解制氢具有重要影响。提高电极催化析氢活性的方法有很多种，包括：将阳极和阴极改为活性高的材料；对阳极和阴极材料的表面进行修饰等。

2. 煤种类、煤浆浓度与煤颗粒大小的影响

煤中的主要成分为碳、氢、氧、氮、硫及其他杂质，其中含有的羧基、氮、硫等分子末端能够提供反应活性位点，进行煤的电氧化反应。因此不同成分组成的煤种，电解效果也不同。

在较小的浓度范围内，煤浆浓度的增加会提高煤电解氧化速率，但当煤浆浓度增加到一定程度后，对氧化速率的影响便不太明显。而煤浓度过大时，反而降低煤电解氧化速率。

研究发现，煤颗粒的大小决定着煤与电解液和电极表面的接触面积，进而影响反应速率。一般情况下，减小煤的颗粒大小可增加反应速率，但颗粒大小降低到一定值时对于反应的影响可以忽略不计。

3. 电解质膜材料

在阳极和阴极之间的膜主要起到两方面的作用：传导质子和阻隔气体。因此，电解质膜材料的质子传导性和离子选择性对于电解反应的进行具有重要作用。

4. 温度的影响

温度的升高，能够有效地降低活化能，提高反应速率。另外，温度对 Fe^{2+}/Fe^{3+}之间的氧化还原反应有着重要的影响，进而影响煤浆电解过程的进行。

5. 酸浓度的影响

刘欢等发现煤浆在 1mol/L H_2SO_4 作为电解液时具有最好的电解效果。Hesenov 等认为适当提高 H_2SO_4 浓度可以提高氢气产量，但当 H_2SO_4 浓度过高时则会出现相反的效果。

6. 搅拌速率的影响

搅拌速率对电解影响较大，搅拌速率越大，电流也越大，电解效果越好。由于搅拌速率过低时，煤不易分散形成均匀的煤浆液，这就阻碍了煤与电极的接触，从而降低了反应速率。较高的搅拌速率可促进电解过程中煤与电极表面接触概率和煤与电解液界面的扩散传质过程，从而加快反应速率。但是当搅拌速率太快时，磁子工作不稳定，容易导致电极碰撞从而损坏电极。

2.2.3.3 煤浆电解制氢技术的特点

煤浆电解制氢技术着重研究利用阳极催化剂在少量电能作用下直接电解煤浆制得高纯度的氢气，无论从煤炭的清洁利用还是廉价新能源氢的开发方面都是具有极大应用前景的制氢方法。

电解煤浆制氢技术有以下主要特点：

1. 电解效率高，能耗小

电解水制氢是目前常规的制氢技术之一，煤是水电解的阳极去极化剂，因此能降低电解过程中的电压损失。电解煤浆制氢反应的理论电位约为0.21V，实际电解过程中需要0.7~1.1V左右的电压，这就大大降低了制氢成本，为煤浆电解制氢的实用进程奠定了理论基础。

2. 降低温室气体的排放

煤浆电解产生的CO_2仅为阳极氧化反应的一部分，原料中的C并没有被彻底氧化成CO_2气体，而是有相当一部分被氧化成中间有机产物残留在溶液中。因此与传统的煤炭燃烧相比，生成的CO_2少，降低了煤炭燃烧过程中CO_2引起的温室效应。

3. 对环境的污染较小

煤中含有一定量的氮、硫等杂质元素，煤浆电解制氢的过程中，氮、硫元素被氧化为相应的氧化物和酸留在电解液中，并不会将其排放到空气中，从而大大地减少了酸雨等灾害，极大程度地减少了对环境的污染。

4. 气体产物不需要分离

在煤浆电解制氢的过程中，会在装置阴极产生纯净的氢气，产氢电流的效率一般为100%；装置的阳极上产生CO_2，两者在制备过程中可以分开收集，不需要纯化和分离氢的设备，这就在一定程度上简化了煤炭高温裂解生成气体时所需要的分离工艺，降低了成本。

5. 设备简单，反应条件温和

该工艺与煤炭高温气化制氢相比，并不会产生具有污染性气体；且反应过程中电解效率高，能耗较小；气体产物分离简单。这使得工艺设备简单，大大降低了制氢成本。

2.2.3.4 煤浆电解制氢技术的工业现状与发展

煤的电解大约在20世纪30年代早期就有报道。1979年，Coughlin和Farooque首次提出在酸性介质下电解煤浆制氢，该技术使煤炭的清洁利用和氢气生产相结合的愿望得以实现。我国是一个煤炭利用大国，山西煤化所和上海焦化厂等都进行了大量的煤炭高温气化的研究工作，但在煤浆电解制氢方面的研究起步较晚。我国最早就煤浆电解制氢技术进行研究的是1982年北京石油大学戴衡、赵永丰以硫酸溶液为介质、以铂网为电极进行的煤电解制氢的研究。到目前为止，煤浆电解制氢的实质性研究在国外也刚刚起步，而在国内尚属一个全新的极具研究价值的研究课题，在不久的将来，该课题必将成为一个全球研究的热点。

2.2.4 煤炭超临界水气化制氢

近年来，超临界水制氢技术的研究及工业化实验是制氢产业的热点。超临界水(Supercritical Water，SCW)是指温度、压力高于水的临界点(T=374.3℃，P=22.05MPa)状态下的水。水在这一状态下时，变为气液相界面消失的均匀流体。煤炭超临界水制氢技术是近几年发展起来的制氢新工艺，我们将在本小节对其进行介绍。

2.2.4.1 煤炭超临界水气化的制氢原理

煤的超临界水气化制氢技术是直接将煤炭运用于超临界水气化制氢中，利用超临界水的特殊性质使煤在这种环境下进行气化制氢的过程。该过程是一个微吸热过程，不需要添加氧化剂。超临界水煤气化制氢过程中，可能发生的化学反应有蒸汽重整、水气转化和甲烷化反应。其主要方程式如下：

$$C+2H_2O \longrightarrow CO+2H_2 \tag{2-15}$$

$$CO+H_2O \longrightarrow CO_2+H_2 \tag{2-2}$$

$$CO_2+4H_2 \longrightarrow CH_4+2H_2O \tag{2-22}$$

超临界水具有载能工具和反应媒介两方面作用，发生气化反应时，煤中的C、H、O元素快速转化为H_2和CO_2，将煤炭化学能直接高效转化为氢气化学能。

2.2.4.2 煤炭超临界水气化的工艺流程

超临界水煤气化过程的流程如图2-7所示，气化预处理后的煤和超临界水在气化室中发生进一步的气化反应，得到合成气和水。反应过程中产生的余热在气化产物余热回收换热器2中被回收，用于预热超临界水的给水和朗肯循环的给水。余热回收后气化产物的温度降至约30℃，再由减压阀对气体产物进行降压处理，分离合成气。换热器2中的预热水被运送到超临界锅炉内被加热为超临界状态再用于反应使用。

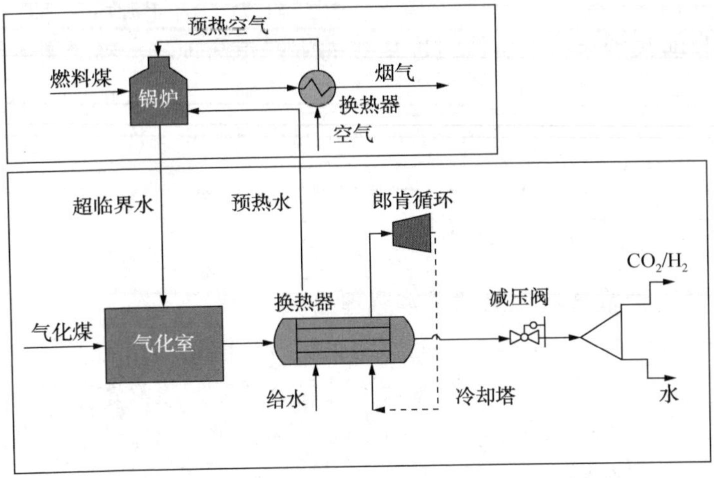

图 2-7　超临界水煤气化工艺流程图

2.2.4.3　煤炭超临界水气化的特点

1）煤炭超临界水气化反应中煤和超临界水所含的氢元素都可转换为氢气，因此该技术气体产物中的氢气收率和质量分数高于传统气化工艺中的氢气收率和质量分数。

2）由于超临界水的性质，通过该方法可以有效避免煤中的氮和硫等元素以气态污染物的形式排放到环境中，降低了环境污染。

3）超临界水气化制氢技术易与发电、高压加氢技术相结合，能效更高。

4）该技术要求设备处在 22MPa 以上的高压下，对设备的强度以及压力控制系统具有较高的要求。

2.2.4.4　煤炭超临界水气化工业现状与发展

煤在超临界水中气化的技术是一种新型制氢技术，其发展时间较短，目前还处在早期的研发阶段，全球也仅有四套中试设备，世界范围内暂无大规模商业应用的实例。西安交通大学动力工程多相流国家重点实验室郭烈锦团队 20 多年来一直致力于煤炭超临界水气化技术的研究。通过 20 多年的技术攻关，郭烈锦团队不断对超临界水蒸煤技术进行完善，以使其走出实验室，实现大规模工业化应用。

2.3　天然气制氢

天然气指天然蕴藏在岩石圈、水圈、地幔以及地核中以烃类为主的混合气体，其主要成分甲烷，是结构最简单的碳氢化合物，也是各类化合物中氢原子质量占比最大的化合物，储氢量为25%。天然气作为清洁能源的一种，其高效利用有利于缓解当前我国对石油资源过度依赖的生产生活现状，符合我国环境保护理念。因此，天然气很早受到人们的广泛关注与使用，并发展成为工业上最主流的制氢技术之一。进行天然气制氢工艺的研究能够增强环境保护的力度，提高资源的有效利用，具有极强的社会意义和经济效益。

2.3.1 天然气蒸汽重整制氢

2.3.1.1 天然气蒸汽重整制氢的基本原理

天然气蒸汽重整制氢是指在一定温度、压力及催化剂作用下，天然气中的烷烃分子与水蒸气发生重整反应产生氢气的过程。天然气蒸汽重整制氢是天然气制氢方向中一项成熟技术，其主要包含两个吸热反应和一个放热反应。制备合成气的化学反应方程式包括：

$$CH_4+H_2O \longrightarrow CO+3H_2 \tag{2-13}$$

$$CH_4+\frac{1}{2}O_2 \longrightarrow CO+2H_2 \tag{2-18}$$

$$CH_4+CO_2 \longrightarrow 2CO+2H_2 \tag{2-9}$$

在实际过程中，CO具有反应活性，直接排放会造成极大的浪费。同时作为有毒气体，CO也不能随意排放。可通过水煤气变换进一步反应，提高氢气产量：

水煤气变换反应：$CO+H_2O \longrightarrow CO_2+H_2$ (2-2)

从物质流动角度上来讲，上述三个过程的总包反应方程式依次变为：

$$CH_4+2H_2O \longrightarrow CO_2+4H_2 \tag{2-28}$$

$$CH_4+\frac{1}{2}O_2+H_2O \longrightarrow CO_2+3H_2 \tag{2-29}$$

$$CH_4+CO_2+2H_2O \longrightarrow 2CO_2+4H_2 \tag{2-30}$$

2.3.1.2 天然气蒸汽重整制氢的工艺流程

天然气蒸汽重整制氢工艺由四大单元组成，分别为原料气预处理单元、蒸汽转化单元、CO变换单元和氢气提纯单元。制氢过程工艺流程如图2-8所示。

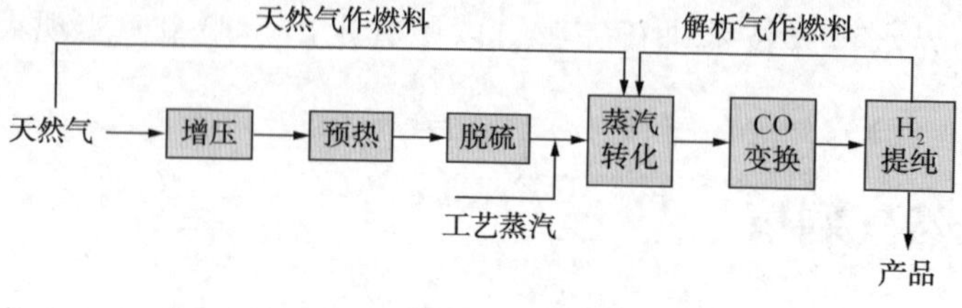

图2-8 天然气蒸汽重整制氢工艺流程图

1. 原料气预处理单元

原料气预处理单元的主要目的是对原料气进行脱硫处理。天然气中含有的硫元素不仅会影响产品氢气的品质，还会对一些反应设备造成腐蚀，因此应设法将其去除。本单元主要利用某些脱硫剂对原料气进行脱硫。

2. 蒸汽转化单元

蒸汽转化单元为天然气重整制氢的主要反应单元，该单元的反应较为复杂。反应时以水蒸气作为氧化剂，利用镍催化剂使天然气中的烃类物质发生转化反应，得到氢气和一氧化碳。

3. CO 变换单元

天然气蒸汽转化反应会产生大量的 CO，其可在本单元催化剂的作用下与水蒸气发生转化反应生成 CO_2 和 H_2，提高氢气产量。

4. 氢气提纯单元

氢气提纯时天然气制氢的一个关键阶段。反应生成的产品氢气中通常含有部分杂质，需要经过提纯处理后才能进行使用。

2.3.1.3 天然气蒸汽重整制氢的特点

1）天然气含氢量高，原料中不含烯烃、芳烃或其他有毒元素，是非常适合制氢用的原料。

2）天然气蒸汽转化制氢工艺可以实现反应余热的反复使用，大大降低了能耗，并且避免了再次加热的问题。

3）天然气蒸汽转化制氢工艺生产具有半自动化的特征，控制难度不高。

4）制氢过程为高温反应，需要使用耐高温设备，提高了制氢成本。

5）制氢过程会产生大量的二氧化碳，加剧温室效应。

2.3.1.4 天然气蒸汽重整制氢的工业现状与发展

天然气蒸汽重整制氢自 1926 年首次应用后，经过不断的工艺改进，已发展为目前最成熟的制氢技术之一，被广泛用于氢气的工业生产。天然气重整制氢能够适用于工业上大规模制氢，这种制氢方式不仅具有很好的经济性，而且其产品氢气的提取率和纯度都有很高的水平。但这种制氢技术受原料影响较大，我国天然气使用率相对较低，天然气资源储备相对匮乏，这也是制约该技术广泛应用的主要原因。

2.3.2 天然气高温裂解制氢

2.3.2.1 天然气高温裂解制氢的反应原理

天然气高温裂解制氢是指天然气在一定条件下直接发生裂解反应，将分子内的氢转化为氢气的过程。早期对于甲烷裂解反应的研究主要集中在合成气及碳纳米材料的制备。随着燃料电池发展，甲烷的催化裂解制氢逐渐成为研究热点。甲烷直接裂解制氢的过程，仅得到氢气和碳材料，不会产生 CO 和 CO_2，降低了对环境的污染。其反应式如下：

$$CH_4 \longrightarrow 2H_2+C \tag{2-31}$$

2.3.2.2 天然气高温裂解制氢的工艺流程

天然气高温裂解制氢的工艺流程相对简单，其工艺流程如图 2-9 所示。首先将天然气和空气按完全燃烧比例进行混合，同时输送进入反应炉内燃烧。使温度逐渐上升至1300℃时，停止供给空气，只向体系内供应天然气，使之在高温下发生热分解生成炭黑和氢气。将生成的炭黑与甲烷进行气固分离，分离出固态的碳纳米材料，然后将气态的氢气和甲烷经变压吸附分离，使甲烷继续循环使用。本工艺路线可以同时生产氢气和碳纳米材料，经济效益较高。

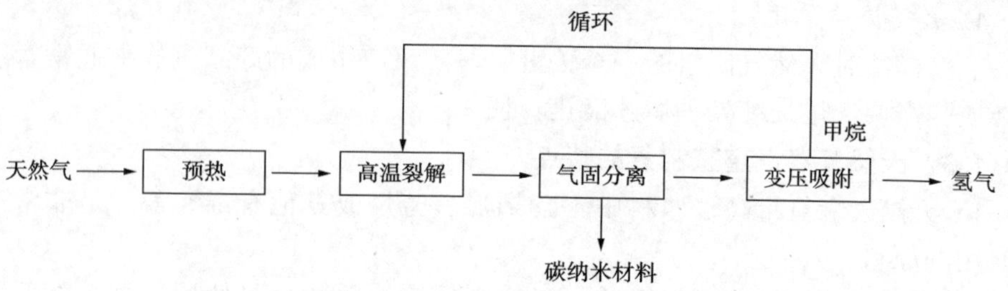

图 2-9　天然气高温理解制氢工艺流程图

2.3.2.3 天然气高温裂解制氢用催化剂

催化剂是影响天然气高温裂解制氢的重要因素。其主要有两个系列：一类是贵金属，如铑、钌、铂、钯等，其中铑的催化效果最佳；另一类是过渡金属镍、钴、铁等，其中镍的效果最佳。镍的催化效果也仅次于贵金属铑，且价格低廉，因此有较好的应用前景。

在天然气高温裂解过程中，碳的产生速率与碳在催化剂中的扩散速率会不匹配。当前者大于后者时，产生的碳来不及进行定向迁移，就会在很短的时间内覆盖在催化剂的表面，导致催化剂失活。随着反应温度的提高，催化剂的失活速率加快。这种现象既会造成催化剂的损坏，降低氢气的生产效率，又会浪费裂解过程中产生的副产物碳材料。

为了能够利用好天然气裂解过程中产生的副产品碳材料，同时延长催化剂寿命，该反应催化剂的设计主要包括两个思路：①设计分散度好、稳定性好的纳米金属催化剂，纳米金属分散度越高、活性越高，生成的碳纳米材料也就越细，越不易失活；②设计具有空间结构的催化剂，有容纳碳纳米材料的空间。

2.3.2.4 天然气高温裂解制氢的特点

1）这是一种方便、快捷的制氢方法，产品氢气的纯度高，不含有 CO 等杂质。这个过程也被认为是环保工艺，反应所得到的氢气产品，可用于质子交换膜燃料电池等对燃料中 CO 含量要求严格的系统。

2）热催化裂解甲烷技术使甲烷直接裂解生成碳和氢气，可实现 CO_2 的零排放。

3）与天然气水蒸气重整相比，高温裂解制氢的分离设备更加简单，因此可缩短工艺流程，简化操作单元，减少在设备方面成本的投入。

4）天然气裂解制氢可在得到氢气的同时获得高附加值的碳材料，形成附加利润。

5）天然气高温裂解制氢对于反应温度以及催化剂的要求较高，相对增加了成本。

2.3.2.5 天然气高温裂解制氢的工业现状与发展

由于天然气高温裂解制氢的产物仅为纯度较高的富氢气体以及高附加值的纳米碳材料，商业应用前景较高。近年来，随着燃料电池汽车的发展，天然气裂解制氢也成为国际研究的热点。目前，催化剂的使用寿命以及副产品碳的有效利用仍是限制天然气裂解制氢大规模应用的关键，尤其是副产品碳的利用。碳中含有原料甲烷中约 42%的能量，只有将其充分利用，才能更好地发挥出天然气高温裂解制氢的优势。

2.3.3 天然气部分氧化重整制氢

2.3.3.1 天然气部分氧化重整制氢的反应原理

天然气部分氧化重整制氢是指天然气在有限量纯氧存在的重整器中进行加热氧化重整产生一氧化碳和氢气的过程。天然气与氧气进行部分氧化反应的生成物随氧气含量、反应条件的变化而变化。当以制取氢气为反应产物时，其反应式如下：

$$CH_4+\frac{1}{2}O_2 \longrightarrow CO+2H_2 \tag{2-18}$$

$$CO+H_2O \longrightarrow CO_2+H_2 \tag{2-2}$$

2.3.3.2 天然气部分氧化重整制氢的工艺流程

天然气部分氧化重整制氢的工艺流程图如图 2-10 所示。天然气经压缩机压缩后，进入加热器将温度升至约 145℃，氧气压缩到相同压力后与天然气一起进入气化炉；大约在 1400℃、8.53MPa 条件下，天然气在气化炉气化室中发生部分氧化反应，生成合成气。合成气的主要成分为氢气、一氧化碳、水蒸气和二氧化碳，除此之外还含有少量的甲烷和微量炭黑。合成气从气化室出来后在激冷室中被冷却，然后在炭黑洗涤塔经洗去炭黑后，送往一氧化碳变换工段进行一氧化碳变换反应，最后经除杂提纯后得到纯净氢气。

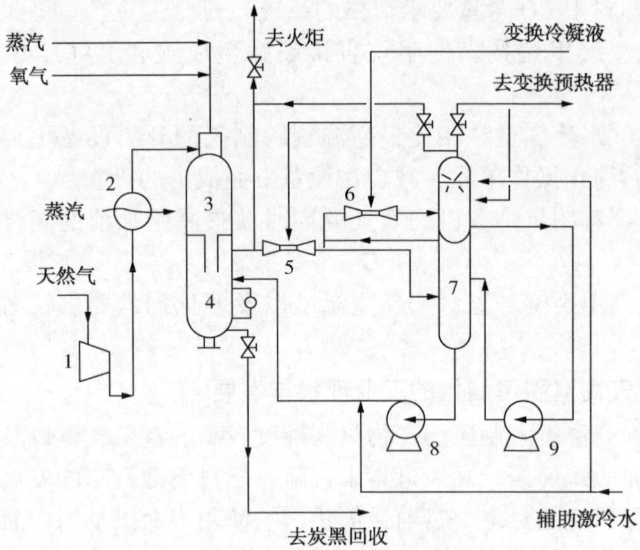

图 2-10　天然气部分氧化重整制氢工艺流程图

1—压缩机；2—加热器；3—气化炉气化室；4—激冷室；5—1# 文丘里洗涤器；6—2# 文丘里洗涤器；7—炭黑洗涤塔；8—激冷水泵；9—水泵

2.3.3.3　天然气部分氧化重整制氢的特点

1）同传统的水蒸气重整方法相比，天然气部分氧化重整工艺的能耗较低。

2）天然气催化部分氧化可以实现自热反应，反应器可以采用廉价的耐火材料堆砌，减少了部分成本投入。

3）天然气部分氧化反应条件苛刻，不易控制。

4）天然气部分氧化重整过程需要大量的纯氧，这增加了空气装置投资和制氢成本。

2.3.3.4　天然气部分氧化重整制氢的发展现状

自 20 世纪 90 年代以来，天然气部分氧化制取氢气的方法引起了广大学者的关注，有 3 篇文章先后在 Nature 和 Science 上发表，得到了普遍的学术认可，证明了其在氢气制备方面的巨大潜力。但目前仍存在几点问题制约其发展，主要包括廉价高纯度氧的来源、稳定反应的催化材料、催化剂床层的热点问题以及操作体系的安全性等。

2.3.4　天然气自热重整制氢

2.3.4.1　天然气自热重整制氢的反应机理

天然气自热重整制氢是在部分氧化反应中引入水蒸气，使放热的部分氧化重整和强吸热的水蒸气重整相结合，在部分氧化中产生热量被蒸汽重整所吸收，以实现整个系统的热量平衡。其化学反应式如下：

$$CH_4+(2-2x)H_2O+xO_2 \longrightarrow CO_2+(4-2x)H_2 \quad 0<x<1 \qquad (2-32)$$

2.3.4.2　天然气自热重整制氢的工艺流程

天然气自热重整制氢工艺进行了从外部供热到内部自己提供热量的转变，对能源的利用更加合理。具体流程如图 2-11 所示。

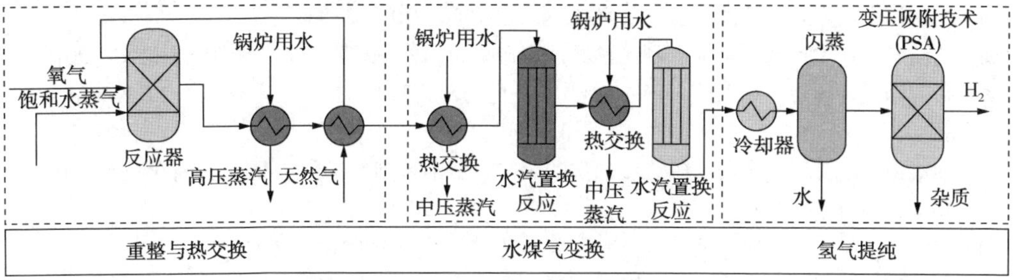

图 2-11　天然气自热重整制氢工艺流程图

饱和了水蒸气的天然气与氧气一同被运输到流化床反应器内，在反应器中进行重整反应。该反应器内一般分为两个区域，即氧化区与催化区。天然气的部分氧化反应主要在氧化区内进行，而催化区发生天然气的蒸汽重整。反应生成的合成气具有很高的热量，这部分热量需要经过热交换将其继续利用。将高温的合成器经过废热锅炉回收热量后，进入水煤气变换单元进行一氧化碳变换反应。最后经过闪蒸和变压吸附得到纯净氢气。

2.3.4.3　天然气自热重整制氢的特点

1）天然气自热重整制氢与蒸汽重整工艺相比，将外部供热改为了自供热，反应热量利用更为合理。

2）自热重整由于不需要外界提供热源，简化了系统并减少了启动时间。

3）由于自热重整反应的强放热反应和强吸热反应在反应器中分步进行，因此反应器仍需使用耐高温材料，这就提高了天然气自热重整制氢工艺的装置投资。

2.3.4.4　天然气自热重整制氢的工业现状与发展

自热重整工艺是一种较为先进的天然气制氢方法。但是由于天然气自热重整工艺一般需用富氧空气或纯氧参与反应，需加置空气分离装置，这就增加了设备的复杂性，提高了设备投资。透氧膜反应器是一种新型的重整反应器，它的出现对于天然气自热重整工艺来说具有重要意义。如果能将透氧膜反应器投入工业使用，将大幅度降低制氢成本，推动天然气自热重整制氢的发展。

参 考 文 献

[1] 毛宗强，毛志明．氢气生产及热化学利用[M]．北京：化学工业出版社，2015.

[2] 汪林燕．石脑油生产氢气和一氧化碳的工艺设计[J]．山东化工，2019，48：160-162.

[3] 朱宇．天然气制氢工艺及现状[J]．化学工程及装备，2016，7：213-214.

[4] 瞿国华，王辅臣，代正华，等．石油焦气化制氢技术[M]．北京：中国石化出版社，2014.

[5] 李树钧，吕家欢．重油制氢[J]．石油炼制，1986，10：32-41.

[6] 杜商．全球重点地区重油有利区预测及资源评价[D]．长春：吉林大学博士论文，2019.

[7] 张瑞卿，马巍巍，孙继珍，等．石油焦气化的研究进展[J]．山东化工，2019，48(12)：60-61.

[8] 刘银东，高飞，张艳梅，等．石油焦的生产及石油焦制氢工艺状况[J]．石化技术与应用，2012，30(1)：93-98.

[9] 王凤荣，张志翔，张忠涛．炼厂气制氢概述[J]．化工中间体，2007，7：29-31.

[10] 崔君利，王德利，李向阳．炼厂干气制氢新途径[J]．沈阳化工，1998，27(2)：24-28.

[11] 薛明伟．干气综合利用生产技术进展[J]．石油化工技术与经济，2019，35(1)：56-62.

[12] 谢克昌．煤气化技术[M]．北京：化学工业出版社，2010.

[13] 陈思晗，张珂，常丽萍，等．传统和新型制氢方法概述[J]．天然气化工-C_1 化学与化工，2019，44：122-127.

[14] 毛宗强，毛志明，余皓，等．制氢工艺与技术[M]．北京：化学工业出版社，2018.

[15] 任相坤，袁明，高聚忠．神华煤制氢技术发展现状[J]．煤质技术，2006，1：4-7.

[16] 谢继东，李文华，陈亚飞．煤制氢发展现状[J]．洁净煤技术，2007，13(2)：77-81.

[17] 刘欢，王志忠．煤电解氧化伏安特性的研究[J]．燃料化学学报，2002，30(2)：182-185.

[18] 贾杰．煤浆氧化电解制氢的研究[D]．上海交通大学硕士学位论文，2013.

[19] 尤彪，詹俊怀．固定床煤气化技术的发展及前景[J]．中氮肥，2009，(5)：1-71.

[20] 陈菊枝，洪献春．煤炭气化技术[J]．化学工程与装备，2011，4：110-111.

[21] 杨小彦，陈刚，殷海龙，等．不同原料制氢工艺技术方案分析及探讨[J]．煤化工，2017，45(7)：40-43.

[22] Coughlin R W，Farooque M. Consideration of electrodes and electrolytes for electrochemical gasification of coal by anodic oxidation[J]. Journal of Applied Electrochemistry，1980，10(6)：729-740.

[23] 郑振安．Shell 煤气化技术(SCGP)的特点[J]．煤化工，2003，(2)：7-11.

[24] 闫秋会，郭烈锦，梁兴，等．煤与生物质共超临界水催化气化制氢的实验研究[J]. 西安交通大学学报，2005，39(5)：454-457.

[25] 金辉，吕友军，郭烈锦，等．煤炭超临界水气化制氢发电多联产技术进展[J]. 中国基础科学，2018，4：4-9.

[26] 陈哲文．超临界水煤气化方法及发电系统集成[D]. 北京：中国科学院大学博士学位论文，2018.

[27] 王倩，李光明，王华．超临界水条件下生物质气化制氢[J]. 化工进展，2006，25(11)：1284-1288.

[28] 李影辉，郭桂悦，黄国栋，等．天然气转化制氢技术进展[J]. 石油化工，2014，43：193-195.

[29] 史云伟，刘瑾．天然气制氢工艺技术研究进展[J]. 化工时刊，2009，23(3)：59-61.

[30] Li Y D，Chen J L，Qin Y N，et al. Simulataneous Production of hydrogen and nanocarbon from decomposition of methane over nickel - based catalyst [J]. Energy & Fuels，2000，14：1188-1194.

[31] Muaradov N. Hydrogen via methane decomposition：an application for decarbonization of fossil fuels[J]. International Journal of Hydrogen Energy，2001，26：1165-1175.

[32] 魏飞，骞伟中．碳纳米管的宏量制备技术[M]. 北京：科学出版社，2012.

[33] 杨旸，崔一尘，蔡宁生．天然气裂解制氢的研究进展[J]. 太阳能学报，2006，27(10)：967-972.

[34] 彭志斌．自热转化制合成气工艺应用[J]. 石油与天然气化工，2004，33(4)：250-258.

[35] 刘一静，刘瑾．天然气制甲醇合成气工艺及进展[J]. 化工时刊，2007，21(5)：64-67.

[36] 王建忠．天然气部分氧化制合成气的工业应用[J]. 石油与天然气化工，2002，31(3)：114-115.

[37] 王奕然，曾令志，娄舒洁，等．天然气制氢技术研究进展[J]. 石化技术与应用，2019，37(5)：361-366.

[38] 邢定峰，林景仁，蒲浩．天然气催化裂解制氢[J]. 石油规划设计，2010，21(1)：21-24.

[39] 牛嘉玉，刘尚奇，门存贵，等．稠油资源地质与开发利用[M]. 北京：科学出版社，2002.

第3章 氢气的新型制备方法

第二章介绍的大多是以化石燃料为原料或能量来源的传统制氢方法，这些方法不仅消耗着本就稀缺的化石能源，还在一定程度上加剧了环境污染。随着国家对节约能源、保护环境的号召以及人们环境保护意识的增强，越来越多更加环保、节能的制氢方法被研究出来。这些方法大多以生物质、水等非化石燃料作为制氢原料，或是以更为环保、清洁的能量形式(如太阳能、核能)作为产氢过程中能量消耗的来源。例如生物质制氢、醇类制氢、电解水制氢、太阳能制氢等，本章将对这些制氢方法进行介绍。

3.1 生物质制氢

3.1.1 生物质

生物质(biomass)通常是指由半纤维素、纤维素、木质素以及其他有机质构成的绿色植物。生物质能是绿色植物通过光合作用将太阳能转化成储存在生物质内部的化学能。生物质的种类繁多，资源量大，分布也很广，可分为以下几种：一是木材及森林工业废弃物，二是农业废弃物，三是水生植物，四是油料植物，五是城市和工业有机废弃物，六是动物粪便。通常用于制氢的生物质原料包括农林生物质资源、水生生物质资源等和一些城市和工业有机废弃资源。

如图 3-1 所示，根据制氢工艺的不同可将生物质制氢分为化学法制氢和生物法制氢。其中化学法又包括气化法制氢、热解重整法制氢、超临界水转化法制氢等，生物法以光解水制氢及发酵制氢为主。本小节将对这些生物质制氢方法进行一一介绍。

3.1.2 生物质气化制氢

3.1.2.1 生物质气化制氢的反应原理

生物质气化制氢是指将预处理过的生物质原料，在气化剂(如空气、氧气、

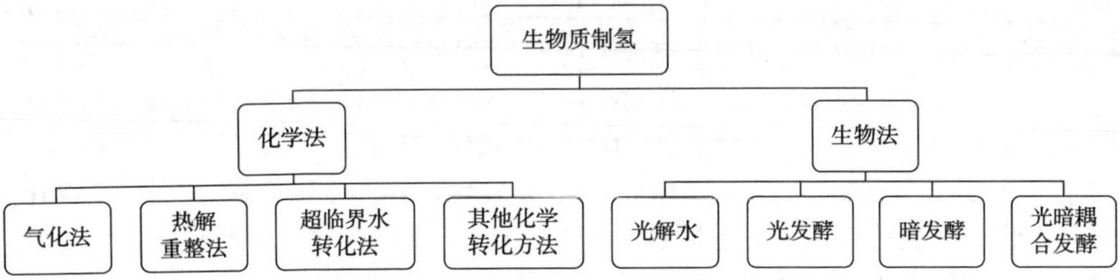

图 3-1　生物质制氢方法的分类

水蒸气等气化介质）中加热转化为富氢气体的过程。生物质气化制氢的过程一般可以分为干燥、热解、氧化反应和还原反应四个阶段，这四个阶段对应了气化炉中的四个区域，通常每个区域之间没有严格的界限。

以下吸式固定床反应器催化气化木质纤维素类生物质制氢为例（如图 3-2 所示）：当生物质原料从反应器顶部进入气化炉内时，其首先进入干燥阶段，生物质原料中的水分被蒸发出来，这个阶段由于温度相对较低，大约在 200~300℃，生物质不会发生化学反应；干燥之后的物料移动到热解区，热解过程的温度达到了 500~600℃，此时生物质发生脱挥发分或热分解，析出焦油、CO_2、CO、H_2 以及碳氢化合物等大量气体，剩下残余的木炭；气化介质与生物质残余物在氧化区发生剧烈反应，放出大量的热，这使得该区域的实际炉温可达到 1000~1200℃，使得挥发性组分发生燃烧或者进一步降解。氧化区发生的反应主要为：

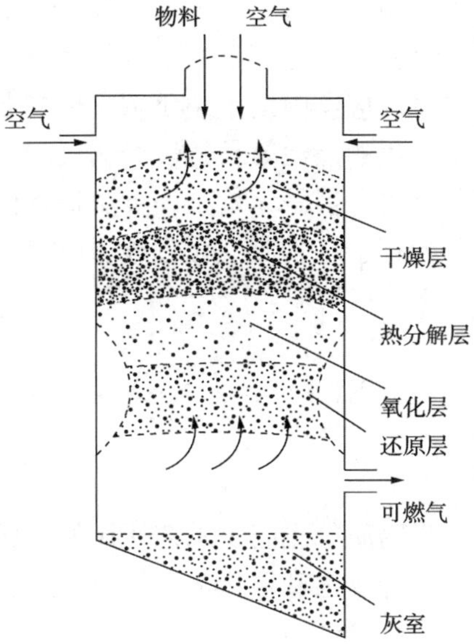

图 3-2　下吸式固定床气化炉反应过程

$$C+\frac{1}{2}O_2 \longrightarrow CO \tag{3-1}$$

$$C+O_2 \longrightarrow CO_2 \tag{3-2}$$

$$2CO+O_2 \longrightarrow 2CO_2 \tag{3-3}$$

$$2H_2+O_2 \longrightarrow 2H_2O \tag{3-4}$$

$$CH_4+2O_2 \longrightarrow CO_2+2H_2O \tag{3-5}$$

还原阶段是指将氧化阶段产生的气体产物还原成木炭，生成 H_2 和 CO 等气体产物的过程。还原区的温度大约在 700~900℃。主要涉及的反应有：

$$C+CO_2 \longrightarrow 2CO \tag{3-6}$$

$$C+H_2O \longrightarrow CO+H_2 \tag{3-7}$$

$$C+2H_2O \longrightarrow CO_2+2H_2 \tag{3-8}$$

$$CO+H_2O \longrightarrow CO_2+H_2 \tag{3-9}$$

$$CO+3H_2 \longrightarrow CH_4+H_2O \tag{3-10}$$

生物质气化的产品气体包括 H_2、CO、CO_2 以及 CH_4 等，同时也会产生焦油、炭等，生物质气化制氢工艺的重点是提高产气中氢气的含量并且降低焦油含量。

3.1.2.2 生物质气化制氢的工艺流程

生物质气化制氢可分为一步法制氢和两步法制氢。气化一步法制氢是指生物质在反应器中被气化剂直接气化后，获得富氢气体的过程。一步法采用的反应器结构较为简单，操作比较便利。但是一步法往往无法将生物质原料充分反应，造成了资源的浪费。

气化两步法制氢是指生物质经过两步处理，首先在一级反应器内气化后，再在二级反应器中发生裂化重整反应制取氢气的过程。两步法可以充分利用气化过程中产生的焦油等长链烷烃物质，从而增加氢气的含量，所以两步法制氢技术运用得更多。但是无论是一步法还是两步法气化制氢，其工艺流程都包括了生物质的预处理、生物质气化过程、氢气分离与净化等步骤，主要流程如图 3-3 所示。

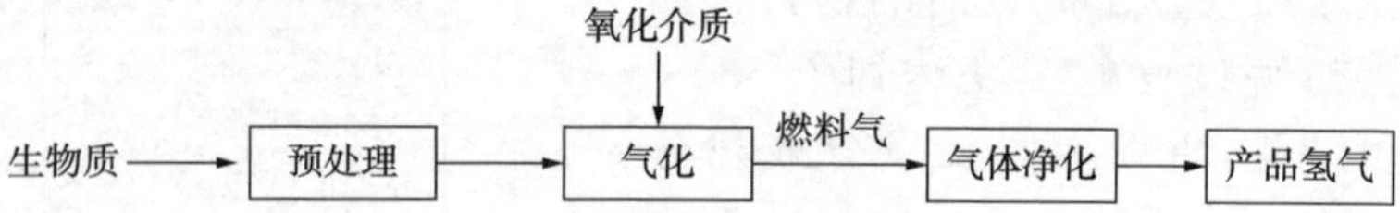

图 3-3 生物质气化制氢工艺流程

生物质气化制氢工艺所用的催化剂通常为白云石和镍基催化剂，虽然白云石价格要低于镍基催化剂，但镍基催化剂的催化效果优于白云石。

3.1.2.3 生物质气化制氢气化剂

生物质气化制氢的过程需要在一定的气体介质下进行，常见的气化剂有氧气、空气和水蒸气。气化剂对生物质气化过程有重要影响。

以氧气作为气化剂时气化温度较高，一般为 1000~1400℃，在氧气条件下进行气化有利于去除焦油，提升气体产率，但以氧气作为气化剂时，需要向体系提供纯氧或是增设空分装置，生产成本较高；以空气为气化剂的温度一般为 900~1100℃，其成本较低，但空气中的氮气会混入产品气中，稀释产品气的浓度。

通常以水蒸气作为气化剂时有利于气体中 H_2 含量的提高，这是因为生物质在反应中生成的碳氢化合物和焦油可以在水蒸气中发生催化重整反应，进而转化为 H_2 和 CO，提高产品气中 H_2 的含量。该过程主要发生以下反应：

$$C+CO_2 \longrightarrow 2CO \tag{3-6}$$

$$C+H_2O \longrightarrow CO+H_2 \tag{3-7}$$

$$C+2H_2O \longrightarrow CO_2+2H_2 \tag{3-8}$$

$$CO+H_2O \longrightarrow CO_2+H_2 \tag{3-9}$$

$$C+2H_2 \longrightarrow CH_4 \tag{3-11}$$

$$CH_4+H_2O \longrightarrow CO+3H_2 \tag{3-12}$$

$$CH_4+2H_2O \longrightarrow CO_2+4H_2 \tag{3-13}$$

$$CH_4+CO_2 \longrightarrow 2CO+2H_2 \tag{3-14}$$

$$C_nH_m+nH_2O \longrightarrow nCO+\left(n+\frac{m}{2}\right)H_2 \tag{3-15}$$

$$C_nH_m+nCO_2 \longrightarrow 2nCO+mH_2 \tag{3-16}$$

虽然水蒸气作为气化剂时有利于产氢，但是由于蒸汽重整反应过程是吸热反应，如通入过多的水蒸气反而会降低反应的温度，使整个系统的能量效率下降，导致 H_2 浓度下降，气体品质降低。

3.1.2.4　生物质气化制氢的特点

1）生物质气化工艺流程简单，仅需在气化装置后增加水汽变化装置和氢气分离装置即可，且操作过程简单便捷。

2）生物质气化制氢氢气产率高。

3）产物不含硫氧化物和氮氧化物，对环境的污染小。

4）气化过程会产生一定的 CO_2，但是由于生物质在生长过程会消耗 CO_2 及生物质具有可再生性，故生物质气化制氢总过程也可视为可再生的，这对于缓解环境和能源压力具有重要意义。

5）焦油的产生对气化工艺具有不利影响，其不仅会降低气化反应速率，还会腐蚀和损坏设备，影响制氢进行。

3.1.2.5　生物质气化制氢的工业现状与发展

目前，生物质气化工艺技术已接近成熟，国内一般运用生物质气化装置进行发电。使用生物质气化装置进行制氢，需在装置后部增设相应的水汽变换装置以及氢气分离系统，目前还没有将生物质气化装置用于工业化制氢的应用。当前生物质气化制氢的主要研究方向为反应用催化剂的研究，研究高效、廉价的催化剂是促进生物质气化制氢技术尽快产业化的关键。

3.1.3　生物质热解制氢

3.1.3.1　生物质热解制氢的反应原理

生物质热解是指生物质在有限供氧或者完全缺氧的条件下，生物质大分子中碳氢化合物的化学键在高温环境下发生断裂，使之转化成液体产物(生物油)、固体产物(生物质炭)、不可冷凝气(燃气)的过程。热解反应的温度范围一般为300~1300℃。

生物质各组分的热解反应可分为一级反应和二级反应，如图3-4所示。一级反应主要有焦炭的形成、解聚反应和裂解反应。焦炭的形成是指生物质中的大分子物质内部发生重排反应，这样使得热解之后残留物的网状结构增加，形成以芳环结构为主的焦炭，同时放出水分和不凝性气体。解聚反应是指聚合物单体之间链的断裂，它会使木质纤维素聚合度大幅降低，并产生挥发性气体，这些挥发性气体冷凝之后会形成液体残留物—焦油。裂解反应不仅仅是聚合物单体之间的链断裂，也包括了聚合物单体内部键的断裂，形成不凝性气体和小分子的有机化合物。二级反应是指生成的小分子有机化合物再次发生裂解和重整反应，形成其他小分子化合物。

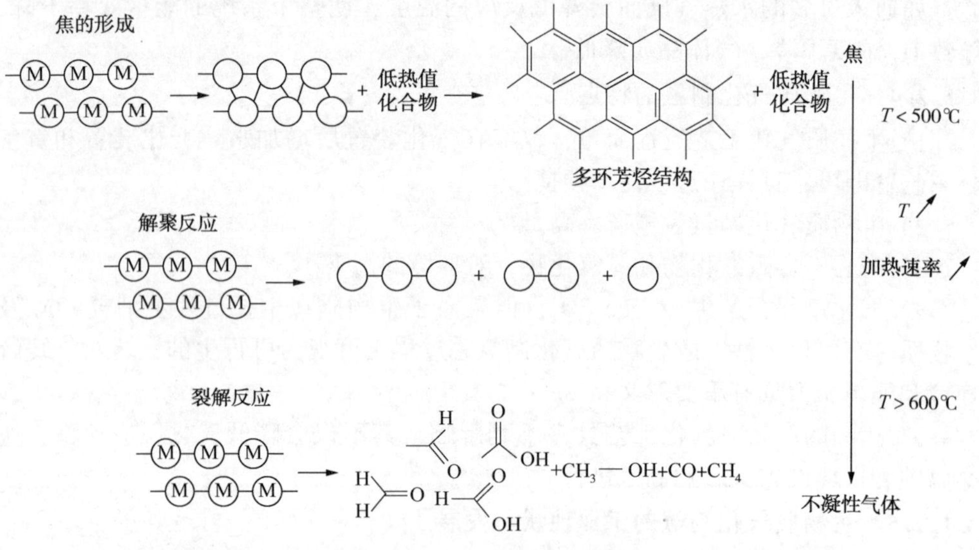

图3-4　生物质的热解路径

在相对较低的温度下，生物质热解以成焦反应为主；随着温度提高和升温速率加快，解聚和裂解反应为主要进行的反应。生物质热解所涉及的反应可总结为以下反应：

$$生物质 \longrightarrow 炭+液体(含焦油)+气体 \tag{3-17}$$

焦油的二次裂解反应：

$$重质焦油 \longrightarrow 炭+轻烃焦油+H_2+CH_4+CO+H_2O+CO_2 \tag{3-18}$$

$$焦油+H_2O \longrightarrow H_2+CH_4+CO+\cdots \tag{3-19}$$

$$焦油+CO_2 \longrightarrow H_2+CH_4+CO+\cdots \tag{3-20}$$

轻烃焦油的裂解反应：

$$C_2H_6 \longrightarrow C_2H_4+H_2 \tag{3-21}$$

$$C_2H_4 \longrightarrow CH_4+C \tag{3-22}$$

水蒸气与气体的反应：

$$CO+H_2O \longrightarrow CO_2+H_2 \tag{3-9}$$

$$CH_4+2H_2O \longrightarrow CO_2+4H_2 \tag{3-13}$$

炭与气体的反应：

$$C+CO_2 \longrightarrow 2CO \tag{3-6}$$

$$C+H_2O \longrightarrow CO+H_2 \tag{3-7}$$

$$C+2H_2 \longrightarrow CH_4 \tag{3-11}$$

3.1.3.2 生物质热解制氢的工艺过程

热解过程中产物的分布可根据生物质种类和热裂解工艺条件进行调节。根据反应温度和加热速率的不同，生物质热解工艺可分为干馏、慢速热解、常规热解、快速裂解和闪速热解。其工艺比较见表 3-1。

表 3-1 不同热解工艺的比较

项目	干馏	慢速热解	常规热解	快速热解	闪速热解
反应温度	400℃	400~600℃	600℃左右	400~650℃	略小于 650℃
加热速率	极低	较低	逐渐升高但仍然较低	较高(约为 10~200℃/s)	非常高(大于 1000℃/s)
停留时间	相对较长，一般要停留数天	约数小时	5~30min	0.1~2s	小于 1s
反应产物	焦炭	焦炭以及生物油	焦炭、生物油以及反应气体	生物油以及反应气体	生物油和反应气体

以上几种工艺中，常规热解凭借其较为稳定且低速的升温速率，能够更好地控制生物质热解过程中的裂解温度、物料的停留时间以及热解气氛等条件，使生物质更充分地分解为可燃气体和烃类，受到了越来越多的学者的重视。

生物质进行热解制氢的工艺流程如图 3-5 所示。首先生物质在一级热裂解反应器内进行常规热解，生成残炭和挥发分。挥发分包括 H_2、CO、CO_2、CH_4 等气体和某些液体的大分子烃类。分离残炭，将剩余的挥发分进入二级反应器进行二次高温催化裂解，生成氢气、甲烷和其他轻质烃类，增加气体中的氢含量。在进行二次裂解时，通常向反应器内加入一定量的水蒸气和催化剂，以实现裂解产物的蒸汽重整、一氧化碳和甲烷等烃类的部分变换反应，提高氢气产量。最后通过变压吸附或膜分离技术对产品氢气进行分离提纯，得到纯氢。

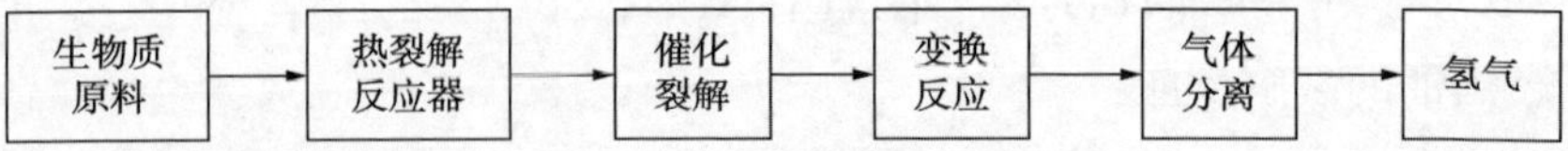

图 3-5　生物质热解制氢

3.1.3.3　生物质热解制氢的影响因素

生物质热解过程是一个复杂的过程，影响生物质热解制氢效果的因素也有很多。总的来说可分为物料特性和反应条件两个方面。

1. 物料特性

物料特性对制氢过程的影响主要体现在生物质组成、含水量以及生物质颗粒粒径几个方面：

(1) 生物质组成的影响

生物质原料来源复杂，组成多样，不同的生物质组成对热解特性和 H_2 生成特性有重要的影响，目前很难用单一的模型来描述其组成对制氢过程的影响。有研究发现，纤维素和半纤维素相对于木质素而言更容易产生富氢气体。这归因于半纤维素和纤维素由糖环链接而成，在受热情况下容易分解得到轻烃等气体产物，而木质素的高芳环含量使其易于成焦。除此之外，生物质组成中的挥发分、H/C 比、灰分等对于制氢过程也有不同影响。

(2) 含水量的影响

物料含水量对制氢的影响体现在以下两点：第一，水分在高温环境下蒸发会吸收一部分热量，使热解前期物料的升温速率降低；第二，水分作为反应物参与到热解反应中，例如水煤气反应。因此，合适的含水量可以增加挥发气体的产率，增加氢气的产量，但是过高的水含量也将降低热解系统的效率。

(3) 物料颗粒的影响

物料粒径对于气化过程的影响主要体现在以下几个方面：第一，物料粒径影响传热传质效率使得物料内部的温度分布和升温速率不同，进而影响其热解和气化特性。第二，生物质原料颗粒大小及分布会影响其热解产物的分布。通常大颗粒生物质作为原料时，产品气体的收率较高，同时焦炭的产率也会提高；而小粒径的生物质作为原料时将得到更多的液体产物。第三，颗粒尺寸还会导致颗粒内外表面的温差和加热速率的差异。

2. 反应条件的影响

(1) 热解温度的影响

热解温度对热解过程起着决定性的作用，高温可以促进有机物的裂解，进而大幅提高富氢气体的产量。生物质原料通常要在 500℃ 以上才能生成环芳烃，700℃ 以上才有显著的芳环缩合，因此高温条件对氢气的产生是有利的。

（2）升温速率的影响

升温速率对于热解过程也非常重要。升温速率可视为温度和停留时间的函数，在一定的温度范围内，升温速率越高，生物质物料达到设定温度所耗用时间也就越短，挥发分在高温环境的停留时间也就越长，进而氢气的产量提高。

（3）反应时间的影响

挥发分在高温环境下停留时间增加会促进二次反应的进行，能够促进气态产物的产生。一般而言，生物质高温热解的气体停留时间在几秒钟时间范围内，气体产量随着停留时间延长而增多。

3.1.3.4　生物质热解制氢的特点

1）生物质热解技术的成本较低，并且装置简单，可进行连续化生产。

2）生物质中硫、氮含量较低，与常规能源制取氢气的方法相比，其减少了空气中硫氧化物和氮氧化物的排放。

3）生物质原料来源广泛、易得，甚至可以利用一些城市垃圾进行加工生产，具有环保意义。

4）生物质热解制氢单位产量低，且富氢气体中氢气浓度较低，组分不合理。

5）生物质热解制氢技术对不同的生物质原料的适应性差。

6）生物质热解过程产生的焦油不仅会腐蚀和堵塞管道，还会造成环境污染等问题。

3.1.3.5　生物质热解制氢的工业现状与发展

近年来，国内外相关学者进行了以农业废弃物、林业废弃物、城市生活垃圾等为原料，通过热解方法制取氢气的探索。为了提高氢气的产量，研究人员在反应器设计、开发新型催化剂等方面进行了大量的研究。目前生物热解制氢还未能投入工业化应用，开发高活性、高效、低成本的催化剂及设计新型热解反应器是今后研究的重要方向。

3.1.4　生物质超临界水气化制氢

3.1.4.1　生物质超临界水气化制氢反应机理

生物质超临界水气化制氢是以超临界水为反应介质，生物质在其中经过一系列热化学反应制取氢气的过程。生物质在超临界水中发生的反应主要包括蒸汽重整反应、水气转化反应以及甲烷化反应，反应式如下所示：

蒸汽重整反应：

$$CH_nO_m+(1-m)H_2O \longrightarrow \left(1-m+\frac{n}{2}\right)H_2+CO \tag{3-23}$$

水气变换反应：

$$CO+H_2O \longrightarrow CO_2+H_2 \quad (3-9)$$

甲烷化反应：

$$CO+3H_2 \longrightarrow CH_4+H_2O \quad (3-10)$$

$$CO_2+4H_2 \longrightarrow CH_4+2H_2O \quad (3-24)$$

生物质在超临界水的作用下进行气化反应，其既作为反应媒介又作为反应物。生物质分子结构复杂，其在超临界水中首先被降解成糖类和酚类，随后被进一步降解成为相对分子质量较小的醇类物质，最后经过蒸汽重整等反应得到氢气。

3.1.4.2　生物质超临界水气化制氢的影响因素

实际操作过程中的工艺条件对生物质超临界水制氢过程具有重要的影响。其中，温度、压力、反应物浓度以及反应时间对制氢过程的影响较大。

1. 温度

温度是生物质超临界水气化制氢过程中重要的工艺参数之一，它会对生物质的气化率产生影响。升高温度可以大幅提高气化反应的效率，这主要与超临界水的介电常数有关。

2. 压力

反应压力通过影响超临界水的介电常数进而对生物质超临界水气化过程产生影响，但通常这种影响相对于温度较弱。罗威等综合考虑气化效果，认为最适合生物质超临界水气化反应进行的压力范围为22~30MPa。

3. 反应物浓度

反应物浓度的提高会减少物料与超临界水的接触面积，导致物料与超临界水之间的传质作用减弱，阻碍了蒸汽重整反应的进行。而且反应物浓度越高，越容易在反应过程中形成中间产物，这些中间产物会聚集会产生不利于反应进行的焦油、焦炭等物质。因此，反应物的浓度不宜过高。

4. 反应时间

在反应速率有限的情况下，延长反应时间有利于反应完全。但反应时间过长并不会明显提升生物质超临界水的气化效果，因此为了减少反应能耗，应选择合适的反应时间。

3.1.4.3　生物质超临界水气化制氢的反应器及工艺流程

典型超临界水气化反应器主要有间歇式和连续式两种类型，如图3-6、图3-7所示。间歇式反应器的结构较为简单，对不同生物质原料的适应性强，并且由于间歇式的生产方式，使得其在使用过程中可定期清理反应产生的焦炭等物质。但是由于间歇式反应器无法实现连续化的生产，并且存在原料在反应过程中难以均匀混合等缺点，导致间歇式反应器难以应用于商业化生产，一般只用于实验室机理研究以及一些要求较低的动力学研究。

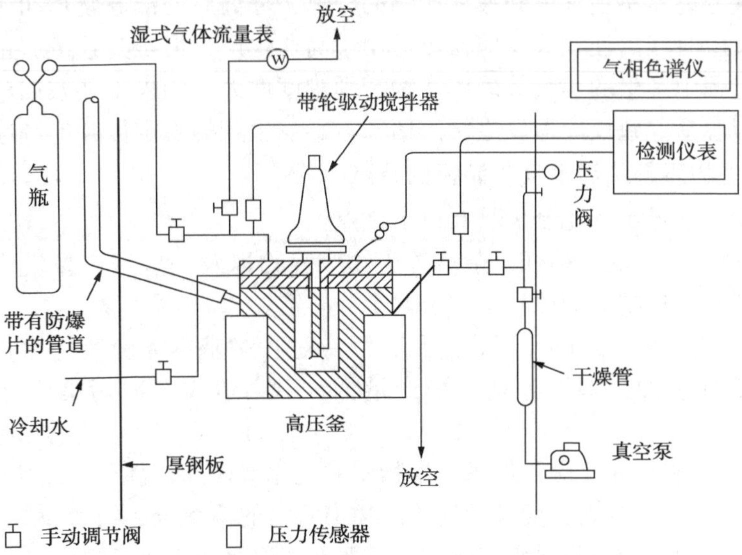

图 3-6　PNL 间歇式反应器简图

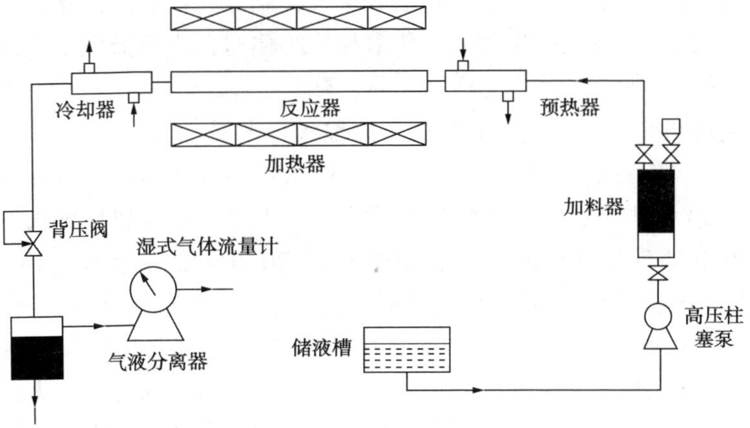

图 3-7　连续式反应器简图

连续式反应器通过柱塞泵、加料器以及阀门对物料进行连续输送。反应器的左右两端分别设置了冷却器和预热器对反应物料进行快速升温和降温，防止结焦。生物质物料中通常会加入某些氧化剂，使其在反应过程中发生额外的氧化放热反应，提高传热效率的同时提高原料的气化率。

利用连续式反应器进行生物质超临界水气化制氢时，生物质首先通过高压泵泵入加料器中并经预热器预热后在反应器中发生气化，反应器通常使用外部加热方式。气化完成后经过出口的冷却器和背压阀将生成物变为常温常压的状态，最后经过气液分离器实现气体和液体产物的分离，分离后的液态物质可继续投入反应，缩短反应时间。连续式反应器更适用于商业生产，但是其连续式的生产方式使得反应过程中产生的焦炭等固体产物清理难度增大，如果不能及时清理这些固体废物，很容易导致反应器发生结渣堵塞，影响生产的稳定性和连续性。

3.1.4.4　生物质超临界水气化制氢的特点

生物质超临界水气化制氢具有以下优点：

1）原料来源广泛，秸秆、杂草等生物废弃物以及一些城市垃圾均可作为生物质超临界水气化制氢的原材料，资源十分丰富。

2）生物质中硫、氮的元素含量低，反应过程中基本无硫氧化物和氮氧化物的产生，并且焦油、木炭等副产物产量低，不会造成二次污染，反应过程污染小。

3）在连续流动的反应条件下，生物质的气化率极高，甚至可以达到100%。

4）氢气的纯度较高，反应后气体产物中氢气的体积分数约为66%。

但是，生物质的超临界水气化制氢需要在高温高压下进行，因此其存在操作复杂、工艺投资大、设备易被腐蚀、反应条件苛刻等缺点，这些问题也限制了其大规模的推广应用。目前，生物质超临界水气化制氢高效利用的难点在于：高效制氢反应器的设计；高浓度生物质高压多相连续输送；高效低成本长寿命催化剂的筛选、制备与表征。

3.1.4.5　生物质超临界水气化制氢的工业现状与发展

1974年，美国夏威夷自然能源研究所(Hawaii Natural Energy Institute，HNEI)的Antal等人最早进行了超临界水生物质转化的研究，并对超临界水中生物质转化成H_2和生物质气化反应进行了深入的研究。20世纪80年代中期由HNEI首次提出了生物质超临界水气化制氢的完整概念，但是由于当时H_2的产率较低，人们对它的应用前景并不看好。我国对于生物质超临界水气化制氢的研究起步较晚。目前，西安交通大学、中科院山西煤炭化学研究所、大连理工大学等都对生物质超临界水气化制氢进行了研究并取得了一定的成果。但是由于生物质的超临界水气化制氢需要在高温高压下进行，工艺难度较大，用于制氢的成本较高，目前还没有商业化的运营。

3.1.5　生物质生物法制氢

生物法制氢是利用微生物将生物有机废水、废料等通过生物降解来得到氢气的一种方法。生物法制氢最早由Lewis于1966年提出，当时其主要进行绿藻、蓝细菌和光合细菌的光解水产氢及发酵产氢两大类实验。故目前主要研究的生物制氢方法主要有光解水生物制氢、光发酵制氢、暗发酵制氢以及光暗耦合发酵制氢。其中，生物质发酵制氢为近几年研究的重点，故本小节将对生物质发酵制氢进行重点介绍。

3.1.5.1　生物质生物法制氢反应机理

1. 光解水生物制氢

光解水生物制氢是指以水为原料，以太阳光为能量，通过光合微生物(如蓝细菌和绿藻)自身特有的产氢酶，分解水产生氢气和氧气的过程。这两种微生物生长的营养需求较低，仅需要空气、水、简单的无机盐和光照，就能光解水产生氢气。

如图 3-8 所示，生物光解水产氢的作用机理与绿色植物光合作用机理相似，即在一个光合系统中，具有两个光合作用中心：①产生还原剂用来固定 CO_2 的光合系统Ⅰ(Photosynthetical system Ⅰ，PSⅠ)；②接收太阳能分解水产生 H^+、电子和 O_2 的光合系统Ⅱ(Photosynthetical system Ⅱ，PSⅡ)。这两个中心既独立工作又相互协调，PSⅡ产生的电子由铁氧化还原蛋白(Fd)携带经由 PSn 和 PSⅠ到达制氢酶，H^+在制氢酶的催化作用下形成 H_2。制氢酶是生物法制氢的关键，绿色植物之所以不能产生氢气，正是由于其不含有制氢酶。

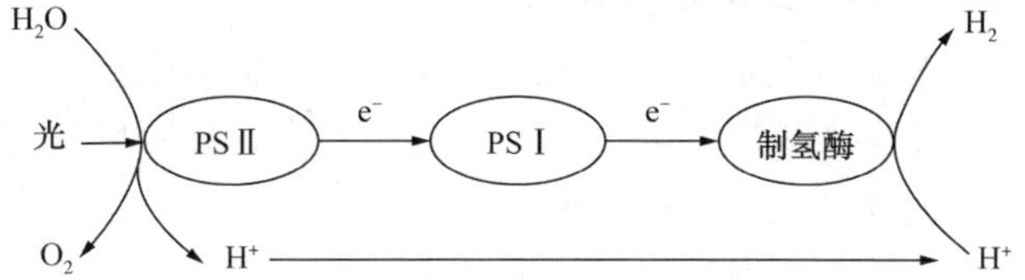

图 3-8　蓝藻光合制氢过程

2. 光发酵制氢

光发酵制氢是指在厌氧和光照条件下，光发酵细菌利用从小分子有机物中提取的还原态物质，在光提供的能量驱动下将 H^+还原成 H_2 的过程。进行光发酵制氢的光谱范围较宽，培养基质转化率较高，且反应时只产生氢气而不产生氧气，被看作是一种很有前景的制氢方法。以葡萄糖作为光发酵培养基质时，制氢机理如式(3-25)所示。

$$C_6H_{12}O_6+6H_2O+光能\longrightarrow 12H_2+CO_2 \tag{3-25}$$

3. 暗发酵制氢

暗发酵制氢是指无光照条件下，厌氧细菌在氮化酶或氢化酶的作用下将有机物分解转化成氢气的过程。能够发酵有机物进行暗发酵制氢的细菌包括兼性厌氧菌和专性厌氧菌，如褐球固氮菌、白色瘤胃球菌、大肠埃希氏杆菌和根瘤菌等。以葡萄糖为例，其反应方程见式(3-26)，在通过糖酵解途径转化为丙酮酸时，产生三磷酸腺苷：

$$C_6H_{12}O_6+2H_2O \longrightarrow 4H_2+2CO_2+2CH_3COOH \tag{3-26}$$

除了以上三种制氢方法外，研究学者还将上述光发酵制氢与暗发酵制氢进行结合，相互交替，相互利用，相互补充，可提高氢气的产量。这种新型模式被称为光暗耦合发酵制氢。大分子有机物在暗发酵制氢细菌的作用下分解成小分子有机酸，并释放出氢气。但是产生的有机酸因不能被暗发酵细菌继续利用而大量积累，并影响了暗发酵制氢细菌继续进行制氢活动，导致制氢效率下降。而将暗发酵制氢与光发酵制氢耦合后，这些小分子有机酸能够被光发酵制氢细菌利用，进一步释放氢气，而且有机酸的消除可以促进暗发酵制氢的进行。所以，将二者耦合到一起可以扩大底物利用范围，提高制氢效率。

以葡萄糖为例，耦合发酵反应如式(3-26)、式(3-27)所示。

暗发酵阶段：

$$C_6H_{12}O_6+2H_2O \longrightarrow 4H_2+2CO_2+2CH_3COOH \tag{3-26}$$

光发酵阶段：

$$2CH_3COOH+4H_2O+\text{光能} \longrightarrow 8H_2+4CO_2 \tag{3-27}$$

3.1.5.2 生物质发酵制氢的影响因素

由于生物质发酵制氢特殊的工作机理，其反应过程将受到很多反应条件的限制。以下我们将以暗发酵制氢为例，对其反应过程中的影响因素进行阐述。

1. 接种物及其处理方式

用于暗发酵制氢的微生物包括专性厌氧菌、兼性厌氧菌和少量的好氧菌，例如梭菌类、类芽孢菌属、肠杆菌科等。其中，梭菌类和肠杆菌属是在暗发酵产氢中应用最为广泛的微生物。另外，将不同的菌种混合也有利于产氢活动的进行，这是因为混合微生物种群间的相互协作使得其在处理复杂的生物质原料时更有活力。例如，兼性厌氧菌可以消耗环境中的氧气进而为专性厌氧菌的生存创造更为适宜的环境。

环境中得到的混合菌要经过某些处理才能作为接种物，使其代谢途径向产氢方向进行，从而提高氢气产率。主要的接种物处理手段包括热处理、酸处理、碱处理、化学处理、冷融处理、超声处理以及以上方式的结合。研究人员对各种处理方法也进行了比较，发现热处理和酸+热处理效果更好。

2. 反应 pH 值

pH 值对于反应过程的主要影响在于改变微生物的代谢途径，例如低 pH 值可以抑制反应过程中消耗氢气的产甲烷活动。有研究表明，最佳的产氢 pH 值范围通常是 5~6.5。然而也有部分的产氢实验在中性 pH 值下进行。这可能与 pH 值控制的方式有关。除此之外，最佳 pH 值的差异还与原料有关，糖类产氢的最佳

pH 值范围为 4.5~6，而蛋白质产气的最佳 pH 值范围为 8.5~10。总之，适宜的 pH 值条件将极大地提升产氢能力。

3. 温度

暗发酵产氢按照发酵温度的差别，可分为常温（20～25℃）、中温（35～39℃）、高温（40～46℃）以及超高温（>60℃）发酵。温度主要与参与制氢的接种物和制氢原料有很大关系。研究表明，在实际工程中，以环境温度进行发酵最为经济可行。

4. 原料

暗发酵产氢原料广泛，包括生活垃圾、市政垃圾、污泥、畜禽粪污和农作物秸秆等。原料中的碳水化合物是氢气的主要来源，因此碳水化合物含量较高的原料，产氢过程中氢气浓度更高、产氢速率更快、氢气产率更高。除此之外，原料中 C/N 比、磷元素以及一些金属元素如镁、钠、锌、铁等也对发酵制氢的产率有重要影响。

总而言之，生物质的制氢过程是一个非常复杂的过程。其并不是反应中的某个因素对反应过程产生特定的影响，而是诸多因素综合影响的过程。

3.1.5.3　生物质生物法制氢的特点

不同制氢方法具有各自不同的特点：暗发酵产氢的速率比光发酵产氢和光分解水产氢要高；光发酵产氢的产氢效率也比暗发酵产氢高；光解水生物制氢则具有原料无限、转化率高等特点。各种制氢方法的具体特点见表 3-2。

表 3-2　生物质生物法制氢的特点

产氢方式	微生物	优点	缺点
光发酵制氢	光合细菌	可利用多种有机物产氢，如脂肪酸、有机废水； 产氢效率较高，可利用光谱范围较宽，不存在氧的抑制作用	产氢过程需要在光照环境下进行，不易进行放大试验
暗发酵制氢	厌氧细菌	不需光照，可连续产氢；可利用多种有机物产氢，如单糖、多糖等；产氢过程厌氧，不受氧气限制，易实现放大试验	反应对 pH 要求较高，需控制 pH 值范围；原料利用率低，会产生丁酸等副产物；产物的抑制作用明显；尾气污染环境
光解水生物制氢	绿藻	以水为原料，太阳能转化率较高	反应过程需要光照，氧气会抑制产氢
	蓝细菌	以水为原料，产氧主要由固氮酶完成，可以固定大气中 N_2，不消耗有机底物	反应过程需要光照；产氢速率低；氧气对固氮酶起抑制，吸氢酶消耗氢气

3.1.5.4　生物质发酵制氢的工业现状与发展

对生物质发酵制氢技术的研究是从 20 世纪 60 年代中期开始的。近几十年来，在能源危机和环境污染等全球性问题推动下，越来越多的研究者看到生物质发酵制氢技术的产业化潜力，开始投入到该技术的研究中，各国政府也纷纷给予了支持。生物质发酵制氢技术是一种经济、高效、环保的新型能源技术，该技术的发展对于我国可持续发展战略具有重要意义。

3.1.6　生物油重整制氢技术

3.1.6.1　生物油简介

生物油是生物质在完全缺氧的情况下充分热解所得的一种液态物质，从外表看它是一种暗红褐色到棕褐色的有色液体。生物油化学组成复杂，大体为含氧有机化合物与水组成的混合物，具体化学组分包含酸、醛、醇、酯、酮、糖、苯酚、邻甲基苯酚、呋喃、木质素衍生取代酚等。生物油一般可以被分为油相和水相。水相由水与碳氢化合物及其衍生物组成，大约以 1∶4 的比例存在。油相则由大量的木质素衍生物和聚合物组成。

3.1.6.2　生物油蒸汽重整制氢的反应原理

生物油蒸汽重整制氢是指生物质裂解油在高温、催化剂作用下发生裂解、水蒸气重整等反应后生成氢气的过程。该过程与烃类的蒸汽重整类似，包括生物油热解、蒸汽重整和水煤气变换三个阶段。但是与烃类重整相比，由于生物质裂解油组分更加复杂，并且存在热不稳定性，使得生物油重整过程更为复杂，存在明显的催化重整和热解反应的竞争过程。其主要方程式如下所示：

生物油热解反应：

$$C_nH_mO_k \longrightarrow C_xH_yO_z+H_2+H_2O+CO+CO_2+CH_4 \tag{3-28}$$

蒸汽重整反应：

$$C_xH_yO_z+(x-z)H_2O \longrightarrow xCO+\left(x+\frac{y}{2}-z\right)H_2 \tag{3-29}$$

水煤气变换反应：

$$CO+H_2O \longrightarrow CO_2+H_2 \tag{3-9}$$

3.1.6.3　生物油重整制氢反应器技术

美国国家可再生能源实验室较早在固定床反应器中开展了生物油蒸汽重整制氢，水蒸气和生物油混合后经喷嘴进入反应器进行重整。实验结果表明，最高氢气产率可以达到理论值的 85%，反应之后用水蒸气对催化剂表面沉积的炭进行气化再生。为了抑制催化剂结焦失活，许多研究人员对反应器进行了改进。

Kechagiopoulos 等利用 Ni/橄榄石催化剂在喷动床反应器中对乙二醇进行催化重整制氢。该反应器采用不锈钢为材料制成，其底部为倒置的圆锥体，圆锥顶部分别连接原料入口以及一个内径约 50mm 的圆筒，反应器周围有热电偶包裹以进行预热过程，其结构图如图 3-9 所示。该反应器利用流体力学的原理设计了入射喷射嘴，反应进行时，水蒸气与气体通过喷嘴进入底部圆锥体，与原料在底部圆锥体顶端一同进入上部圆筒中。上部圆筒中的催化剂颗粒在原料与气体流的作用下在反应器中形成喷泉状的中间射流，促进催化剂颗粒与物料以及水蒸气的循环与混合，气体产物经圆筒上部冷却后由反应器上部排除。这种设计使得积炭率明显降低。

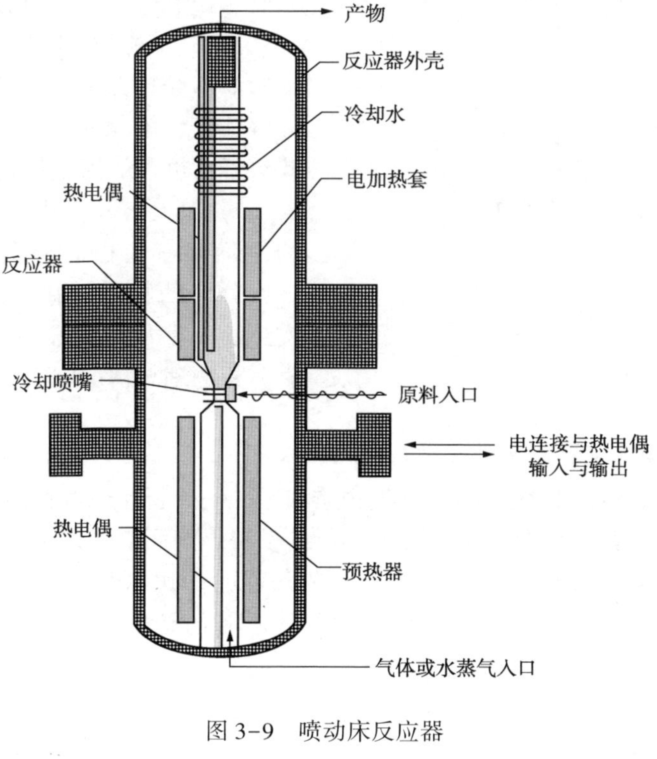

图 3-9 喷动床反应器

Hu 等自行设计了"Y"形反应器并利用其对生物油进行了催化重整反应。如图 3-10 所示，该反应器形状类似于字母 Y，有两个进料口，并设有催化床Ⅰ、催化床Ⅱ两个催化床。反应进行时，生物油分别由左右两个进料口进入反应器，其中左侧进料口还有 CO/H_2 混合气通入。左侧进料口连接催化床Ⅰ，生物油在其中发生蒸汽催化重整反应生成 H_2、CO 与 CO_2。右侧进料口进入的生物油汇通经催化床Ⅰ生成的气体产物进入催化床Ⅱ进行催化重整，继续生成 CO 与 H_2。

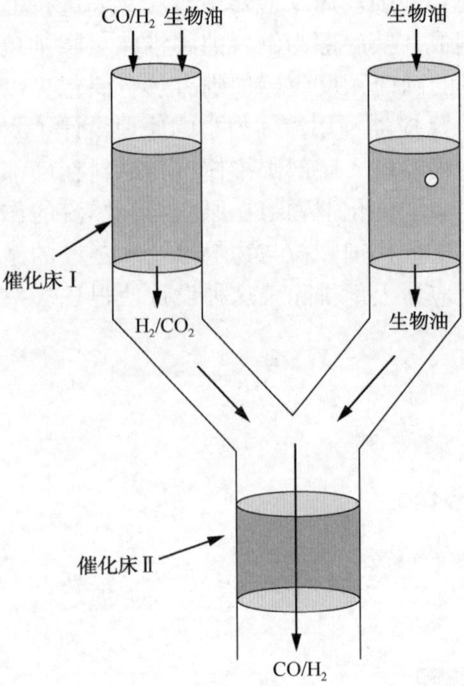

图 3-10 “Y”形反应器

3.1.6.4 生物油重整制氢的特点

1）作为制氢中间体，生物油易于储存和运输，因此生物油重整制氢受原料与地域影响较小。

2）制取生物油的生物质资源来源广泛，可采用城市和工业废弃物热解制得，减少环境污染。

3）生物油中硫、氮元素含量较少，因此反应过程中产生的硫氧化物、氮氧化物较少，对环境污染小。

4）由于生物油的成分非常复杂，生物油重整的过程中容易发生大量的分解反应、缩聚反应和积炭反应，因此对于其机理的探寻过程较为艰难。

5）除了小分子化合物之外，生物油中还有一些相对分子质量较大的、难以分解的物质存在，这导致生物油实际的重整反应效率并不能达到热力学分析的理想情况。

3.1.6.5 生物油重整制氢的工业现状与发展

生物油水蒸气催化重整制氢是生物质利用的一条新途径，目前还处于实验室探索性的研究阶段。但是生物油重整制氢的发展仍然面临着许多问题，例如催化剂的设计与制备、催化剂积炭失活、工艺条件的优化以及反应器的设计等。当前，高活性、高稳定性、高选择性催化剂的研制仍是生物油重整制氢的关键与热点。

3.2 醇类制氢

目前，研究者们已利用甲醇与乙醇作为原料进行醇类制氢，其中对于甲醇制氢的研究要早于乙醇制氢，乙醇制氢的各种方法也是在甲醇制氢的基础上发展起来的，因此具有一定的相似性。根据反应时甲醇所处环境可将甲醇制氢工艺分为气相重整法与液相法。气相重整法包括甲醇裂解制氢、甲醇部分氧化重整制氢、甲醇水蒸气重整制氢以及甲醇自热重整制氢。液相法主要为电解甲醇制氢、超声波法制氢以及等离子体法制氢。甲醇气相制氢技术现已较为成熟，而液相法技术是近些年研究的新方向，还处于实验室研发阶段。因此本章主要对甲醇的气相重整法制氢工艺进行详细介绍，对甲醇液相制氢法及乙醇制氢的有关工艺进行简单介绍。

3.2.1　甲醇裂解制氢

3.2.1.1　甲醇裂解制氢的反应原理

甲醇裂解制氢是指甲醇和水在一定温度、压力和催化剂作用下发生裂解反应生成氢气、二氧化碳等产物的过程。其反应式如下：

主反应：

$$CH_3OH \longrightarrow CO+2H_2 \tag{3-30}$$

$$CO+H_2O \longrightarrow CO_2+H_2 \tag{3-9}$$

总反应：

$$CH_3OH+H_2O \longrightarrow CO_2+3H_2 \tag{3-31}$$

副反应：

$$2CH_3OH \longrightarrow CH_3OCH_3+H_2O \tag{3-32}$$

$$CO+3H_2 \longrightarrow CH_4+H_2O \tag{3-10}$$

3.2.1.2　甲醇裂解制氢的工艺流程

甲醇裂解制氢的过程主要经过甲醇裂解转化工段和变压吸附工段两部分，其工艺流程图如图 3-11 所示。其中，甲醇裂解转化工段为主要反应工段，包括原料汽化单元、催化裂解转化单元、转化气冷却单元和净化单元等。

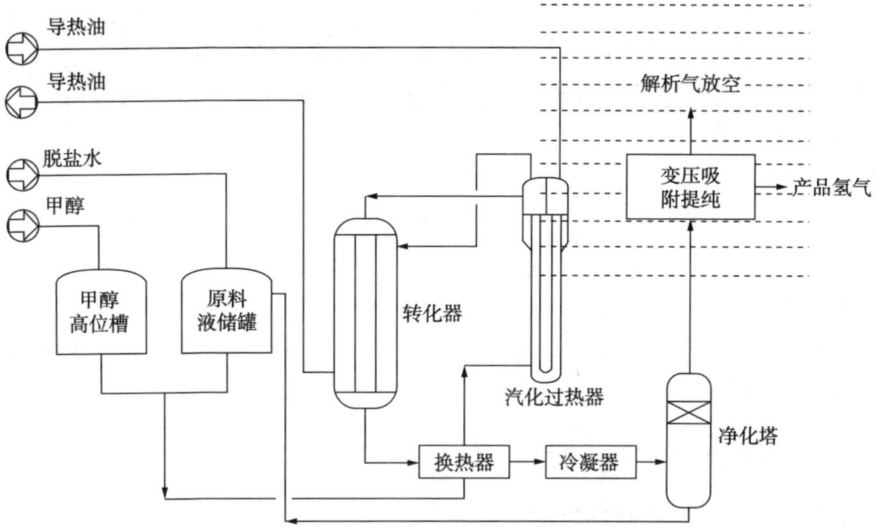

图 3-11　甲醇裂解制氢工艺流程图

1. 原料汽化单元

原料液的汽化是指将甲醇和脱盐水按规定比例混合后，在汽化过热器中由液态转变为气态的过程。

2. 催化裂解转化单元

汽化后的原料气被运送到转化器中，在一定的反应温度和压力条件下，发生气相催化裂解反应，得到含有氢气和二氧化碳的转化气体。

3. 转化气冷却单元

反应后的高温转化气经过换热器、冷凝器两次冷却后降到常温，反应余热经过换热器运输到汽化过热器进行再利用。

4. 净化单元

该工序目的是将转化气中未转化完的甲醇和水收集后循环使用。净化过程在净化塔内进行，首先将含有 H_2、CO_2 以及少量 CH_3OH 和 H_2O 的低温转化气由净化塔底部泵入净化塔，并自下而上从净化塔内通过；而净化塔上部加入的脱盐水则自上而下流动。脱盐水与低温转化气在净化塔内以逆流的方式充分接触，将气体中含有的少量甲醇与水蒸气吸收进入液相中，并从塔底部回收至循环液罐子。剩余的气体部分被送往 PSA 工段，经提纯得到纯净氢气。

3.2.1.3 甲醇裂解制氢的特点

相较于传统制氢工艺技术而言，甲醇裂解制氢具有以下优势：

1）甲醇裂解制氢工艺的设备简单，投资少，并且反应自动化程度高。

2）甲醇的纯度高，使用时可直接参与反应而不需经过净化处理，反应流程简单。

3）甲醇在常压下为稳定的液体，储存、运输都比较方便。

但是甲醇原料占整个制氢成本的比重过大，且裂解反应要求的温度较高，需要对其工艺技术进一步完善。

3.2.1.4 甲醇裂解制氢的工业现状与发展

相较于目前大规模应用的烃类和煤炭的重整制氢工艺来说，甲醇裂解制氢更为环保、经济，具有很好的推广价值。目前，研制低温高效且价格低廉的催化剂是甲醇裂解制氢规模化应用的主要突破点。随着对甲醇裂解原理研究的不断深入，裂解催化剂的进一步研究以及对甲醇裂解工艺技术的不断改进，甲醇裂化制氢技术会提高到一个崭新的水平。

3.2.2 甲醇水蒸气重整制氢

3.2.2.1 甲醇水蒸气重整制氢的反应原理

甲醇水蒸气重整制氢（Methanol Steam Reforming，MSR）是指甲醇在一定温度、压力及催化剂作用下发生蒸汽重整反应制取氢气的过程。甲醇水蒸气重整制氢反应体系十分复杂，关于甲醇水蒸气重整制氢反应机理的研究一直存在着许多争议。目前对于甲醇水蒸气重整制氢的反应机理的认识主要可分为5种。

1. 甲醇分解-水汽置换(Decomposition and Water Gas Shift，DE-WGS)机理

该机理认为两种反应是串联进行的，先进行DE反应，后进行WGS反应。其反应式如下所示：

$$\text{DE：} CH_3OH \longrightarrow CO+2H_2 \tag{3-30}$$

$$\text{WGS：} CO+H_2O \longrightarrow CO_2+H_2 \tag{3-9}$$

Pour等和Santacesaria等分别从催化剂和活化能的角度进行了甲醇水蒸气重整机理的探究，并间接验证了DE-WGS机理。但是后来的一些研究者在进行实验时发现，CO的浓度仅在接触时间足够长或是甲醇转化率足够高的条件下才会达到WGS反应的理论平衡计算值，其余条件下检测到的CO浓度都要低于该数值。

2. 甲醇蒸汽重整-甲醇分解(Steam Reforming and Decomposition，SR-DE)机理

该机理认为SR和DE反应是同时进行的。其反应式如下：

$$\text{SR：} CH_3OH+H_2O \longrightarrow CO_2+3H_2 \tag{3-31}$$

$$\text{DE：} CH_3OH \longrightarrow CO+2H_2 \tag{3-30}$$

Vanderborgh等通过元素追踪法对甲醇水蒸气重整反应的机理进行了探究。通过标记催化剂$Cu/ZnO/Al_2O_3$中的氧原子(O^{18})，并对反应产物进行了检测，仅在CO_2发现了标记的O^{18}，而CO中未检测到O^{18}。他们认为SR反应为绝大部分CO_2的生成步骤，并且CO_2生成所需的氧原子来自催化剂中的氧原子；DE反应则为CO的生成步骤。

3. 甲醇蒸汽重整-水汽置换逆变换(Steam Reforming and Reverse Water Gas Shift，SR-rWGS)机理

该机理认为MSR反应是由SR和rWGS反应串联进行的，CO是二级产物。其反应式如下所示：

$$\text{SR：} CH_3OH+H_2O \longrightarrow CO_2+3H_2 \tag{3-31}$$

$$\text{rWGS：} CO_2+H_2 \longrightarrow CO+H_2O \tag{3-33}$$

李言浩等通过原位红外光谱法对机理进行了探究，发现甲醇蒸汽重整反应中CO的生成晚于CO_2，从而否定了上述两种机理。另外，有学者发现产物中CO的含量总是无法达到WGS反应的理论平衡计量值，且CO含量与接触时间成反比，仅在接触时间较长或是甲醇转化率较高的条件下才会生成，所以许多学者推断CO很可能生成于rWGS反应。

4. 甲醇蒸汽重整-甲醇分解-水汽置换(Steam Reforming, Decomposition and Water Gas Shift, SR-DE-WGS)机理

该机理认为，SR、DE 和 WGS 这 3 种反应均应被包含在 MSR 反应中。其反应式如下所示：

$$SR: CH_3OH+H_2O \longrightarrow CO_2+3H_2 \quad (3-31)$$

$$DE: CH_3OH \longrightarrow CO+2H_2 \quad (3-30)$$

$$WGS: CO+H_2O \longrightarrow CO_2+H_2 \quad (3-9)$$

Peppley 等利用 $Cu/ZnO/Al_2O_3$ 催化剂进行了甲醇蒸汽重整实验，并发现在 $Cu/ZnO/Al_2O_3$ 催化剂上存在分别有利于 SR 和 WGS 反应和有利于 DE 反应的两种活性位点。

5. 含中间产物的反应机理

许多学者在利用 Cu 系催化剂上进行甲醇蒸汽转化反应时发现，甲酸甲酯(CH_3OCHO)、甲醛(HCHO)和甲酸(HCOOH)等中间产物存在于反应工程中。Jiang 等将大量 CO 引入 $Cu/ZnO/Al_2O_3$ 作催化剂的 MSR 反应中发现，CO 对反应的产氢率和产物中 H_2/CO_2 的比值没有明显影响，认为 WGS 反应并不在甲醇的蒸汽重整反应中，并根据反应中存在的甲酸甲酯、甲醛、甲酸等中间产物，提出以下反应机理。其反应式如下：

脱氢反应：

$$2CH_3OH \longrightarrow CH_3OCH_3+H_2O \quad (3-32)$$

酯水解反应：

$$CH_3OCH_3+H_2O \longrightarrow HCOOH+CH_3OH \quad (3-34)$$

酸分解反应：

$$HCOOH \longrightarrow CO_2+H_2 \quad (3-35)$$

总反应：

$$CH_3OH+H_2O \longrightarrow CO_2+3H_2 \quad (3-31)$$

3.2.2.2 甲醇水蒸气重整制氢的工艺流程

甲醇水蒸气重整制氢的工艺流程如图 3-12 所示。甲醇和脱盐水在进料罐内按照一定比例均匀混合，经进料泵加压到一定压力后送至换热器进行预热。预热到一定温度后甲醇水溶液进入到汽化器进行汽化，汽化后的原料气被送入反应器，并在催化剂的作用下进行催化裂解和变换反应，生成含 H_2、CO、CO_2 等气体的转化气。随后转化气依次经过换热器、冷凝器，进行两次冷却后进入分液罐和水洗塔，将未转化的甲醇和水回收以供循环使用，剩余气体经过变压吸附装置提纯后，得到纯净氢气。

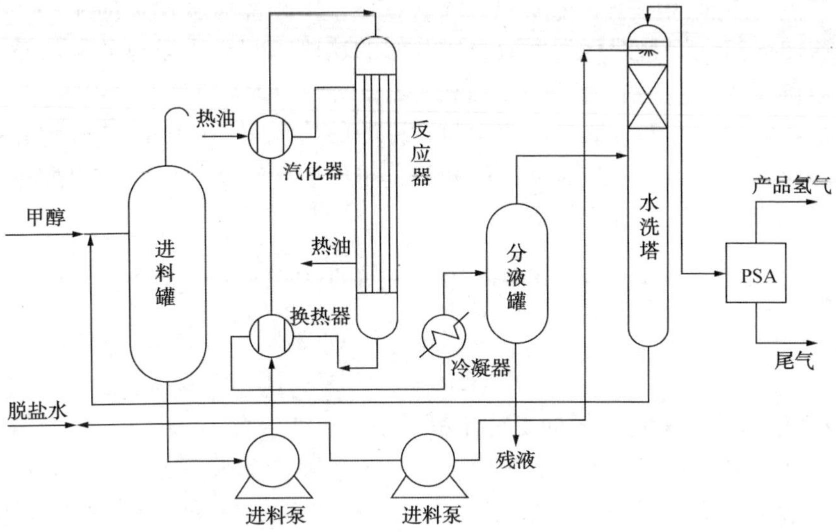

图 3-12　甲醇水蒸气重整制氢工艺流程

3.2.2.3　甲醇水蒸气重整制氢的特点

近年来，甲醇水蒸气重整制氢得到了较快发展，其存在以下优点：

1）甲醇水蒸气重整工艺过程操作方便，自动化程度高。

2）甲醇原料易得，且在常压下易于储存和运输。

3）与同等规模的一次能源制氢相比，甲醇水蒸气重整制氢的能耗更低。

4）产品气中氢含量高，但是甲醇水蒸气重整所得到的氢气要想达到质子膜燃料电池所需要的标准还需要经过进一步处理。

5）甲醇水蒸气重整制氢仍然是一个强吸热反应，需要向其提供大量的热以推动反应进行。

3.2.2.4　甲醇水蒸气重整制氢的工业现状与发展

甲醇水蒸气重整制氢被认为是最有希望应用于质子交换膜燃料电池氢源的制氢方式之一。早在 20 世纪 80 年代，甲醇水蒸气重整制氢就在英国、加拿大、澳大利亚等国家兴起，并进行了大量的研究。当前，甲醇蒸汽重整制氢技术已较为成熟，由该技术作为能源供应的新型氢能燃料电池客车也已计划使用，应用前景良好。

3.2.3　甲醇部分氧化制氢

3.2.3.1　甲醇部分氧化制氢的反应机理

甲醇部分氧化制氢是指甲醇在有限量纯氧的条件下，与水、氧气于反应器中进行加热氧化重整产生一氧化碳和氢气的过程。甲醇部分氧化反应是一个强放热反应，这使得其在原料混合到反应正式开始的这段时间要比吸热的蒸汽重整和分解反应短得多。

有学者认为甲醇部分氧化反应中包含甲醇的热氧化、甲醇的热分解和甲醇的热重整反应。其中，甲醇热氧化反应和热分解反应是平衡反应，同甲醇重整反应构成连续反应，其反应方程如下：

$$CH_3OH+\frac{1}{2}O_2 \longrightarrow CO_2+2H_2 \tag{3-36}$$

$$CH_3OH \longrightarrow CO+2H_2 \tag{3-30}$$

$$CH_3OH+H_2O \longrightarrow CO_2+3H_2 \tag{3-31}$$

3.2.3.2　甲醇部分氧化制氢的工艺流程

甲醇部分氧化制氢是由部分甲醇燃烧对体系进行供热，然后发生甲醇的分解反应以及水蒸气重整反应来制取氢气的过程(如图 3-13 所示)。从反应机理上讲，甲醇的部分氧化制氢是在甲醇水蒸气重整制氢的基础上，通入部分氧气进行强放热的甲醇热氧化等反应。因此，甲醇部分氧化制氢的工艺过程与水蒸气重整制氢相似，甲醇、水和空气经蒸发器预热到一定的温度后，进入反应器进行部分氧化、热分解以及蒸汽重整等一系列反应，最后经分离提纯后得到纯净的氢气。

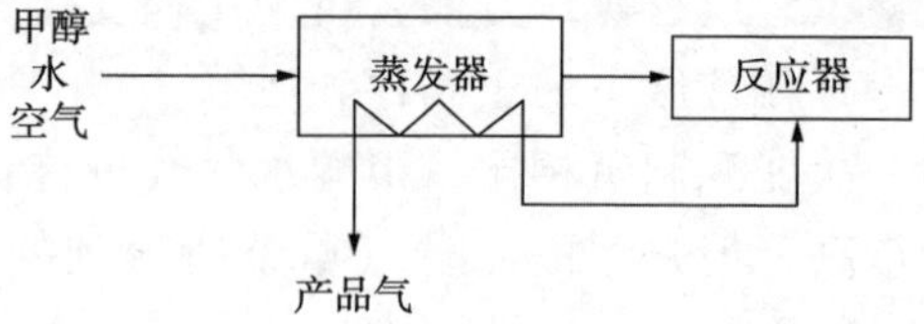

图 3-13　甲醇部分氧化制氢工艺流程

3.2.3.3　甲醇部分氧化制氢的特点

甲醇部分氧化制氢具有以下优点：

1）甲醇原料易得，且在常压下易于储存和运输；

2）利用甲醇的氧化反应所放出的能量对体系进行供热，反应速率快，能量效率高。

但是，甲醇部分氧化重整制氢还具有以下问题：

1）反应器进口部分的催化剂易受到甲醇燃烧的影响，发生高温烧结或积炭反应而失活；

2）重整器操作温度较低时，会使反应转化率降低，重整气中氢气含量下降；

3）如果反应中的氧气来自纯氧，则需要添加空分装置，增加投入；如果氧气来自空气，那么空气中的氮气会降低制得气体中氢气的浓度。

3.2.3.4 甲醇部分氧化制氢的工业现状与发展

甲醇水蒸气制氢的发展对于甲醇部分氧化制氢具有推动作用，20 世纪 80 年代中期，Huang 等发现有氧气加入的甲醇蒸汽重整制氢体系，其产氢速率要更高。随后，美国、德国、日本等国家相继开始了对甲醇部分氧化制氢的尝试性研究。Edwards 等发明的“HotSpot”专利反应器能在温度接近 230℃时使反应迅速进行，制氢能量效率高于甲醇水蒸气重整制氢，且 CO 的产率较低，显示出了广阔的应用前景。

3.2.4 甲醇自热重整制氢

3.2.4.1 甲醇自热重整制氢的反应原理

甲醇自热重整制氢是将吸热的水蒸气重整反应与放热的部分氧化重整反应结合，进而实现反应器内的自我供热的制氢过程。甲醇自热重整制氢反应在一定条件下可达到体系内的热量平衡，即反应无需外部供热。其主要反应式如下：

$$CH_3OH+\frac{1}{2}O_2 \longrightarrow CO_2+2H_2 \tag{3-36}$$

$$CH_3OH \longrightarrow CO+2H_2 \tag{3-30}$$

$$CH_3OH+H_2O \longrightarrow CO_2+3H_2 \tag{3-31}$$

研究认为，在甲醇自热重整体系中发生的反应历程同部分氧化体系中发生的反应历程类似，即甲醇氧化分解，然后发生甲醇水蒸气重整，最后根据甲醇的转化率发生逆水汽变化或者 CO 的氧化。

3.2.4.2 甲醇自热重整制氢的工艺流程

甲醇自热重整制氢的工艺流程如图 3-14 所示。首先将甲醇与水按一定比例混合，通过计量泵注入汽化器内进行汽化。汽化后的原料气进入反应器进行一系列制氢反应。系统中空气的量由质量流量计控制，均经过质量流量控制器引入反应器。原料气在反应器内完成重整后，经换热器进入低温变化段。随后经四段选择性氧化以及换热后，得到低温的合成气。最后，经过气液分离罐分离，得到产品氢气。

3.2.4.3 甲醇自热重整制氢的特点

与甲醇水蒸气重整相比，自热重整具有以下优点：

1）热传递速度快，因而其应用于燃料电池汽车时反应启动也快，负载变化时响应性能也较好。

2）自热重整反应不需要外部供热，可降低能耗，将其应用于燃料电池可降低燃料电池的体积。

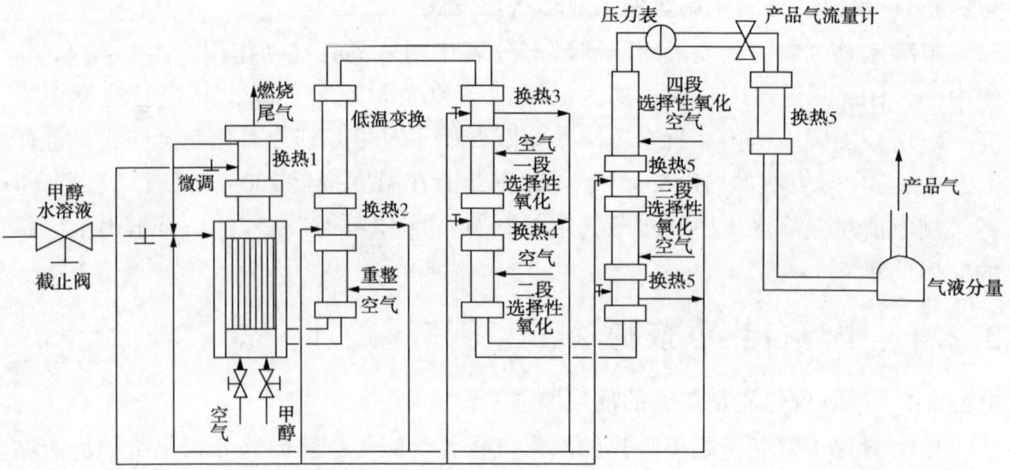

图 3-14　甲醇自热重整制氢工艺流程

3）空气的引入能够提高反应对 CO_2 的选择性，使得重整气中 CO 的含量明显降低。

但是，自热重整制氢也存在一些缺陷：一是强放热的甲醇部分氧化反应容易造成重整器内局部过热的现象，对催化剂的正常使用造成影响；二是空气中的杂质含量较高，将其通入体系内会增加后续提纯难度，甚至影响产品氢气纯度。

3.2.4.4　甲醇自热重整制氢的工业现状与发展

一直以来，甲醇制氢都被认为是燃料电池，特别是燃料电池汽车的最理想供氢方式之一。而在甲醇制氢的方法中，甲醇自热重整制氢技术以其反应温度低、工艺条件缓和等优点，在燃料电池汽车供氢的应用方面得到广泛关注和研究。目前甲醇自热重整制氢的研究主要围绕开发高效稳定的甲醇重整催化剂和开发高效集成的重整器进行。

3.2.5　甲醇水相法制氢

水相甲醇重整制氢是甲醇制氢的新进展之一，其主要包括甲醇电解制氢、超声波分解甲醇水溶液制氢等方法。这几种方法在本质上具有相似性，即通过特殊方法将甲醇进行分解产生氢气。

3.2.5.1　甲醇电解制氢

甲醇电解制氢是指甲醇在通电情况下分解产生氢气的过程，这是一种比较新颖的制氢方法，它具有操作简单、成本低和产氢率高等优点。研究人员发现，在通入相同电流的条件下，电解甲醇的电解电压要远低于电解水的电解电压，并且其会随温度的增加而降低，这极大地降低了制氢的能耗。甲醇电解制氢的电解反应如下：

阴极：

$$CH_3OH+H_2O \longrightarrow CO_2+6H^++6e^- \quad (3\text{-}36)$$

阳极：

$$2H^++2e^- \longrightarrow H_2 \quad (3\text{-}37)$$

总反应：

$$CH_3OH+H_2O \longrightarrow CO_2+3H_2 \quad (3\text{-}31)$$

甲醇电解制氢的装置与传统电解水制氢的装置相似。如图 3-15 所示，利用两块带有平行流场的镀金铜板将膜电极进行固定，通过直流电源向膜电极通入电流进行甲醇的电解。电解产生的氢气通过排水法在阴极进行收集。

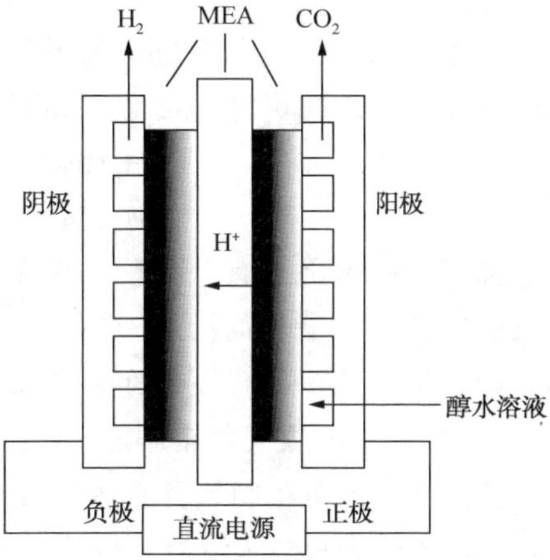

图 3-15　电解装置示意图

电解甲醇制氢具有以下优点：①甲醇的电解过程所需要的电压很低；②电解甲醇溶液的过程不仅可以从甲醇中获得氢气，还可以通过水的电解得到部分氢气，提高了氢的利用率。

但电解甲醇制氢也存在一定的缺点，由于甲醇的电解电压过低，膜电极两端的电压较难控制，电压过低则会影响甲醇的电解；电压过高会使电解反应过快，影响产品氢气的收集。

3.2.5.2　超声波分解甲醇水溶液制氢

超声波分解甲醇水溶液制氢反应机理是利用超声波的声空化效应。超声波本质上是一种机械振动，在弹性介质中通常以动量的形式传播，当超声波达到一定功率时，甲醇水溶液中的微小泡核经过振荡、生长、收缩乃至崩溃等一系列动力学过程后，随机生成若干大小不等的小气泡，当声压达到一定值后，气泡瞬间发生崩溃，同时会产生高达几十兆帕至上百兆帕瞬时压力和几千摄氏度的高温，甲醇水溶液即在此时发生分解反应。

超声波分解甲醇水溶液制氢技术可在低温环境下进行，避免了传统甲醇制取技术的反应装置结构复杂、操作繁琐、条件苛刻、存在安全问题等缺点，具有很好的推广意义。目前，超声波分解甲醇水溶液制氢还存在许多机理与技术方面的问题，仍有较多工作需要进行。

3.2.6 乙醇制氢

在所有的液态生物质燃料产品中，乙醇是目前全球公认的最为成熟的汽油代替燃料之一。作为一种可再生的生物液体燃料，乙醇在缓解大气污染、减少温室气体排放等方面都有十分显著的作用。理论上讲，乙醇的含氢量非常高，其在制氢方面具有较好的应用前景。乙醇制氢方法以及其生产工艺是在甲醇制氢的基础上发展起来的，因此在这里我们仅对乙醇制氢进行简单介绍。

3.2.6.1 乙醇裂解制氢

乙醇裂解制氢是指乙醇在高温和催化剂的作用下分解为氢气和碳的化合物的过程。乙醇高温催化分解过程为吸热过程，主要产物为氢气，副产物有 CO_2、C、CH_4 等。乙醇裂解可能的反应式如下：

$$CH_3CH_2OH \longrightarrow CO+CH_4+H_2 \tag{3-38}$$

$$CH_3CH_2OH \longrightarrow CO+C+3H_2 \tag{3-39}$$

乙醇裂解制氢具有短流程、操作单元简单的优点。但是，随着反应过程中积炭反应的进行，催化剂快速失活，使得制氢效率下降，氢气的选择性也下降。总的来说，该工艺难以稳定操作，在制氢上前途不大。

3.2.6.2 乙醇水蒸气重整制氢

乙醇水蒸气重整制氢目前最常用的乙醇制氢方法。这与用于制氢的乙醇原料有关：工业乙醇为乙醇水溶液，将其作为制氢原料可不经精馏直接用作蒸汽重整。另外，蒸汽重整得到的氢气不仅来自乙醇，还可以来自水，具有较高的产氢率。

乙醇水蒸气重整制氢反应可用下式表示：

$$CH_3CH_2OH+3H_2O \longrightarrow 2CO_2+6H_2 \tag{3-40}$$

$$CH_3CH_2OH+H_2O \longrightarrow 2CO+4H_2 \tag{3-41}$$

乙醇水蒸气重整制氢反应为强吸热反应。在蒸汽重整过程中引入一定浓度的氧气会发生部分氧化蒸汽重整。

部分氧化蒸汽重整：

$$CH_3CH_2OH+(3-2x)H_2O+xO_2 \longrightarrow 2CO_2+(6-2x)H_2 \tag{3-42}$$

乙醇的部分氧化反应：

$$CH_3CH_2OH+\frac{1}{2}O_2 \longrightarrow 2CO+2H_2 \tag{3-43}$$

$$CH_3CH_2OH+\frac{3}{2}O_2 \longrightarrow 2CO_2+2H_2 \tag{3-44}$$

乙醇水蒸气重整制氢具有低碳排放、反应温度低、原料易得且储运方便等优点，并且随着生物发酵技术的成熟，乙醇水蒸气重整制氢将具有更广阔应用前景。

3.3 电解水制氢

3.3.1 电解水制氢的基本原理

水在通电条件下分解产生氢气和氧气的过程称为电解水制氢。这是一种将电能转化为化学能和热能的过程。该过程以电能为动力，将阴极和阳极放入水中，分别与电源的正负极连接，并与水形成同一电路，当电压达到水的分解电压时，水发生分解并在阳极侧生成氧气，在阴极侧形成氢气。其反应方程式如下：

$$2H_2O \longrightarrow 2H_2+O_2 \tag{3-45}$$

该反应是燃料电池中氢气和氧气进行氧化还原反应的逆反应。水溶液电导率(电阻率的倒数)的大小与水溶液中的离子浓度有关。纯水是弱电解质，它的导电能力较差，难以满足电解水的要求，需要在水中加入一些强电解质来增加溶液的导电能力，使水能够顺利地电解成氢气和氧气。通常情况下，根据加入电解质酸碱度的不同，可将电解水制氢过程分为酸性电解水制氢、中性电解水制氢和碱性电解水制氢。其中酸性电解质虽然制氢效果较好，但是会对电极和电解池造成腐蚀；而中性电解质的导电率较低，电解时制氢效果较差。碱性电解质既具有良好的制氢效果，又不会对电极和电解池造成腐蚀，是常用的电解水制氢电解液。图 3-16 为常见的碱性水溶液电解制氢电极槽，它由一对电极、电解质和隔膜构成，电极浸泡在电解质溶液中，隔膜将电极分隔以防止气体渗透。碱性水溶液的电解过程电极上主要发生以下反应：

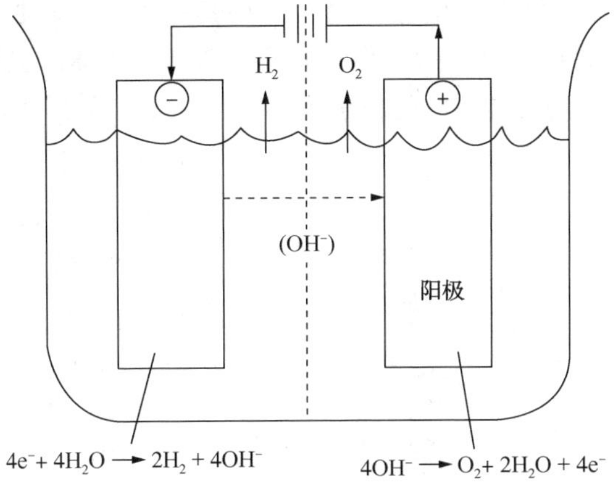

图 3-16 碱性水溶液电解槽示意图

阴极：

$$4H_2O+4e^- \longrightarrow 2H_2+4OH^- \tag{3-46}$$

阳极：

$$4OH^- \longrightarrow O_2+2H_2O+4e^- \tag{3-47}$$

总反应：

$$2H_2O \longrightarrow 2H_2+O_2 \tag{3-45}$$

3.3.2 电解水制氢的电解槽

电解槽由电解质、隔膜以及一对沉浸在电解液中的电极组成，是电解水制氢工艺中最关键的部分之一。电解槽的发展是电极和隔膜材料的改善，以及电槽结构改进的过程。在目前的电解水制氢工艺中采用的电解槽主要可分为碱性电解槽、质子交换膜电解槽和固体氧化物电解槽三类。

3.3.2.1 碱性电解槽

碱性电解槽最早被人们所应用，技术也最为成熟，它具有结构简单、经济性好、操作方便等优点，目前已经得到了广泛应用，并已投入到大规模制氢工业中使用。但是碱性电解槽的电解效率是三种电解槽中最低的，这也是其缺点所在。

碱性电解槽的电解液主要为氢氧化钾溶液；隔膜主要为石棉，起分割正负极、分离气体的作用；电极通常为两种或两种以上不同的金属合金，比如 Ni-Mo 和 Ni-Cr-Fe 等。碱性电解槽阴阳两极发生的反应方程式如式(3-45)、式(3-46)所示。目前广泛使用的碱性电解槽按照结构分类主要有单极式电解槽和双极式电解槽两种，其中双极式电解槽的电解效率更高，因此在工业上应用较多。

3.3.2.2 质子交换膜电解槽

聚合物具有良好的化学和机械稳定性，将其应用于电解槽能减小电极与隔膜之间距离，提高电解槽的电解效率。质子交换膜(Proton Exchamge Membrane, PEM)电解槽是基于离子交换技术的高效电解槽，其工作原理如图 3-17 所示。

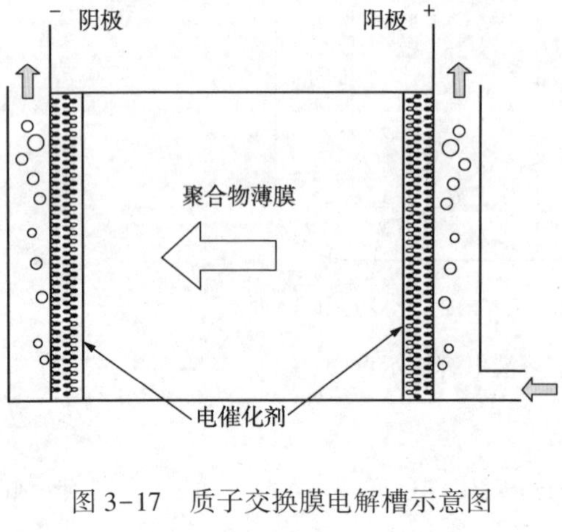

图 3-17 质子交换膜电解槽示意图

质子交换膜电解槽由阴阳两极和质子交换膜电解质组成，通常将多孔铂催化剂电极与质子交换膜紧贴在一起，组成一体式结构。质子交换膜电解槽工作时，阳极室内首先发生水的分解反应，产生氧气、氢离子和电子。而氢离子在电场的作用下，以水合离子的形式通过与磺酸基结合传递到阴极室，与电子发生电化学重组产生氢气。具体的电极反应如下式所示。

阴极：

$$4H^++4e^-\longrightarrow 2H_2 \quad (3-48)$$

阳极：

$$2H_2O\longrightarrow 4H^++4e^-+O_2 \quad (3-49)$$

PEM 电解槽只需纯水，不需额外添加电解质溶液，与碱性电解槽相比更加安全可靠。除此之外，质子交换膜还具有质子传导率高、化学稳定性高以及气体分离性好等优点，这都使得 PEM 电解槽的电解效率得到了大幅提高。目前质子交换膜电解槽的电解效率已经能达到85%，但由于质子交换膜造价过高，电极材料中铂也是贵金属材料，导致 PEM 电解槽难以大规模使用。因此，当前寻找其他的质子交换膜材料以及降低电极中贵重金属的使用量是质子交换膜电解槽的研究要点。

3.3.2.3　固体氧化物电解槽

固体氧化物(Solid Oxide)电解槽在高温环境下工作，工作时电能与热能共同作用，效率很高。其基本结构如图 3-18 所示，它由四部分组成，即内部水流管道、阴极层、电解质层及阳极层。反应时，水首先在高温环境下转化为高温水蒸气，然后其在管状电解槽的阴极处分解为 H^+ 和 O^{2-}，随后 H^+得电子生成 H_2；而 O^{2-}则穿过电解质到达电解槽外部的阳极处生成 O_2。

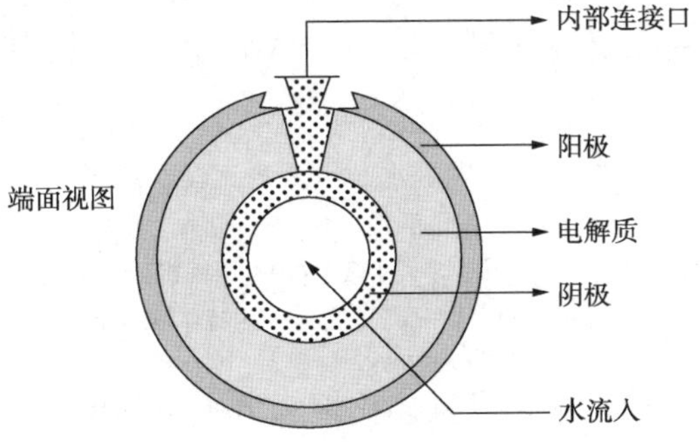

图 3-18　固体氧化物电解槽示意图

其具体的电极反应式为：

阴极：

$$2H_2O+4e^-\longrightarrow 2H_2+2O^{2-} \quad (3-50)$$

阳极：

$$2O^{2-}\longrightarrow 4e^-+O_2 \quad (3-51)$$

在热能和电能的双重作用下，固体氧化物电解槽的工作效率得到了大幅提高，是目前三种电解槽中效率最高的。但是由于高温的工作环境使得其对材料的耐热性具有较高的要求。当前固体氧化物电解槽使用的材料主要为氧化钇稳定的氧化锆，这种材料的价格并不高，但是其制作过程难度较大，这导致固体氧化物电解槽的成本要高于碱性电解槽。目前，对于固体氧化物电解槽的研究还处于早期的探索阶段。

3.3.3 电解水制氢技术的工艺流程

电解水制氢的工艺流程经过不断改进，已基本完善。其工艺流程如图 3-19 所示。

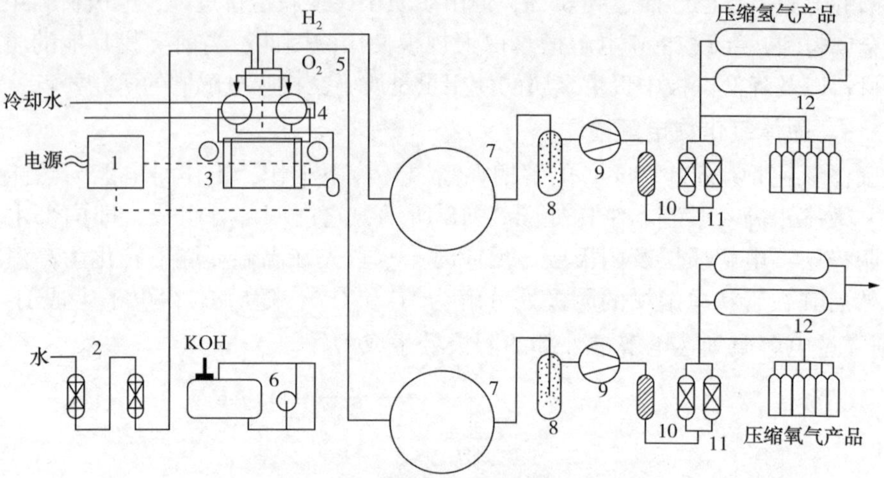

图 3-19 电解水制氢工艺流程示意图

1—整流装置；2—离子净化器；3—电解槽；4—气体分离及冷却设备；5—气体洗涤塔；6—电解液储罐；7—气罐；8—过滤器；9—压缩机；10—气体精制塔；11—干燥；12—高压氢气氧气储存及装瓶

如图 3-19 所示，净化水在以氢氧化钾为电解液的碱性电解槽中经电解生成氢氧混合气，随后经过氢气或氧气分离器将两者分离。氢氧混合气中通常含有少量碱液，需经过碱液过滤器将其过滤。最后，分离的氢气和氧气经过冷却、干燥、纯化后得到纯净的氢气和氧气。

根据工艺中的碱液循环方式的不同可将电解水工艺分为自然循环和强制循环两类。自然循环通过系统中液位的高低差和碱液的温差进行；强制循环则是用碱液泵作动力来推动碱液循环。强制循环可分为双循环、混合循环和单循环三个流程。

1. 双循环流程

如图 3-20 所示，双循环流程是将氢分离器与氧分离器分离出来的碱液分别通过氢、氧侧的碱液泵经各自一侧的冷却器、过滤器、流量计后送到电解槽的阴、阳极室。这样各自形成一个循环系统，碱液互不混合。

2. 混合循环流程

如图 3-21 所示，混合循环流程是将氢分离器与氧分离器分离出来的碱液混合后，经碱液泵使其依次通过冷却器、过滤器、流量计后同时送到电解槽的阴、阳极室。这种循环方式在工业上应用最多。

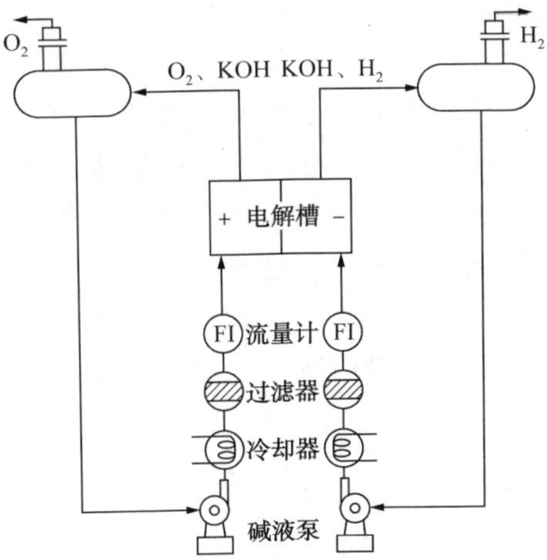

图 3-20　电解液双循环流程示意图

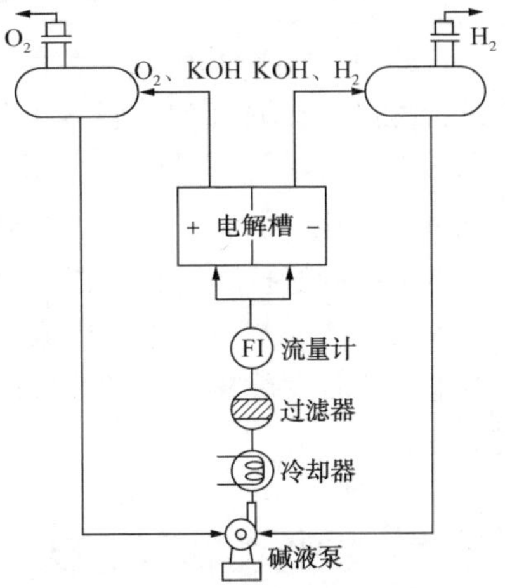

图 3-21　电解液双循环流程示意图

3. 单循环流程

如图 3-22 所示，在单循环流程中阴极室无碱液，阳极侧的碱液不需要经过氢分离器，直接由碱液泵将其经冷却器、过滤器、流量计后送到阳极室。

3.3.4　电解水制氢的特点

电解水制氢具有以下优点：

1）电解水制氢过程较为简单、安全，可实现完全自动化，操作方便。

2）氢气产品的纯度非常高，其主要杂质为水和氧气，无污染。

3）电解水所用的原料为水，取之不尽。有些研究者正在向海水电解制氢发展，这将极大地缓解当前的能源压力。

4）电解水制氢过程中不产生其他气体，不需要相应的氢气提纯和除杂设备，降低了成本。

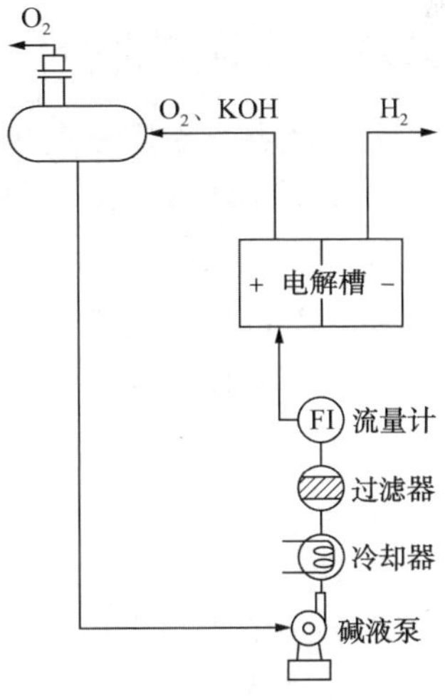

图 3-22　电解液单循环流程示意图

但是，电解槽的造价比较昂贵，特别是质子交换膜电解槽，这使得电解水的制氢成本比其他制氢方式的成本高。并且电解水制氢所使用的催化剂的活性及稳定性依然相对较低。另外，尽管以水为原料价格比较便宜，但成本中电能的消耗巨大，制氢成本很大程度上是所消耗的电力的费用。

3.3.5 电解水制氢的工业现状及发展

1789 年，电解水的现象被首次发现，后来 Nicholson 和 Carlisle 等人将这一技术进行推广。1902 年时，世界上就有 400 多个工业电解槽进行产氢工作，总产氢量达到 $10000Nm^3/h$。目前，国内外的电解水制氢已经比较成熟，设备也已经成套化和系统化。但是，电解水制取的氢气仅占我国氢气生产量的 5%，虽然近年来对电解水制氢技术进行了很多改进，但工业化的电解水制氢成本仍然高于以化石燃料为原料的制氢成本，用电费用高一直制约着电解水制氢的发展。采用低成本的电能或者发展核能和各种可再生自然能为电解水供给所需的能量也是一个发展的趋势。

3.4 其他类制氢方法

由于传统化石燃料是不可再生的，而且在制氢过程中会产生污染，因此通过其他原料实现制氢是未来制氢方法的必然趋势。除工艺上相对成熟的化石燃料制氢法外，目前还存在具有发展前景的其他制氢方法，如：太阳能制氢、核能制氢、等离子体制氢等。

3.4.1 太阳能制氢

太阳能是指太阳辐射出来的能量，它源于太阳内部发生的核聚变反应。广义的太阳能包含地球上的风能、水能、海洋温差能和生物质能以及地球上的化石燃料。狭义的太阳能则是太阳辐射能的光热、光电和光化学转换。作为一种能源，太阳能有着自身的属性及特点。

1）庞大的供应性。太阳蕴含着巨大的能量，尽管太阳的能量仅有二十二亿分之一到达地球表面，但一年之中，地球会接收到来自太阳 5.5×10^{26}J 的能量，是现在全人类一年所消费能源总和的一万倍，相对于其他能源，太阳能是一种取之不尽用之不竭的能源。

2）使用的环保性。我们在利用太阳能时，实际消耗的是太阳光辐射，这并不会损害环境，造成环境污染，更具有环保性。

3）分布的普遍性。阳光照射到的地方，便有太阳能，因此地球上大部分地区都存在着太阳能资源，相对于其他能源，太阳能可以实现就地取用。

虽然太阳能是环境友好的，但是它受时间和地域性的限制，只有在晴朗的白天才能利用太阳能；只有在有太阳照射的地方，才能更好地获得太阳能。如何储存好太阳能，在太阳能与用户之间搭建好一座桥梁是利用好太阳能的关键所在。氢就是最好的选择，氢能够非常好地储存太阳能，太阳和氢能的“联合”称为太阳-氢能系统。在这个系统中，可根据当地、当时的具体情况来采用最有效的方式生产、储存和利用氢。目前，太阳-氢能系统的主要任务是更加高效、廉价地利用太阳能制氢。太阳能制氢的方法有太阳能电解水制氢、太阳能热分解水制氢、太阳光催化分解水制氢，本小节将对以上几种方法进行简单介绍。

3.4.1.1　太阳能电解水制氢

太阳能电解水制氢是指利用太阳能的光伏发电产生的电能供给电解水能量使水分解产生氢气和氧气的过程。太阳能光伏发电就是太阳光辐射能通过光伏效应经太阳能电池直接转化为电能的新型发电技术。太阳能光伏发电所产生的直流电可直接利用，也可以经能量变换、能量储存等环节，向其他设备提供电能。

如图3-23所示，太阳能制氢系统是太阳能光伏发电与电解水制氢的结合。其中，用于光伏发电的光伏阵列由192块M75光伏组件组成，分成12个列阵，可形成24V直流电源，为电解槽电解水制氢提供能量。

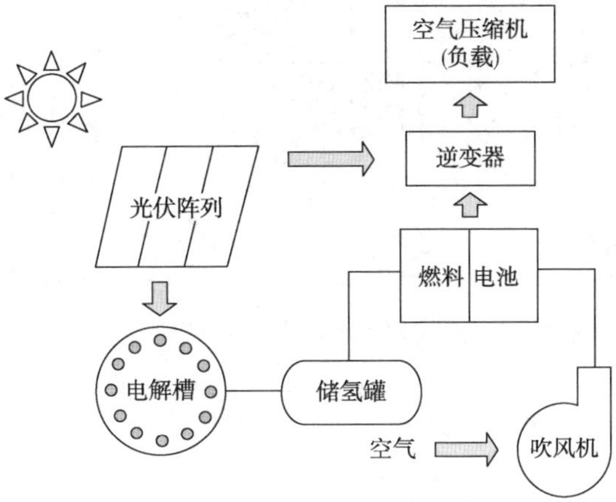

图3-23　太阳能制氢系统

太阳能电解水制氢作为获得高纯度氢的重要工业化方法，目前在世界上已有许多先进的大型电解水制氢装置在运行，一天制氢量在千吨以上，电-氢的转化效率可达75%以上。我国制造的最大的电解槽，单槽每小时可制氢1000m^3，电-氢的转化率可达65%以上。目前电解水制氢的电解槽仍主要采用碱性电解槽、质子交换膜电解槽和固体氧化物电解槽。随着光伏电池成本的降低、电池电解效率的提高以及电解槽技术的成熟，利用太阳能进行电解水制氢将成为氢能开发的重要方面。

3.4.1.2 太阳能热分解水制氢

太阳能热分解水制氢技术可分为直接热分解法和间接热分解法(热化学循环法)制氢。

1. 直接热分解法

太阳能直接热分解法是利用太阳能的热能将水直接在高温下加热分解为氢气和氧气的过程。热解过程中温度越高，水的分解效率越高。太阳能直接热分解水制氢的发展主要存在以下几点问题：①获取高温的太阳能集热装置；②高温反应器、产物分离及采集器件的材料问题；③反应器内部混合物在高温下直接分离技术的创新。正是由于上述问题的存在，该方法自提出以来发展较为缓慢。

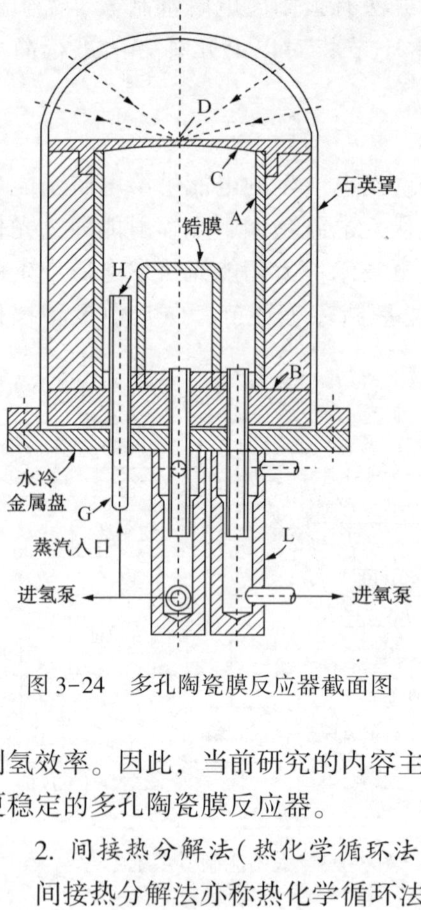

图 3-24 多孔陶瓷膜反应器截面图

该反应器的截面图如图 3-24 所示，D 处设有太阳光透镜集热器，水蒸气在 G 处进入反应器后于 D 处对水蒸气加热，产生氢气和氧气。氢氧混合气在氧化锆陶瓷膜处分离，氢气通过薄膜经进氢泵抽出反应器，氧气则在进氧泵的作用下直接从反应器出口排出。只有当温度达到 2100℃ 时，该反应器才能维持稳定运行，而反应器中氧化锆的烧结温度在 1700～1800℃ 之间。随着反应温度的逐渐升高，氧化锆就发生烧结，从而导致多孔结构的破坏，使孔道关闭，气体的透过性降低，影响反应器的制氢效率。因此，当前研究的内容主要为如何提高高温反应器的制氢效率和开发更稳定的多孔陶瓷膜反应器。

2. 间接热分解法(热化学循环法)制氢

间接热分解法亦称热化学循环法，是利用太阳热能进行制氢的另一种方法。该方法并非将太阳能的热量收集到很高的温度后对水进行一次性加热使其发生分解，而是利用某些中间物质，在反应不同阶段下将热量分散地供给水分解系统，使水发生多步反应最终分解为氢气和氧气。整个反应过程只消耗水和热，其余物质在反应过程中并不消耗，构成了一个封闭的循环系统。

根据中间物质的不同，可以将反应体系分为金属氧化物体系、含硫体系、卤化物体系、杂化循环等体系。其中含碘体系的碘硫循环(I-S 循环)曾引起许多国际研究中心的注意。I-S 循环的过程如图 3-25 所示。

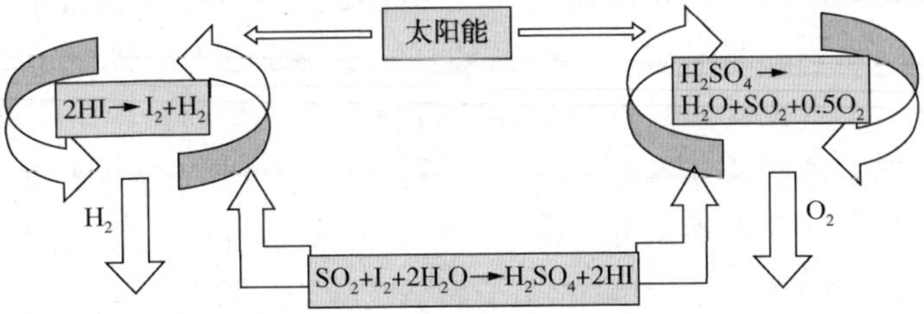

图 3-25 I-S 循环示意图

该过程发生的反应有：

$$SO_2+I_2+2H_2O \longrightarrow H_2SO_4+2HI \tag{3-52}$$

$$H_2SO_4 \longrightarrow H_2O+SO_2+\frac{1}{2}O_2 \tag{3-53}$$

$$2HI \longrightarrow I_2+H_2 \tag{3-54}$$

目前，间接热分解法的研究热点是金属氧化物体系的两步法循环反应，这种制氢方式采用金属氧化物作中间物。第一步是金属氧化物在太阳能供给的热量作用下分解为金属单质和氧；第二步是金属单质和水蒸气在高温下，反应生成金属氧化物和氢气。其反应方程式如下式所示：

$$M_xO_y \longrightarrow xM+yO_2 \tag{3-55}$$

$$xM+yH_2O \longrightarrow M_xO_y+yH_2 \tag{3-56}$$

反应过程中 H_2 和 O_2 分步生成，并不存在高温气体难分离等困难。尽管间接热分解法的反应温度比直接热分解法低，但是为了保证反应的连续进行，也要求反应器材料能够承受 1700℃以上的高温。目前间接热分解法的研究热点为寻找适合较低温度下分解的金属/金属氧化物体系。

3.4.1.3 太阳能光催化分解水制氢

1. 光催化分解水制氢基本原理

光催化分解水制氢是利用一些半导体材料如 TiO_2 的吸光特性，在光照条件下实现水分解产生氢气和氧气的反应。水是一种非常稳定的化合物，其分解过程是一个吉布斯自由能增加的过程（$\Delta G>0$），从热力学的角度考虑，水分解反应是一个非自发反应，必须有外加能量才能进行。光催化分解水制氢的反应，就是利用光子的能量推动水分解反应的发生，然后转化为化学能。

研究表明，远紫外线（波长小于 190nm）蕴含的能量可以用来进行水的分解。然而实际上，此类远紫外线在到达地球表面时其能量就已消耗殆尽，而其他频谱太阳光的能量难以满足水分解所需要的能量。因此，光催化分解水制氢的过程还需要另一种材料的作用，即光催化剂。用作光催化剂的材料多为半导体材料，半导体材料在受到光子的激发后，会产生具有较强还原能力的光生电子和较强氧化能力的光生空穴，水在受光激发的半导体材料表面，受到光生电子和光生空穴的作用而分离，光生电子将 H^+ 还原成氢原子，而光生空穴将 OH^- 氧化成氧原子，进而生成氢气和氧气。光催化分解水产氢的物理化学过程主要包括以下几方面：

1）光催化材料吸收一定能量的光子后，产生电子和空穴对；

2）电子–空穴对分离，向光催化剂表面移动；

3）迁移到半导体表面的电子与水反应产生氢气；

4）迁移到半导体表面的空穴与水反应产生氧气；

5）部分电子与空穴复合，转化成对产氢无意义的热能或荧光。

以 TiO_2 光催化剂为例，其用于光催化分解水产氢过程主要发生以下反应：

光催化剂：

$$TiO_2+h\nu \longrightarrow e^-+h^+ \tag{3-52}$$

水分子解离：

$$H_2O \longrightarrow H^++OH^- \tag{3-53}$$

氧化还原反应：

$$2H^++2e^- \longrightarrow H_2 \tag{3-54}$$

$$2h^++2OH^- \longrightarrow H_2O+\frac{1}{2}O_2 \tag{3-55}$$

总反应：

$$2H_2O \longrightarrow 2H_2+O_2 \tag{3-45}$$

半导体光催化剂受光激发产生的光生电子和空穴，容易在材料内部和表面复合，并以光或者热能的形式释放出能量，降低光催化效率。因此应想办法减少两者之间的复合，加速电子和空穴对的分离。

2. 分解水制氢光催化剂

开发高效产氢光催化剂是光催化分解水制氢研究的核心，高效的产氢光催化剂应具有以下特征：

1）光催化剂具有宽的太阳能响应范围，能够更好地吸收不同频谱的太阳光的能量；

2）更容易实现光生电子和空穴的分离，并且光生电子和空穴不易复合；

3）具有更多且高活性的表面反应位点；

4）能够有效抑制光解水反应的逆反应；

5）具有好的稳定性，在体系中能够稳定存在。

当前研究的光催化剂主要分为金属氧化物、金属氮化物和氮氧化物、非金属光催化剂等。接下来将对其进行简要介绍。

（1）金属氧化物

许多由过渡金属构成的金属氧化物能在光催化分解水反应中表现出较高的活性，TiO_2 就是最典型的代表。

TiO_2 是最早被报道的具有分解水制氢活性的光催化材料，它能够在水蒸气、纯水、水溶液等多种反应体系中制取氢气。但是 TiO_2 的禁带较宽（$E_g = 3.2eV$），只能吸收波长较短的太阳光能（$\lambda < 387nm$），对太阳能的利用率很低。因此研究者们通过金属离子掺杂、非金属离子注入、半导体复合等几个方面对 TiO_2 进行了改性。研究人员在考察了 21 种不同金属离子掺杂对 TiO_2 光催化活性的影响之后发现，Fe、Mo、Ru、Os、Re、V 和 Rh 的掺杂能够显著提高其光催化活性。

（2）金属氮化物和氮氧化物

一般的氧化物光催化剂由于禁带宽度较宽，无法吸收可见光，光催化效率较低。但是由于 N 的 2p 轨道作用，使得氮化物和氮氧化物可以对可见光具有吸收能力，进而能在光催化分解水制氢得到应用。

（3）非金属光催化剂

相对于以上两种光催化剂，非金属光催化剂具有一定的成本优势，这也使其成为近些年研究的热点。作为氮化碳化合物最稳定的一种结构，类石墨型氮化碳（$g-C_3N_4$）被报道具有可见光催化活性。然而，由于 $g-C_3N_4$ 内部的光生电子和空穴十分容易发生复合，造成纯 $g-C_3N_4$ 光催化剂分解水制氢活性非常小。但是 C_3N_4 类光催化剂依旧被认为是具有开发前途的光催化剂，不少研究者都在对其进行掺杂改性以提高其光催化效率的研究。

3. 光催化分解水的展望

光催化分解水制氢技术是当前国际研究的一个热点，其对于我国的氢能发展具有深远的战略意义。对于光催化分解水制氢技术而言，光催化剂的发展对其具有重要意义。当前，对于光催化剂的研究还有很多科学和技术问题亟待解决，如光催化分解水的反应机理、光生载流子分离的机制、高活性半导体光催化剂的设计与合成、光催化剂的稳定性、光催化反应效率提高等，需要进一步加强其基础理论研究，促进该领域的发展；探索新型的研究手段和方法，开发具有可见光响应的高效光催化剂，构建新型高效的分解水制氢反应体系，促进太阳能规模制氢技术的发展，将是今后重要的研究方向。到目前为止，光催化分解水制氢大多数工艺仅限于实验室规模，距离实际的应用还有一定的距离。

3.4.2 核能制氢

核能(或称原子能)是通过核反应从原子核释放的能量，是清洁的一次能源。核能目前在我国呈现了良好的发展态势，当前已发展到了第四代核能系统。核能制氢本质上就是将核反应堆与先进的制氢工艺的相结合，进行氢的大规模生产。与传统方法相比，核能制氢具有高效、清洁、大规模、经济等多方面的优点。

3.4.2.1 核能制氢方法

核能制氢就是利用核反应堆产生的热作为制氢的一次能源，从含氢元素的物质中制备氢气的方法。

如图 3-26 所示，当前研究比较广泛的核能制氢主要包括三种：甲烷和其他烃类蒸汽重整、高温蒸汽电解和高温热化学循环分解水。

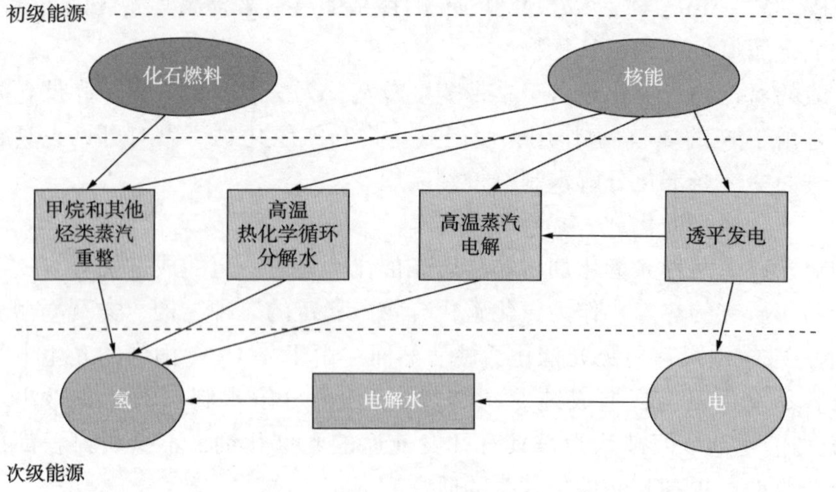

图 3-26 核能制氢技术路线

1. 甲烷和其他烃类蒸汽重整

以甲烷蒸汽重整制氢为例，甲烷蒸汽重整是目前工业上主要的制氢方法，该法通常以天然气为原料，在催化剂存在下与水蒸气反应转化制得氢气。其反应式如下，具体工艺流程已在 2.3.1 天然气蒸汽重整制氢进行讲述，此处不再赘述。

$$CH_4+2H_2O \longrightarrow CO_2+4H_2 \qquad (3-56)$$

当利用核反应堆为甲醇的蒸汽重整供给热能时，可显著减少甲烷在反应中的用量。图 3-27 为核能供热的甲烷蒸汽重整制氢流程图。左侧为用于供热的核热系统，它通过高温隔离阀将核反应堆系统与制氢系统进行隔离，核热系统可为制氢体统提高 880℃的高温热。

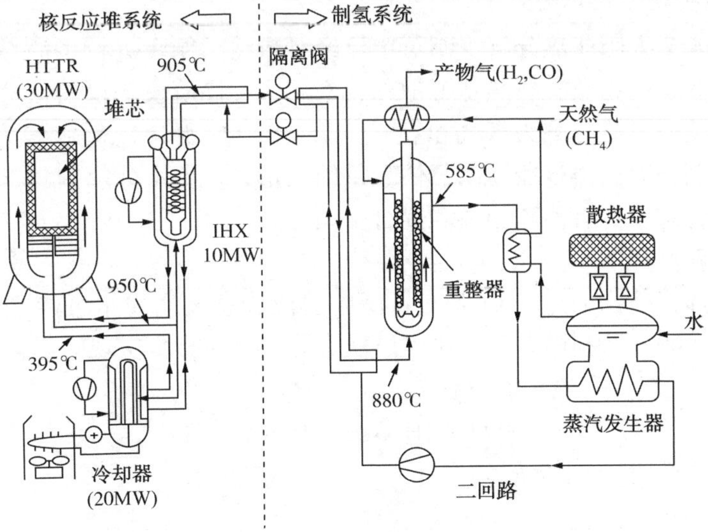

图 3-27 天然气核能蒸汽重整制氢流程示意图

2. 高温蒸汽电解

高温蒸汽电解是核反应堆与电解水制氢技术的结合，核反应堆可同时为制氢系统提供电能和热能。如图 3-28 所示，制氢系统采用固体氧化物电解槽进行电解制氢。高温水蒸气进入管状电解槽后，在内部的阴极处被分解为 H^+ 和 O^{2-}，随后 H^+ 得电子生成 H_2，而 O^{2-} 则穿过电解质，在外部的阳极上失电子生成 O_2。核能高温蒸汽电解具有以下优点：①核反应堆提供的热量能在一定程度上减少电能的损耗，降低成本；②高温可以降低电极表面反应的活化能能垒，使反应更容易进行，提高反应效率；③固体氧化物电解槽已较为成熟，且电解槽成本较低，电解效率比普通碱性电解槽要高。

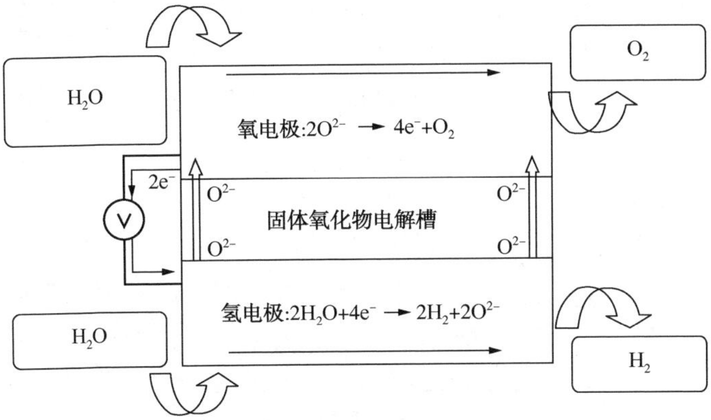

图 3-28 固体氧化物电解槽原理示意图

3. 高温热化学循环分解水

在 3.3.4.2 太阳能热分解水制氢中已经对热化学循环进行了简单介绍。该方法是利用某些中间物质，将热量分散的，在反应不同阶段下供给水分解系统，使水发生多步反应最终分解为氢气和氧气，中间物质在循环过程中不会损失。本小结的热化学循环方法由核能为制氢体系供给热量，进行水分解制氢。当前热化学循环的循环方式主要有碘硫循环和混合硫循环。

(1) 碘硫循环

碘硫循环(I-S cycle)由以下三步反应组成，总反应为水分解产生氢气和氧气。在 800~900℃下利用中间物质可以使水分解反应分步实现：

Bunsen 反应(产生硫酸和氢碘酸)：

$$SO_2+I_2+2H_2O \longrightarrow H_2SO_4+2HI \tag{3-52}$$

硫酸分解反应(产生氧气)：

$$H_2SO_4 \longrightarrow H_2O+SO_2+\frac{1}{2}O_2 \tag{3-53}$$

氢碘酸分解反应(产生氢气)：

$$2HI \longrightarrow I_2+H_2 \tag{3-54}$$

以高温气冷堆作为热源经碘硫循环制氢过程原理如图 3-29 所示。

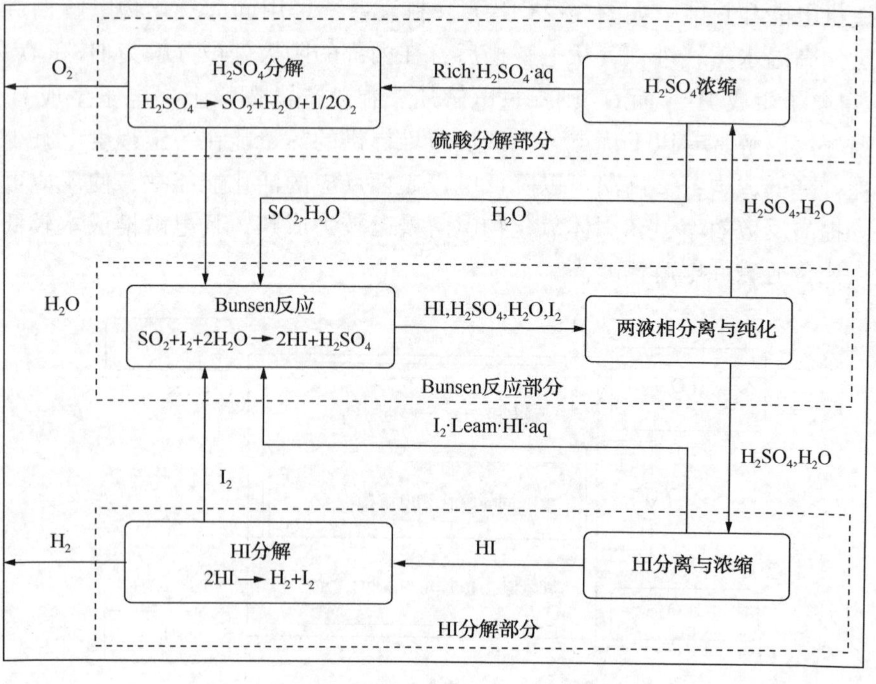

图 3-29 碘硫循环制氢示意图

碘硫循环以硫酸作为中间物质进行热化学循环，其具有以下优点：①该循环过程可进行连续操作、易于放大，适于大规模制氢；②反应温度能够很好地与高温气冷反应堆热出口温度相匹配，制氢效率可观；③整个制氢过程中基本无 CO_2 产生，有利于缓解温室效应。因此，该循环方式也被认为是最有应用前景的核能制氢技术。

(2) 混合硫循环

混合硫循环(HyS cycle)主要由以下两步反应组成，其原理如图 3-30 所示。

SO_2 去极化电解：

$$SO_2+2H_2O \longrightarrow H_2SO_4+H_2 \tag{3-57}$$

硫酸分解反应：

$$H_2SO_4 \longrightarrow H_2O+SO_2+\frac{1}{2}O_2 \tag{3-58}$$

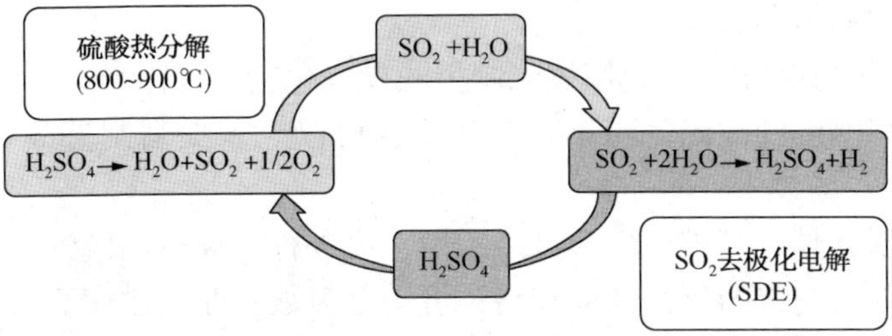

图 3-30　混合硫循环制氢原理示意图

混合硫循环是另一种具有工业应用前景的核能制氢流程，该工艺利用 SO_2 去极化电解反应和硫酸分解反应循环，同时利用热能和电能进行水分解反应，其制氢效率远高于常规的电解工艺。

3.4.2.2　核能制氢用反应堆

当前，我国核能反应堆已发展到了第四代核能系统，现已提出了钠冷快堆、铅冷快堆、气冷快堆、超临界水堆、熔盐、超/高温气冷堆等六种堆型。

1. 核能制氢对反应堆的要求

核能制氢的三种方法对于反应堆的要求是相似的，其主要包括以下几点：

1）核能反应堆的安全性是第一位的，无论是核能制氢还是核能的其他应用领域，都要将反应堆的安全性放在首位；

2）温度对于反应效率至关重要，这就要求反应堆的输出温度既要达到制氢过程的最高温度，又要在制氢过程中避免出现较大的温度波动，保持温度的稳定性；

3）反应堆功率应用与制氢过程和设施的要求相匹配；

4）反应堆的压力应与制氢系统相匹配，避免因高压所带来的危险；

5）应将核热设施与制氢设施充分隔离，使两个系统互不影响。

2. 高温气冷堆用于核能制氢

在目前的核能反应堆的堆型中，只有氦气冷却的高温反应堆能够提供足够高的热能以驱动制氢体系。氦气冷却的高温气冷堆具有以下优点：

1）氦气冷却的高温气冷堆使用高温陶瓷包覆燃料，具有很高的安全性能；

2）该反应堆的最高出口温度可达到950℃，这与热化学循环所要求的温度相匹配；

3）可以与气体透平耦合发电，效率达48%。

基于以上优点，高温气冷堆一直被认为是最合适核能制氢的堆型。目前，世界各国也都在积极推动核能以及核能制氢产业的发展，新型反应堆型的研究也成为该领域的重中之重。

3.4.2.3　核能制氢的特点

与传统制氢方法相比，利用核能制氢的优点包括：

1）以更高温度的高温气冷堆作为热源，可以显著提高制氢效率，并且降低环境污染；

2）核能制氢具有可扩展性和可持续性，可进行大规模制氢；

3）核能制氢制得的氢气纯度较高，可满足多数工业的浓度要求。

但是安全性的问题也一直制约着核能制氢的发展。确保与核电连接的设备在氢气制备、运输等相关过程中的安全，是核能制氢需要突破的重点。

3.4.2.4　核能制氢的产业现状与发展

核能制氢技术的发展既有利于为我国核能的利用开辟新方向，维持我国核能技术在世界核能领域的领先地位，又能解决我国未来氢能的大规模需求问题，对实现我国未来的能源战略转变具有重大意义。在目前核能制氢的几种工艺中，热化学循环和高温蒸汽电解被认为是最具发展前景的核能制氢技术。并且随着反应堆技术的发展，反应堆最高出口温度将大幅提升，进而提高核能制氢的效率。

3.4.3　等离子体制氢

3.4.3.1　等离子体及其制氢原理

等离子体是指在热、磁、电等能量形式的作用下，将气体分解成原子并发生电离生成的由自由电子和带电粒子等组成的物质。它包含电子、离子、光子、基态粒子和激发态粒子等，是继固态、液态、气态之后物质的第四态。与其他三态相比，其在组成和电性两方面有本质的不同。

1）组成：等离子体以自由电子和带电粒子为主要成分，组成复杂；

2）电性：由于存在大量的自由电子和带正、负电荷的离子，等离子体从整体上看是一种良好的导体。

通常等离子体根据离子温度的不同可分为高温等离子体和低温等离子体。其中低温等离子体因为能够更多地产生活性粒子(如高能电子、活性基团等)，具有良好的化学选择性，在制氢方面具有良好的应用前景。放电是目前低温等离子体的主要产生方式。根据放电方式的不同，可将低温等离子体分为辉光放电、电晕放电、介质阻挡放电、非热电弧放电、微波放电等。

等离子体制氢是指含氢物质利用等离子体放电时产生的高能电子和大量能量分解产生氢气的过程。等离子体制氢的化学反应原理和传统的化学反应原理在本质上是相同的，都是利用某些活性物质去激发反应进行。传统反应中激发反应的活性物质是催化剂，它通过降低反应的活化能来促进反应进行。而等离子体法是利用其放电时产生的高能电子和自由基激发反应进行，这在很大程度上可提高反应的速度，避免催化剂的使用，并为制氢反应器的体积缩小、反应系统复杂性的降低提供了可能。根据等离子体放电方式的不同可将等离子体制氢方法分为气相放电等离子体制氢和液相放电等离子体制氢。

3.4.3.2　气相放电等离子体制氢

目前，气相放电等离子体制氢采用的放电形式主要包括辉光放电、火花放电、电晕放电、介质阻挡放电、电弧放电、微波放电等，制氢原料主要采用气态的含氢物质，如甲烷、二甲醚等。

A. M. Ghorbanzadeh 等采用脉冲辉光放电等离子体对 CH_4 与 CO_2 进行重整制氢，发现在峰值电压为 19kV，放电频率为 2kHz，CH_4 与 CO_2 为相同物质的量的条件下，产物中 H_2 : CO 约为 1.2，H_2 选择性达 71%。I. Aleknaviciute 等采用电晕放电等离子体分解甲烷制取氢气，发现随着放电功率的升高，氢气产量呈线性增加。

然而，当采用气相放电等离子体对液态含氢原料进行分解制氢时，如乙醇、甲醇、甲苯等，需先将液体原料汽化或通载气带入到放电区域。H. Zhang 等采用气相滑动弧放电等离子体重整甲醇制氢，发现甲醇的转化率较高，但该方法对 H_2 的选择性较低，仅约 17.9%，产氢量低，能耗高。

总体来看，气相放电等离子体制氢存在产氢量略低、能耗略高、氢气浓度不高等缺点，还不能满足商用产氢装置的需求。

3.4.3.3　液相放电等离子体制氢

液相放电等离子体表示在液体中通过放电形成的等离子体，因此又称为“液电效应”。液相放电等离子体与气相放电等离子体性质相似，但是液相放电等离子体比气相放电等离子体更易产生，这是因为气体作为绝缘体不利于导电而液体可以导电帮助等离子体产生。液相放电等离子体采用的放电方式主要有气液混相放电、液体中鼓泡放电、直接液相放电等，制氢原料主要包括水、烃类、醇类、葡萄糖等液体物质。

液相放电等离子体能同时产生紫外光、强电场、冲击波、混合强氧化自由基四种作用效果，它们会使电压在微秒级甚至纳秒级迅速上升，生成大量的高能电子。当周围分子碰撞到这些高能电子时，就会生成大量自由基及其他中性粒子。

液相放电等离子体制氢的过程更为复杂。以对乙醇溶液进行脉冲液相放电为例，其反应过程中进行的微观反应路径如图 3-31 所示。乙醇溶液在脉冲放电等离子体的作用下迅速分解产生多种粒子(如·OH、·O、·H 等)，它们随后又相互结合，产生氢气、一氧化碳等物质。其中以 H_2 的产生路径最多，反应后 H_2 产量也最高。

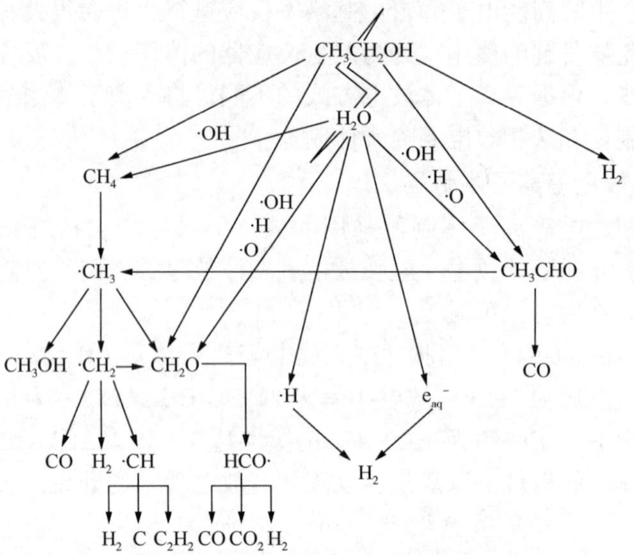

图 3-31　脉冲液相放电于乙醇溶液中的微观反应路径

液相放电等离子体制氢过程的能耗较低，且该体系对氢气的选择性较高。但是目前液相放电等离子体制氢存在产氢量略低、氢气浓度低、反应规模不易扩大等缺点，暂时还未能满足产业化应用的要求。

3.4.3.4　等离子体制氢优缺点

1. 等离子体制氢的优点

等离子体制氢具有反应速率快、反应温度低、参数控制灵活等优点，与传统化石燃料制氢方法相比，其装置体积小、启动快、耗能低、运行参数范围大，适合小规模的氢气生产。

2. 等离子体制氢的改进方向

尽管部分等离子体工业应用技术已经比较成熟，但仍有诸多问题尚待解决。例如，对于具有工业化应用前景的常压放电，如何降低其击穿场强从而实现均匀放电、进一步降低成本；等离子体的来源问题也是制约等离子体应用的关键。

3.4.3.5　等离子体制氢的发展现状

等离子体制氢是近十年发展起来的新兴学科。近年来，清洁能源的开发受到了越来越多国家的重视，等离子体在制氢领域的应用也得到了越来越多业界学者的关注。研究结果表明，采用液相脉冲放电的等离子体制氢方法可以实现目前制氢方法的最低能耗，但由于该方法存在实验机理较为复杂、单位时间的产氢量还较低、难以规模化扩大等问题，制约了其发展。目前，等离子体制氢还仅限于科学研究，工业应用的例子较少。

参 考 文 献

[1] 张晖，刘昕昕，付时雨．生物质制氢技术及其研究进展[J]．中国造纸协会会刊，2019，38(7)：68-74.

[2] 王天岗．生物质热解释氢过程的实验研究[D]．淄博：山东理工大学硕士论文，2006.

[3] Yildiz Kalinci，Arif Hepbasli，Ibrahim Dincer. Biomass-based hydrogen production：A review and analysis[J]. Hydrogen Energy，2009，(34)：8799-8817.

[4] Zhang L，Happe T，Melis A. Biochemical and morphological characterization of sulfur-deprived and H_2-producting Chlamydomonas reinhardtii (green alga) [J]. Planta，2002，214(4)：552-561.

[5] 邓文义，于伟超，苏亚欣，等．生物质热解和气化制取富氢气体的研究现状[J]．化工进展，2013，32(7)：1534-1541.

[6] 张尤华．生物质一体化制氢研究[D]．上海：华东理工大学博士学位论文，2011.

[7] Collard F-X，Joël Blin. A review on pyrolysis of biomass constituents：Mechanisms and composition of the products obtained from the conversion of cellulose，hemicelluloses and lignin. [J]. Renewable and Sustainable Energy Reviews，2014，38：594-608.

[8] 孙立．生物质热解制氢机理和实验研究[D]．天津：天津大学，2007.

[9] 丁兆军．生物质制氢技术综合评价研究[D]．北京：中国矿业大学(北京)博士学位论文，2009.

[10] 陆柒安，张军，赵亮，等．生物质超临界水气化制氢研究进展[J]．现代化工，2018，38(12)：29-33.

[11] 王琨，王景昌，苑塔亮，等．超临界水中生物质气化制氢[J]．化工文摘，2006，2：37-39.

[12] 郭烈锦，陈敬炜．太阳能聚焦供热的生物质超临界水热化学气化制氢研究进展[J]．电力系统自动化，2013，37(1)：38-46.

[13] 苏会波．生物质暗发酵和光发酵耦合产氢的机理研究[D]．杭州：浙江大学博士学位论文，2011.

[14] 安璐，董长青，杨勇平．生物质快速裂解油蒸汽催化重整制氢研究进展[J]．太阳能学报，2008，29(6)：745-750.

[15] L. John. Sealock，Jr. Douglas. Chemical Processing in High－Pressure Aqueous Environments. 1. Hostorical Perspective and Continuing Developments[J]. Ind. Eng. Chem. Res，1993，32：1535-1541.

[16] 戚峰．生物质高效水解及发酵制氢的机理研究[D]．杭州：浙江大学博士学位论文，2007.

[17] 张文涛，陈明强，刘少敏，等．生物油水蒸气催化重整制氢研究进展[J]．新能源进展，2014，2(5)：347-352.

[18] Kechagiopoulos P N，Voutetakis S S，Lemonidou A A et al. Hydrogen production via reforming of the aqueous phase of Bio-Oil over Ni/Olivine catalysts in a spouted bed reactor[J]. Industrial & Engineering Chemistry Research，2008，48(3)：1400-1408.

[19] Hu X，Lu G. Bio－oil steam reforming，partial oxidation or oxidative steam reforming coupled with bio-oil dry reforming to eliminate CO_2 emission[J]. International Journal of Hydrogen Energy，2010，35(13)：7169-7176.

[20] 杜彬．甲醇制氢研究进展[J]．辽宁化工，2011，40(12)：1252-1254.

[21] 杨青．甲醇制氢在工业应用中的工艺改良研究[J]．云南化工，2019，46(9)：162-163.

[22] 王小美，李志扬，朱昱，等．甲醇重整制氢方法的研究[J]．化工新型材料，2014，42(3)：42-47.

[23] 郝树仁，李言浩，程玉春．甲醇蒸汽转化制氢技术[J]．精细化工，1998，15：52-54.

[24] 石林，任小荣，张洪波，等．甲醇裂解制氢方法[J]．山东化工，2018，47：37-38.

[25] 王锡波，韩晓玲，赵欣，等．甲醇裂解制氢技术应用[J]．山东化工，2013，42(3)：43-52.

[26] 庄晓如，徐心海，夏鑫，等．甲醇蒸汽重整制氢反应动力学研究进展[J]．化工进展，2020，39(1)：152-165.

[27] 陈兵．甲醇催化氧化重整反应制氢的研究[D]．广州：华南理工大学博士论文，2000.

[28] 赵宣．甲醇自热重整制氢系统的研究[J]．低温与特气，2012，30(5)：13-16.

[29] 胡智怡，李永亮，沈培康．甲醇电解制氢[J]．电池，2006，36(5)：383-384.

[30] 丁福臣，易玉峰．制氢储氢技术[M]．北京：化学工业出版社，2006.

[31] 王璐，牟佳琪，侯建平，等．电解水制氢的电极选择问题研究进展[J]．化工进展，2009，28(增刊)：512-515.

[32] 朱同清，朱宇．水电解制氢的现状和发展趋势[J]．中国气体，2006 年氢能专刊：86-90.

[33] 倪萌，Leung M K H，Sumathy K. 电解水之制氢技术进展[J]．能源环境保护，2005，18

(5)：5-9.
[34] 李琼玖，王建华，李德宽，等．水电解制氢技术的进展及其在煤制甲醇中的应用[J]．中外能源，2008，13(3)：35-42.
[35] 常乐．非化石能源制氢技术综述[J]．能源研究与信息，2011，27(3)：130-137.
[36] 魏一聪．高效的电解水制氢技术实验研究[D]．北京：北京建筑大学，2019.
[37] 王宝辉，吴红军，刘淑芝，等．太阳能分解水制氢技术研究进展[J]．化工进展，2006，25(7)：733-738.
[38] 李敦钫，郑菁，陈新益，等．光催化分解水体系和材料研究[J]．化学进展，2007，19(4)：464-477.
[39] 黄金昭，徐征，李海玲．太阳能制氢技术研究进展[J]．太阳能学报，2006，27(9)：947-954.
[40] 李鑫，李安定，李斌．太阳能制氢研究现状及展望[J]．太阳能学报，2005，26(1)：127-133.
[41] 吴素芳．氢能与制氢技术[M]．杭州：浙江大学出版社，2014.
[42] Kogan A. Direct solar thermal splitting of water and on-site separation of the products-Ⅱ. Experimental feasibility study[J]. Int J Hydrogen Energy，1998，23(2)：89-98.
[43] 胡以怀，贾靖，伍娟．太阳能热化学制氢技术研究进展[J]．新能源及工艺，2008(1)：19-23.
[44] 王岩．新型氮掺杂二氧化钛的制备及其可见光光催化性能的研究[D]．河南大学硕士论文，2007.
[45] 江涛．太阳能制氢[J]．太阳能，1995(2)：28-28.
[46] Kim S，Shin H. Effects of base-pretreatment on continuous enriched culture for hydrogen production from food waste[J]. International Journal of Hydrogen Energy，2008，33(13)：4726-4730.
[47] 张平，于波，陈靖，等．核能制氢与高温气冷堆[J]．化工学报，2004，55：1-6.
[48] 张平，于波，徐景明．核能制氢技术的发展[J]．核化学与放射化学，2011，33(4)：193-203.
[49] 张平，徐景明，石磊，等．中国高温气冷堆制氢发展战略研究[J]．中国工程科学，2019，21(1)：20-28.
[50] 郝庆菊．碘硫循环制氢过程模拟优化和换热设计[D]．北京：中国石油大学(北京)硕士学位论文，2016.
[51] 王建强，戴志敏，徐洪杰．核能综合利用研究现状与展望[J]．低碳多能融合发展，2019，34(4)：460-468.
[52] Pati S，Yoon KJ，Gopalan S，et al. Hydrogen Production Using Solid Oxide Membrane Electrolyzer with Solid Carbon Reductant in Liquid Metal Anode[J]. Journal of the Eletrochemical Society，2009，156(9)：1067-1077.
[53] 银华强．高温堆甲烷蒸汽重整制氢系统的研究[D]．北京：清华大学博士学位论文，2006.

[54] 信延彬. 液相脉冲放电等离子体制氢特性及其机理研究[D]. 大连：大连海事大学博士学位论文，2018.

[55] 张浩. 协同驱动旋转滑动弧温等离子体重整甲烷/甲醇制氢基础研究[D]. 杭州：浙江大学博士学位论文，2016.

[56] 李慧青. 电晕放电甲醇分解制氢及其模拟研究[D]. 天津：天津大学博士学位论文，2005.

[57] 胡智怡，李永亮，沈培康. 甲醇电解制氢[J]. 电池，2006，36(5)：383-384.

第4章 氢气的提纯

根据前面章节介绍的制氢方法可以了解到，当前主要应用的制氢方法有：石油制氢、煤制氢、生物质制氢(生物质热解以及发酵)、天然气制氢、醇类制氢(包括甲醇裂解以及重整、乙醇重整)、太阳能光解水制氢以及核能制氢等。氢燃料电池所用氢气的来源可以总结为三大类：实验室所制氢气、工业废气以及工业制氢。除实验室所制得的氢气纯度极高以外，其他方法所获取的气体中总会掺杂有各种杂质气体，但实验室电解制氢的成本极其昂贵，不易进行产业推广，所以氢燃料电池汽车所用氢气主要利用另外两种途径所得。然而，氢燃料电池汽车所用燃料氢气的品质标准是非常苛刻的，这就需要我们对收集而来的气体进行分离提纯操作，使其达到使用标准。

4.1 氢燃料电池用燃料氢气标准

氢燃料电池性能的好坏与所用燃料氢气的品质息息相关。燃料氢气中的杂质会使电池催化剂中毒，当杂质含量过多时会使燃料电池的耐久性产生严重损害。因此，必须对氢气中的杂质进行严格控制，明确燃料氢气的品质标准。此外，标准的确立也方便相关企业制定分离提纯目标，设计合理的分离提纯方法。

4.1.1 燃料氢气的品质标准

国际标准化组织(International Organization for Standardization，ISO)技术委员会制定发表了ISO/TC197 Hydrogen Technology氢能技术领域标准，该标准中提出了质子交换膜燃料汽车所用氢燃料质量的国际化标准要求(ISO14687-2：2012E)。我国沿用了上述国际标准而发布了国家标准(GB/T 37244—2018)。表4-1为国家标准中对于质子交换膜燃料电池所用燃料氢气品质的技术指标要求。

表 4-1 质子交换膜燃料电池用燃料氢气品质标准

项目名称	指 标
氢气纯度(摩尔分数)	99.97%
非氢气体总量	300μmol/mol
单类杂质的最大浓度	
水(H_2O)	5μmol/mol
总烃(按甲烷计)	2μmol/mol
氧(O_2)	5μmol/mol
氦(He)	300μmol/mol
总氮(N_2)和氩(Ar)	100μmol/mol
二氧化碳(CO_2)	2μmol/mol
一氧化碳(CO)	0.2μmol/mol
总硫(按 H_2S 计)	0.004μmol/mol
甲醛(HCHO)	0.01μmol/mol
甲酸(HCOOH)	0.2μmol/mol
氨(NH_3)	0.1μmol/mol
总卤化合物(按卤离子计)	0.05μmol/mol
最大颗粒物浓度	1mg/kg

注：当甲烷浓度超过 2μmol/mol 时，甲烷、氮气和氧气的总浓度不准许超过 100mol/mol。

上述燃料氢气品质标准对于原料氢气分离提纯工作具有指导意义，是燃料氢气提纯技术的最终目标。工业所制氢气作为我国氢气应用的主要来源，其品质深受国家重视，因此也设有专门的技术指标要求。表 4-2 为国家标准中对工业氢技术产品的指标要求(GB/T 3634.1—2006)，该要求适用于化学裂解、电解、吸附、膜分离以及氢化物等方法制取的瓶装、集装格装和管道输送的氢气。

表 4-2 工业氢技术产品指标要求

项 目	指标分类		
	优等品	一等品	合格品
氢气(H_2)的体积分数/10^{-2}(≥)	99.95	99.50	99.00
氧的体积分数/10^{-3}(≤)	0.10	2.00	4.00
氮加氩(N_2+Ar)的体积分数/10^{-3}(≤)	0.40	3.00	6.00
露点(≤)	-43℃		

注：管道输送以及其他包装形式的合格品工业氢的水分指标由供需双方商定。

根据表4-2所列出的氢气品质标准信息可以得出，工业氢中优等品、一等品以及合格品的氢气纯度分别为99.95%、99.50%以及99.00%。其中，优等品不仅在氢气纯度上还达不到质子交换膜燃料汽车用燃料氢气的99.97%，氧以及总氮和氩的含量标准也远远高于质子交换膜燃料电池的标准，所以需要进行提纯处理。此外，工业氢技术指标要求中仅仅提到了对氧、氮与氩含量的要求，而工业氢中还存在其他会影响质子交换膜燃料电池性能的杂质。

4.1.2　常见氢源中的杂质

绝大多数用于制氢的原料基本都含有C、O、H这三大基本元素，在进行一系列转化制备氢气的过程中会产生CO、CO_2、H_2O杂质气体，甚至是甲烷等小分子烃类。除此之外，部分制氢原料中还存在N和S元素，在进行反应时，会有氮氧化物(NO、NO_2)、硫化物(SO_2、H_2S)等杂质气体产生。同时，空气中含量最多的氮气也会不可避免地掺入其中。

许多工业尾气中也有氢气的存在，如甲酸加工尾气、石脑油重整尾气、乙烯脱甲烷塔尾气等。其中有的工业含氢尾气中的氢气浓度还是相当高的，可达90%。以往这些尾气会直接进行燃烧处理，而导致大量氢气资源被浪费。秉承当前节约环保、合理利用资源的理念，许多含氢工业尾气也会进行回收，进行提纯氢气处理，用于其他领域。表4-3就列举了不同炼厂气的典型氢气含量。

表4-3　不同炼厂气的典型氢气含量

氢　源	典型氢气含量/%(体)	氢　源	典型氢气含量/%(体)
甲酸加工尾气	70~90	甲苯加氢脱烷基化尾气	50~70
石脑油重整尾气	65~90	甲醇弛放气	50~70
乙烯脱甲烷塔尾气	60~90	变压吸附解吸气	50~60
加氢混合干气	60~70		

4.1.3　杂质气体对燃料电池性能的危害

质子交换膜燃料电池的膜电极组件是电池的最核心部件，其性能的好坏直接决定着电池工作效率。然而，杂质气主要通过对电极的毒化作用来影响电池性能，主要会引起：破坏电池催化剂工作性能，使电池反应减慢甚至是停止；使电池整体阻抗增加；改变电极活性物质表面性质等。为了抵抗杂质气体对电池的性能和寿命造成的影响，需要提高Pt催化剂载量，使得电池的成本增加。美国的燃料电池委员会曾列举出了质子交换膜燃料电池在运行时可能存在的污染物，如表4-4所示。他们表明虽然没有完整地列举出所有的污染物，但是却给出了具有代表性的主要污染物。接下来，便对工业制氢中的主要杂质气体，以及质子交换膜燃料电池在运行时可能存在的污染气体对燃料电池性能的危害进行介绍。

表 4-4　质子交换膜燃料电池运行中的主要污染物

污染物来源	污　染　物
空气	N_2、NO_x(NO、NO_2)、SO_x(SO_2、SO_3)
重整气	CO、CO_2、H_2S
工作场所	SO_2、NO、CO
双极板	Ni^{2+}、Cu^{2+}、Fe^{3+}、Cr^{3+}
Nafion 膜	Na^{+}、Ca^{2+}
冷却水	K、Al、Fe、Cu、V、Cr、S、Cl

1. 一氧化碳(CO)

CO 是造成燃料电池中毒的最主要杂质成分之一，但是众多制氢方法所制得的氢气中总会掺杂有 CO。当前，国内外已经全面透彻地对 CO 杂质气影响燃料电池性能做了研究，比较认可的作用机制为：在燃料电池内，CO 会通过吸附在催化剂上使催化效率严重下降，进而影响燃料电池的性能。

当前被普遍认同的 CO 毒害燃料电池的机制为：CO 在 Pt 上的吸附系数要远远高于 H_2，CO 会比 H_2 更易吸附在 Pt 表面的催化活性位点上，而占据了更多的催化活性位点，从而大大降低 H_2 的在催化剂上的吸附。因此要严格控制燃料氢气中 CO 的含量。除了其浓度会影响燃料电池性能外，电池工作温度、电池接触 CO 的时间长短以及工作电流密度的大小等也影响着 CO 对电池性能的毒害程度。CO 浓度越高，电池毒化程度越严重，但对电池通入纯净 H_2 后毒化现象会减弱，甚至会得到恢复；电池工作温度越高，CO 的毒化程度越弱；燃料电池催化剂接触 CO 越长，性能衰退越明显；电池工作电流密度越大，电池催化剂会对毒化产生抗性。为防止 CO 影响燃料电池的性能，我们应对燃料氢气中的 CO 进行比较彻底的分离处理。

2. 二氧化碳(CO_2)

由小分子有机燃料蒸汽重整所制得的氢气中会含有约 2.5%的 CO_2。当燃料电池中的 CO_2 含量较少时可被认为是惰性气体，对电池的影响只是稀释了燃料氢气的浓度，但较高浓度的 CO_2 会使燃料电池中的催化剂表面局部 H_2 供应严重不足，使电池出现反极和碳蚀现象，导致 Pt/C 催化剂中 C 载体含量减少。也有研究人员认为 CO_2 会发生水煤气反应的逆反应产生 CO 从而毒化电池。

$$CO(g)+H_2O(g) \rightleftharpoons CO_2(g)+H_2(g) \tag{4-1}$$

根据反应式(4-1)，当 CO_2 浓度越高时，逆反应更易进行，产生的 CO 会更多，通过建立理论模型进行模拟以及对具体实验进行比较也都证实了这一观点。CO_2 对电池的影响也同 CO 一样是可恢复的，高纯 H_2 可以使已经产生 CO_2 中毒的燃料电池性能得以恢复。此外，有研究表明使用 Pt-Ru 合金催化剂代替 Pt 催化剂可以有效减缓燃料电池 CO_2 中毒现象。

3. 硫化氢(H_2S)

有研究表明，H_2S 会牢固吸附在 Pt 催化剂表面从而影响对 H_2 的吸附，这会使得电池电化学反应电荷转移阻抗增加，进而影响燃料电池的性能：燃料电池中 H_2S 浓度越高，电池毒化程度越大，电池性能下降越快。除此之外，电池工作温度、电流密度、电池中毒时间等也严重影响着 H_2S 对电池的毒化程度。

与前面提到的杂质气的影响后果不同的是，H_2S 对电池性能的损害是逐渐积累的过程且不可逆的，即使是高纯氢气或使用其他催化剂都不会很好地减缓 H_2S 对燃料电池性能的损害程度。

4. 二氧化硫(SO_2)

SO_2 对燃料电池性能危害非常大，SO_2 能够强烈地吸附在催化剂表面，即便是微量的 SO_2，在与催化剂接触一定时间后也会对燃料电池的性能造成严重不可逆的损害。

此外，SO_2 不仅影响电池阳极催化剂性能，也会影响阴极性能。当 SO_2 吸附在 Pt 表面时，被吸附的 SO_2 会被 Pt 还原生成 Pt-S，同时还会产生中间产物 Pt-SO，这会影响阴极燃料 O_2 在 Pt 表面的催化还原效率。反应式如下：

$$SO_2+2H^++2e^-+Pt \longrightarrow Pt\text{-}SO+H_2O \quad (4\text{-}2)$$

$$Pt\text{-}SO+2H^++2e^-+Pt \longrightarrow Pt\text{-}S+H_2O \quad (4\text{-}3)$$

5. 氮气(N_2)及氮氧化物(NO_x)

氮气是空气的主要组成气体，在空气中的含量约为 78%。由于质子交换膜燃料电池用空气作为氧化剂，所以燃料汽车所用燃料氢气中难免会含有氮气，因此电池的性能会与空气的质量有着密切的关系。氮气会稀释 H_2 造成电极局部 H_2 供应不足。当氮气含量过高时，会使电池发生反极化造成不可恢复的电池性能破坏。氮气也会稀释电池阴极的 O_2 浓度，从而直接导致电池性能下降，但这种下降在对电池通入足量的 O_2 后会马上恢复。

氮氧化物包括一氧化氮(NO)和二氧化氮(NO_2)，是空气的主要污染物之一，氮氧化物对质子交换膜燃料电池性能的影响也是不容小觑的。空气中的微量 NO_x 会对质子交换膜燃料电池性能造成很大的影响。有研究人员提出，NO_x 在 H_2O 和 O_2 存在的情况下会生成易电离的 HNO_3，电离出的 H^+，会使阴极反应电势变高。反应式如下：

$$2NO_2+H_2O \longrightarrow HNO_3+HNO_2 \quad (4\text{-}4)$$

$$4HNO_2+2O_2 \longrightarrow 4HNO_3 \quad (4-5)$$

在高电流密度下，H_2 会使 NO_x 还原成 NH_4^+，使得电池电解质膜阻抗升高，电解质膜的电导率下降。总的来说，NO_x 对电池阴极性能的影响是一种可逆过程，在向受 NO_x 毒害的电池阴极通入纯净空气或氧气后，电池性能基本可以恢复。

6. 氨气(NH_3)

氨气对电池性能造成的影响较小，当前对于其影响机理的研究也较少。然而，微量 NH_3 还是会造成电池性能的明显衰减，它主要是对电池电解质膜的性能造成一定的损害，降低其导电率，进而影响电池整体性能。NH_3 浓度越高，造成电池性能衰减越严重；电池接触 NH_3 时间越长，造成的电池性能衰减越不易被恢复，甚至是不可逆损害。

研究人员提出的，氨气影响燃料电池性能的机理主要为：NH_3 消耗质子反应生成 NH_4^+，从而使电解质膜的导电能力下降，这一影响是不可逆的。反应式如下：

$$NH_{3(g)} \longrightarrow NH_{3(membrane)} \quad (4-6)$$

$$NH_{3(membrane)}+H^+ \longrightarrow NH_4^+ \quad (4-7)$$

7. 水(H_2O)及有机物

水是质子交换膜燃料电池的工作产物，理论上并不会对电池性能造成威胁，但当电池中的水过多地在阴极催化剂上产生凝结时，便会覆盖住膜电极部分活性位点，阻碍 O_2 在阴极催化剂上的扩散与反应而影响电池性能。

重整气制氢时，氢气中可能会存在甲烷、甲苯和甲醛等有机物气体，这些物质对电池也会有一定的毒害作用：甲烷对电池性能的影响并不大，仅仅只是起稀释燃料气的作用；甲苯可能会消耗氢气而发生加氢反应进行转化；存在甲醛时，纯 Pt 催化剂要比 Pt-Ru 合金催化剂更具优势。

4.2 氢气纯化

氢气纯化有很多种方法，按机理可分为化学方法和物理方法两大类。其中，化学方法包括催化纯化和溶剂吸收法，但基于化学溶剂对含氢气源中的杂质气体的选择性低且对设备的腐蚀严重，工业生产中基本不采用溶剂吸收法对氢气进行分离提纯；物理方法包括变压吸附和深冷分离等。每种方法都有其所适用的条件，对于部分常见的几种氢气提纯方法在回收效果和适用规模等方面的比较，如表 4-5 所示。

首先，从生产规模来看，现有的方法基本可以满足从实验室小规模到工业化大规模的批量生产。但从实际应用和经济上考虑，催化纯化法能够达到从小规模到大规模的生产能力；深冷分离和变压吸附这两种物理提纯方法只适用于大规模工业应用；金属氢化物分离以及无机物薄膜扩散法只适用于小到中等规模的生产。

表 4–5 部分氢的纯化方法比较

方法	性质	氢气纯度/%	回收率/%	适用规模
金属氢化物分离	化学	> 99.9999	75~95	小至中规模
低温吸附	物理/化学	99.9999	约 95	大规模
无机物薄膜扩散法	膜分离	99.9999	99	小至中规模
变压吸附	物理	99.999	70~85	大规模
催化纯化法	化学	99.999	99	小至大规模
深冷分离	物理	90~98	95	大规模

当前，综合型的粗氢气体除杂提纯方法主要有变压吸附法、膜分离法、深冷分离法、吸收–吸附法、金属氢化物法以及水合物分离技术等。在对炼厂气等粗氢气体进行初步的除杂提纯后，可以再针对所得的产品气进行精细除杂，最终使气体达到质子交换膜燃料电池所用燃料氢气的品质标准。对于富氢气源中各种杂质的精准提纯的方法基本依托于以上所介绍的方法进行工艺设计。下面是对较为常用的几种制氢工艺原理的简单介绍。

1. 变压吸附技术

变压吸附技术，又称 PSA 技术，是利用气体组分在固体材料上吸附特性的差异以及吸附量随压力变化而变化的特性，通过周期性的压力变换过程实现气体的分离或提纯。1960 年，德国科学家 Skarstrom 以 5A 沸石分子筛作为吸附剂，利用一个两床的变压吸附装置，从空气中分离出了富氧，以此最先提出了 PSA 专利。该项技术在工业应用领域取得了突破性进展，并广泛应用于空气干燥与净化、氧氮分离和氢气提纯等领域。变压吸附技术是近二十年来发展最快的气体分离技术，该技术能够进行针对十几种气体的分离提纯，已被广泛应用到了大规模制氢工业中。该项技术相比于深冷分离技术和膜分离技术等其他氢气提纯技术具有更多的优势。

变压吸附属于物理吸附，是气体在固体吸附剂上的吸附分离过程。由于在不同的压力条件下，吸附剂对不同气体的平衡吸附量不同，因此可以利用这一特性实现混合气体的分离提纯处理。例如，吸附剂可以在高压条件时对混合气中的特定气体进行吸附分离，然后在低压下再对该被吸附气体进行释放以此来实现提纯目的。通常，吸附剂吸附分离气体的这一过程需要进行多次循环后才会达到预期纯度要求。由于氢气的吸附容量较小，杂质吸附容量大，所以可以在高压下将原料气中的杂质气体进行吸附，再在低压下将吸附剂所吸附的杂质气进行脱附，使氢气得以提纯，所用吸附剂也可以得以再生，从而循环利用。如图 4-1 所示，为变压吸附焦炉煤气提纯氢气的工艺流程。

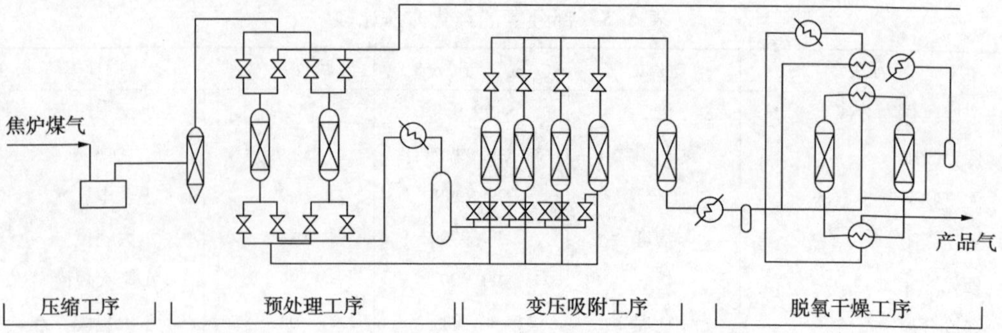

图 4-1　变压吸附焦炉煤气提纯氢气的工艺流程

在变压吸附工艺中，吸附剂占据重要地位，它是该工艺的基础和核心。选择合适的吸附剂才能使气体更好地得以提纯。因此，利用变压吸附技术分离提纯氢气源中的杂质气体时，首先必须根据杂质气的具体成分和含量来选用合适的吸附剂，设计最合理的提纯工艺流程。

变压吸附制氢中常用的吸附剂有硅胶类、活性氧化铝类、活性炭类和沸石分子筛类等。硅胶类吸附剂对气体中的 CO_2、H_2O 以及烃类组分具有较强的吸附能力；活性氧化铝类吸附剂凭借对水的强亲和力的固体而多用于气体干燥处理；活性炭类吸附剂对多种弱极性和非极性有机分子具有良好的吸附性，而且活性炭具有大的表面积，使得活性炭可以吸附更多的物质；沸石分子筛具有强极性，并且具有均匀孔径结构和极强吸附选择性的优异特性，是当前应用广泛的吸附剂材料。

在实际工业生产中，所需提纯的原料气组成是比较复杂，这就需要针对具体成分选择合适吸附剂来共同完成提纯操作，但各种吸附剂并不是单纯地在吸附塔中混合使用，当前变压吸附工艺常以吸附剂的吸附性能依次分层装填，来组成复合吸附床，才能达到预期的提纯效果。

2. 膜分离技术

膜分离技术也是常用的一种气体分离方法，它是近些年刚兴起的一种新型方法。膜分离法是利用膜对不同气体组分选择性渗透和扩散的特性具有差异为基础，来实现气体的分离提纯。由于不同组分存在不同的渗透率，典型组分的相对渗透率从高到低的趋势如下：

$$H_2O \quad H_2 \quad H_2S/CO_2 \quad CO \quad N_2 \quad CH_4$$
$$\longrightarrow$$

膜两侧的压力差是气体组分透过膜的推动力，因此，具有较高渗透率的气体可在膜的渗透侧富集，低渗透率的气体则在未渗透侧富集，以此使混合气体得以分离提纯。

膜可根据结构的不同分为多孔膜和致密膜，两种膜实现气体分离的机理存在很大的差异。其中，多孔膜主要依据物质粒径、形状、电荷来实现控制分离的，其渗透机理主要是微孔扩散机制，即混合气体分子经过膜的微孔时是呈分子流穿过的，只要膜微孔直径不大于气体分子平均自由程，就可以实现分离。多孔膜具有高的渗透通量，但选择渗透性却很低。致密膜是依靠吸附和扩散实现分离的，其机理是溶解-扩散作用，即气体分子在压力作用下，首先在膜的高压侧接触，然后经吸附、溶解、扩散、脱溶、逸出这一系列过程来实现特定气体的分离。与多孔膜相反的是，致密膜具有高选择渗透性和低渗透通量。

膜分离法多用于对石化、炼油以及合成氨工业产生的杂质气的氢气回收，常用的膜材料分为高分子聚合物材料、无机材料和金属材料这三大类。该法具有能耗较低、成本较小、装置及操作简单的优点，可在温和条件下实现连续分离，并且可以与其他分离工艺进行复合等。

3. 深冷吸附技术

深冷分离法分离提纯氢气是在早期使用的最多的工艺。它主要是利用了混合气中的各组分的沸点的差异，进行气体的分离。深冷分离法的原理是利用混合气中的各组分在低温下沸点的不同，可使沸点高的气体先得以冷凝，进而实现分离提纯。例如，炼厂气中所含 N_2 和 CO 的沸点分别为-195.62℃和-190.5℃，与氢气的-252.75℃相差较大，因此，沸点高于氢气的组分都会得以冷凝，使得氢气从这些混合气中分离出来。

深冷分离法获得的氢气纯度较高，可高达95%，但该法比较适用于分离如合成氨厂弛放气、炼油厂废气等氢含量低于30%的原料气。然而，该法却存在比较致命的缺点，阻碍了其广泛推行，就是投资大，操作和维护复杂，以及能量消耗高等，成本较大。该法一般适用于处理原料气量较大，且对氢气的要求不高的场所。所以，质子交换膜燃料电池用的燃料氢气的品质要求较为严格，该法的应用不广泛，或需要再进行后续更为精细的除杂步骤，以使最终所得氢气的品质符合燃料电池所用。

4. 水合物分离技术

水合物分离技术是近年来备受关注的一项炼厂气分离技术，它是基于不同气体分子生成水合物的条件存在差异而提出的。其中，水合物就是在一定的温度和压力下，一些气体小分子，如 CO_2、H_2S、CH_4 等和水经一系列处理过程获得的类似于冰晶的晶状体。不是所有的气体都能形成水合物，必须具备：第一，气体分子要为非极性或少数弱极性分子；第二，分子尺寸大小要介于 Ne 和 C_4H_{10}之间。不同气体组分生成的水合物的压力相差很大，一般大于同温下气体组分饱和蒸气压差，在对混合气中的某组分进行分离时便可利用形成水合物时压力的影响来实现。同时，水合物法可以实现水和盐类、酸类、碱类以及醇类物质的分离。

当前对于石化产业所产生的混合气的分离技术研究比较广泛，在进行对裂解干气以及煤层气中的烃类气体(CH_4、C_2H_4、C_2H_6 等)组分的分离回收时，成效优异的水合物分离法便是一种很好的选择。为进一步降低水合物法的成本，提高分离效率，科研人员正在大力研究水合物生成热力学促进剂(如四氢呋喃、环戊烷等)。

4.2.1 一氧化碳的除杂

燃料电池多用铂电极作催化剂，根据对一氧化碳毒化燃料电池的介绍可以了解到，该电极在较低温度下很容易被少量不完全燃烧产物一氧化碳所毒化，从而使燃料电池的能量转化率降低。针对该问题，一般有两种解决思路：提高铂电极抗一氧化碳毒化的能力或者尽可能减少所用燃料氢气中一氧化碳的含量。相对而言，第二种方法更容易可行，通过对一氧化碳进行催化氧化来消除的方法是相对来说较简单、成本较低。

脱出氢气中微量一氧化碳的传统方法为铜氨络离子吸收法和甲烷化法。铜氨络离子吸收法的工艺复杂、能耗大以及污染较为严重，已经逐渐被淘汰。而甲烷化法中，一分子一氧化碳进行甲烷化需要消耗三分子的氢，耗氢较大，同时甲烷化生成的甲烷也比较难以脱除，会导致后续工段繁琐。近几年来选择性催化氧化脱除微量一氧化碳成为世界催化研究领域的热门课题之一，该方法的技术关键在于研发出能高选择性地氧化一氧化碳的催化剂，研究最多的主要有以氧化铝、氧化硅或活性炭等做载体担载 Pt、Rh、Ru、Au 等贵金属的催化剂。除此之外，开发用于变压吸附工艺的新型一氧化碳吸附剂也是高效除杂富氢气体中一氧化碳杂质的有效方法。目前，以铜系为活性组分、以活性炭和分子筛为载体的吸附剂研究最多。

1. 银(铂)/活性炭催化剂

该种类型的催化剂多以活性炭、炭黑、中孔碳、碳纳米管等为载体，与活性组分(活性组分有三种形式：铂、银、铁的单金属组分；银或铁与铂构成的双金属组分；铂与铁和镍构成的三金属组分)复合构成。虽然银在低温下对一氧化碳具有良好的活性，但其一直没有被很好地应用于选择氧化氢气中的一氧化碳。

有研究工作便制备出了银/活性炭催化剂、铂/碳纳米管催化剂以及铂-铁-镍三组分催化剂，并检测了各催化剂经预处理后对于 CO 的催化活性和低温选择性。实验发现，银/活性炭的 CO 转化率可达 32%以上，低温选择性可达 70%；铂/碳纳米管催化剂对 CO 的转化率可达 86%，低温选择性可达 100%；铂-铁-镍三组分催化剂对于 CO 的催化活性和低温转化率均可达 100%。实验可以证实，金属银对于 CO 具有一定的催化活性和选择性，但较铂催化剂而言还存在很大的差距，但银成本较低，可以制备出银与其他金属构成的多组分催化剂进行研究。金属铂系催化剂对于 CO 的催化活性较优异，且反应温度可降低到 0℃以下，这基本上可以解决铂电极中毒的问题。此外，该系列催化剂在使用前需要进行预处理，这增加了额外的工序，使用较为复杂。

2. 铂/氧化铝催化剂

以 Pt 作为活性组分，以 Zn、Cu、Ce 和 Fe 等金属元素中的一种或两种的组合作为助剂，在氧化铝上进行负载可以制成适用于对高浓度氢气中的一氧化碳的选择性氧化脱除的催化剂。有实验工作设计的催化剂，其活性组分的担载量为催化剂的 0.01%～0.1%(质)，助剂的担载量为催化剂的 0.5%～5%(质)，制备出铂/氧化铝催化剂。对该种铂/氧化铝催化剂进行实验测试发现，在 80～200℃的反应温度、1000～15000h^{-1}的反应空速条件下，可以通过通氧的方式对含有一氧化碳 0.3%以下的氢气原料进行选择性氧化脱除，脱除精度可达到小于 10×10^{-6}的分离要求，甚至是 1×10^{-6}，这远小于燃料电池可用氢气中一氧化碳的 50×10^{-6}，通过实验也获得了该催化剂的优选反应温度(130～170℃)和优选空速(5000～10000h^{-1})。

3. 铜/沸石分子筛吸附剂

许多过渡金属离子如 Cu^+和 Ag^+等可与 CO 形成络合物，这大大提高了对 CO 的吸附选择性。其中，铜与氧化铜资源广泛，相较于其他贵金属成本较低，且具有比较高的比表面积，铜基吸附剂已经在变压吸附工艺中得到广泛的应用。针对 CO 气体的吸附分离，在制备铜基吸附剂时常以对 CO 具有优异吸附性的 X 和 Y 型分子筛为载体，其高比表面积与高金属分散性也极大地提高了变压吸附工艺对混合气中 CO 组分的吸附性和选择性。

有研究人员通过直接负载法制备出一种能高效结合 CO 的 Cu^+/分子筛吸附剂，该分子筛使用氯化亚铜来提供 Cu^+，其载体为 NaY 型分子筛，两类物质在一定温度下混合烧结而形成。经测试，样品 CuCl/NaY 对混合气体组分中的 CO 具有较高的吸附平衡量和有效分离比，其 CO/CO_2 可达 1.9。亚铜化合物负载在 Y 型分子筛对 CO 的吸附分离有一定的研究价值。

4. MA 型 Cu(Ⅰ)分子筛吸附剂

MA 型 Cu(Ⅰ)分子筛吸附剂的制备过程为：将氯化亚铜、沸石分子筛载体和黏结剂按一定比例混合均匀后，再在 100～150℃真空条件下干燥 3～5h，最后在 300～500℃下焙烧 3～5h 制得。通过对该吸附剂进行温度、压力和时间的吸附影响测试后，选择在吸附温度 60℃、吸附压力 700kPa、解吸温度 80℃、解吸时间 2min、解吸压力 20kPa 的测试参数下，考察该种分子筛吸附剂对含有 CO、N_2 和 H_2 多组分气体的分离效果。结果如表 4-6 所示。

表 4-6　多组分气体分离结果

项　目	$\phi(H_2)$/%	$\phi(CO)$/%	$\phi(N_2)$/%
混合气	52.5	27.2	16.4
产品气	2.3	96.5	0.8
增加置换	0.3	99.5	0.1

从该吸附剂对多组分气体的分离结果来看，MA 型 Cu(Ⅰ)分子筛吸附剂对一氧化碳的选择性较好，增加置换后，吸附出来的一氧化碳含量更高、更纯，但是用于富氢气体吸附一氧化碳时，可能会造成少量氢气损耗。

5. 负载 Cu(Ⅰ)分子筛

根据前面介绍的 CO 吸附剂可以了解到，目前多采用铜基吸附剂，载体以活性炭和分子筛研究最多。铜基吸附剂对于 CO 的分离提纯效果较为优异，但工业上使用的分子筛吸附剂不仅要有良好的吸附性能，还必须具有一定的抗压强度。有研究工作便把对 CO 吸附剂的研究重点放在提高抗压强度方面，发现改变黏结剂可能会影响吸附剂的强度。吸附剂制备过程中添加的黏结剂不能对吸附剂的性能造成太大的影响，还要能够增强吸附剂的强度。有研究人员便通过浸渍法，按照一定比例使 ZSM-5 分子筛与 CuCl 粉末和 B 树脂黏结剂混合制得了一种负载 Cu(Ⅰ)吸附剂，并对该吸附剂的吸附性能进行了综合实验，研究了在不同温度和压力下，该催化剂对模拟混合气中 CO 的吸附性能，并确定出最优吸附条件和最佳吸附值。表 4-7 和表 4-8 分别为模拟原料气的组成情况和吸附剂最优活性的评价条件。由表所列，该分子筛吸附剂吸附量大，强度较好、耐磨损，能够满足工业化应用的要求。

表 4-7　模拟原料气的组成情况

组　成	含　量	组　成	含　量
$\phi(H_2)$/%	47.1	$\phi(N_2)$/%	19.1
$\phi(CO)$/%	31.5	$\phi(CH_4)$/%	2.28

表 4-8　吸附剂最优活性的评价条件

项　目	数　值	项　目	数　值
还原温度/℃	180	CO 最大吸附量/(mL/g)	50
吸附反应温度/℃	40	吸附剂机械强度/(N/cm)	97
吸附压力/MPa	0.5		

4.2.2 二氧化碳的除杂

根据前面所介绍的二氧化碳对质子交换膜燃料电池的危害可以了解到，CO_2 会稀释 H_2 浓度，含量过多时会使电池出现反极和碳蚀现象，并且还会转化为 CO 而造成电池电极中毒现象，对电池的性能十分不利。因此，当前对除杂 CO_2 的研究也较为广泛。

工业上通常使用化学吸收法、物理吸收法、物理吸附法和膜分离法等方法对中高分压气体中 CO_2 组分进行脱除与回收。其中，采用甲基二乙醇胺（又称 *N*-甲基二乙醇胺 Methyldiethanolamine，MDEA）的化学吸收法在 CO_2 捕集方面更具有广阔的应用前景。当前新兴的碳捕捉与储存（Carbon Capture and Storage，CCS）技术在 CO_2 脱除回收方面效果也较为显著，研究人员也正在进行大量工作对该技术进行完善和改进，以期能得到大规模的应用。

1. 甲基二乙醇胺（MDEA）化学吸收法

MDEA 吸收 CO_2 是应用较为广泛的方法。MDEA 法具有二氧化碳脱除精度高、溶剂消耗低等优点，但也存在能耗高以及在其他相关物质和成分干扰下会对系统设备造成轻微腐蚀的缺点。因此，MDEA 吸收法还需要进一步改良。

经过合理的工艺设计和添加缓蚀剂可以避免腐蚀现象。通过对传统 CO_2 吸脱附装置安装各级换热器，采用回收再生气余热用于加热溶液，可在一定程度上解决能耗高的问题，还具有减小吸收液循环量以及提高 CO_2 吸收效率的效果。为进一步提高反应速率，有研究人员在 *N*-甲基二乙醇胺的水溶液中添加适量的活性剂 R'_2NH，利用改良的 *N*-甲基二乙醇胺（MDEA）法进行混合气中的脱碳处理。该法吸收和再生过程中涉及的反应式为：

$$CO_2+H_2O \longrightarrow H^+ + HCO_3^- \tag{4-8}$$

$$H^+ + R_2CH_3N \longrightarrow R_2CH_3NH^+ \tag{4-9}$$

$$R_2CH_3N+CO_2+H_2O \rightleftharpoons R_2CH_3NH^+ + HCO_3^- \tag{4-10}$$

$$R'_2NH+CO_2 \longrightarrow R'_2NCOOH \tag{4-11}$$

$$R'_2NCOOH+R_2CH_3N+H_2O \longrightarrow R'_2NH+R_2CH_3NH^+ + HCO_3^- \tag{4-12}$$

$$R_2CH_3N+CO_2+H_2O \longrightarrow R_2CH_3NH^+ + HCO_3^- \tag{4-13}$$

前三个反应式为未加入活性剂的吸收二氧化碳的反应过程，其总反应式（4-10）受二氧化碳的水化反应的影响，反应速率很慢。但当在 MDEA 溶液中加入活化剂 R'_2NH 后，活化剂改变了 MDEA 溶液吸收二氧化碳的历程：活化剂能够对二氧化碳进行传质，加速了反应的速度；活化剂在表面吸收了二氧化碳后，再向液相中传递二氧化碳，而后活化剂又会被再生，进行重复使用。图 4-2 为工业上用吸附剂(MDEA)对高浓度氢气中除杂二氧化碳的工艺流程图。

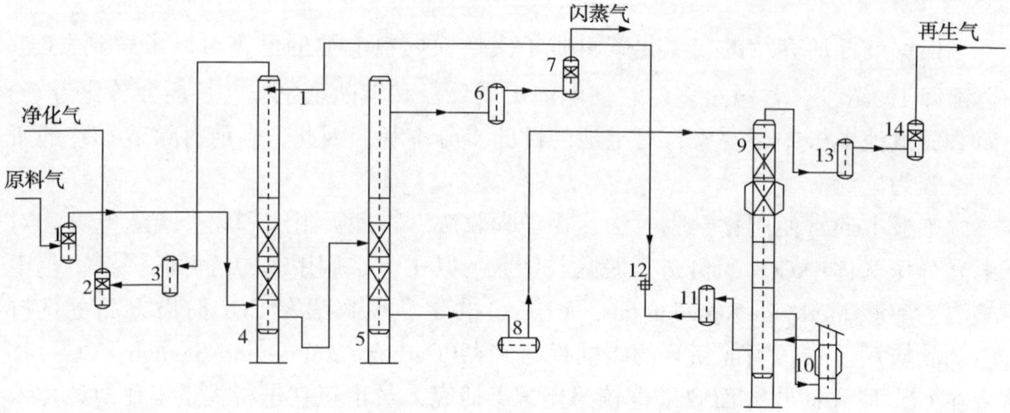

图 4-2　高浓度氢气除杂二氧化碳工艺流程图

1—分离器；2—净化器分离器；3—净化气冷却器；4—吸收塔；5—闪蒸塔；6—闪蒸气冷却器；7—闪蒸气分离器；8—换热器；9—再生塔；10—再沸器；11—贫液冷却器；12—贫液泵；13—再生气冷却器；14—再生气分离

自反应釜出来的循环氢气经换热器换热降温后，回原系统经水冷、空冷、气液分离后，作为原料气(不含液态水及醇)进入脱 CO_2 装置——进入吸收塔的底部，与塔顶喷淋的贫液经填料段逆流接触脱除其中的 CO_2，出吸收塔的净化气经净化气冷却器冷却后，进入净化气分离器以分离出夹带的液滴，而后送入活性炭吸附罐吸附残余的脱碳液，再把精制后的净化气送入后面的流程进行后续处理。吸收了 CO_2 的 MDEA 水溶液即脱碳富液，吸收塔底出来的脱碳富液经液位调节阀进入闪蒸塔减压闪蒸，闪蒸气经压力调节并精制后去回收利用。出闪蒸塔的富液经液位调节阀进入溶液换热器，升温后进入再生塔顶，与塔底上升的气体进行传质、传热后输送至蒸汽再沸器进一步再生，再生后进入再生塔底部。再生所需的热量由蒸汽提供。贫液出再生塔塔底进入溶液换热器与富液换热后，温度降低，经贫液泵加压然后经贫液冷却器冷却，送入吸收塔顶部进入填料段吸收 CO_2，过程中损失的 MDEA 溶液定期补充。从再生塔顶出来的再生气体经水冷却器冷却，进入分离器回收脱碳液，经吸附塔精制后送回收系统。

2. 碳捕捉与储存(CCS)技术

针对当前化石燃料燃烧排放大量二氧化碳造成的温室效应，碳捕捉与储存(CCS)技术被广泛应用于碳减排。其中，该技术中应用的炭基吸附剂在低温、中高压条件下对二氧化碳具有良好的捕捉吸附能力。该技术所用的炭基吸附剂主要为热解炭、活性炭(Activated Carbon，AC)、金属-有机碳骨架(Metal-Organic Frameworks，MOFs)材料和纳米碳材料。

热解炭材料包括农业炭、木炭、生物炭以及其他合成类型的炭材，该类炭材来源广泛、易获取，并且成本低，已被广泛应用于 CO_2 捕集和土地修复等环境修复领域。在合成热解炭材料时，常通过提高炭化/热解温度的比例，来增加热解炭材料的孔隙率和碳含量，使得产物更为稳定。其中，生物质热解所得的生物炭便主要通过物理吸附捕获 CO_2，大的比表面积使其具有强的吸附能力。

活性炭具有较低的吸附热和成本，被广泛应用于燃烧后 CO_2 捕捉收集工作中。活性炭可以由煤和褐煤等天然碳材料制得，或从生物质中热解获取，不同于热解炭材料，它还需要进一步的物理或化学活化处理，因此可以把活性炭分为物理活性炭和化学活性炭。其中，物理活性炭常在较高温度条件下，利用 CO_2、O_2 或其他气体对其进行活化；化学活性炭要引入酸、碱、盐等化学物质来活化处理。值得一提的是，由于 CO_2 是一种酸性气体，酸处理的活性炭的 CO_2 捕集效率比较低，通过引入表面碱性基团可以增强两者之间的作用力。据报道，经 KOH 溶液处理后的非活化叶状多孔碳材料吸附性能会得到显著增加。因此，根据工作条件合理设计并改进活性炭吸附 CO_2 能力的活化工艺，是当前主要的活性炭优化方法。

金属-有机骨架(MOFs)材料是除沸石和碳纳米管等新型多孔材料以外，近几年研究比较广泛的一种具有三维孔结构的配位聚合物，其结构连接点处一般为铜、锌、铝、铬等金属的离子，而其在三维空间的延伸则由有机配体支撑构成。MOFs 材料的性质也与沸石和碳纳米管材料相似，具有丰富的结构特点和化学多样性，已经广泛应用于催化、储存和分离等领域。MOFs 是一种灵活的物质，它的孔隙尺寸和表面化学性质等属性可以由不同的应用场景来进行调整，以此来更好地捕获 CO_2 或其他气体。但是 MOFs 的制备成本较高，且过程也非常复杂，包括声波辅助合成、化学合成、机械化学加工、微波加热等工艺。另外，在生产过程中产生的任何机械压力，都可能会影响其化学或结构性能，MOFs 存在的这种稳定性缺陷问题，大大影响了其使用效果。因此该种材料还更适合于小规模、高精度的生产模式。

碳纳米材料包括碳纳米管(纤维)、富勒烯和石墨烯等，该类材料在电学、机械和化学等方面具有独特的性质，已广泛应用于催化剂载体、能量转换和存储、吸附等许多领域。它具有丰富的孔道结构，包含有大孔和微孔，这种特殊的孔道结构对于捕获 CO_2 具有重要意义，它的通道可以使 CO_2 的扩散具有更低的阻力，丰富孔道所具备的大比表面积也能更多地捕集 CO_2。碳纳米材料的吸附性能还可以通过表面官能团改性等方法来得到提升。例如，对石墨炔进行负载 Li 金属与含氧官能团处理，以及进行 N、S 双掺杂都可以显著提升对 CO_2 的吸附能力。碳纳米材料可以制备成具有高 CO_2 选择性和大 CO_2 容量的最佳吸附材料，但也存在着成本昂贵的缺陷。表4-9列举了常用于捕捉二氧化碳用的碳纳米材料的捕捉性能。

表4-9 CO_2捕集使用的碳纳米管材料

材料	CO_2捕集性能/(mmol/g)	条件
GODC4-600(氧化石墨烯衍生物)	8.9	27℃，20atm
CS3-6A(富氮多孔碳)	6.2	0℃，1atm
氮掺杂的碳质气凝胶	4.5	0℃，1atm
聚吡咯改性石墨烯	4.3	25℃，1atm
CS3-6A(富氮多孔碳)	4.1	25℃，1atm
CTS-GO-15(壳聚糖石墨烯复合物)	3.96	25℃，1atm
14ACA-900碳质气凝胶	3	25℃，1atm
N-HCS(纳米空心碳)	2.67	25℃，1atm
CNT(APTS)改性碳纳米管	2.6	20℃，0.5atm
碳纳米管	2.2	25℃，0.5atm

注：1atm=101.325kPa。

4.2.3 硫化氢与二氧化硫的除杂

由于H_2S会吸附在Pt催化剂表面造成H_2吸附困难，从而导致三相界面上的电化学反应所涉及的电荷转移阻抗增加，导致质子交换膜电池的性能下降，所以必须对燃料氢气中的H_2S进行除杂处理。同时，含硫气体还会造成大气污染，且含硫工业原料气也会造成管道、设备腐蚀。所以，对于气体中硫化物气体除杂的研究也较为广泛。

1. 络合铁法脱硫技术

络合铁法脱硫技术是一种以铁为催化剂的湿式氧化脱除硫化物的方法。该法可以直接将H_2S转化为元素S。络合铁法具有工艺简单、吸收硫容量高且环保无毒的特点，克服了传统脱硫技术(如蒽醌二磺酸钠ADA法、栲胶法)硫容量低、脱硫工艺复杂环境污染严重等弊端。我国的南化集团研究院致力于环保性络合铁脱硫技术开发，并在脱硫的稳定性、脱硫效率、硫堵等方面取得重大突破，同时开发出具有自主知识产权的络合铁法脱硫技术以及络合铁法系列溶剂。

络合铁法采用碱性水溶液吸收硫化物：酸性H_2S气体与碱可以反应生成HS^-，通过使高价态的Fe^{3+}还原成低价态的Fe^{2+}，再将HS^-转化成硫黄S。低价态的络合铁溶液可以与空气接触再氧化成高价态络合铁溶液，恢复氧化性能后再循环吸收H_2S。其主要反应如下：

碱性水溶液吸收 H_2S：

$$Na_2CO_3+H_2S \longrightarrow NaHCO_3+NaHS \qquad (4-14)$$

析硫过程：

$$2Fe^{3+}(络合态)+HS^- \longrightarrow 2Fe^{2+}(络合态)+S+H^+ \qquad (4-15)$$

再生过程：

$$2Fe^{2+}(络合态)+\frac{1}{2}O_2+H^+ \longrightarrow 2Fe^{3+}(络合态)+OH^- \qquad (4-16)$$

某天然气试产井脱硫操作时便利用了络合铁法脱硫技术。处理前天然气中 H_2S 含量约为 16000mg/Nm^3，在最大为 1.5×10^5Nm^3/d 的气量下进行处理，并对处理前后天然气的成分进行分析。数据统计见表 4-10。

表 4-10　络合铁法技术处理前后天然气成分分析

组　分	处理前/(mol/mol)	处理后/(mol/mol)
H_2	0.0029×10^{-2}	0.0024×10^{-2}
H_2S	0.7855×10^{-2}	$<0.01\times10^{-6}$
COS	10.0×10^{-6}	7.30×10^{-6}
CH_3SH	33.4×10^{-6}	$<0.01\times10^{-6}$
O_2+Ar	0.0139×10^{-2}	0.0098×10^{-2}
CH_4	94.1556×10^{-2}	96.3810×10^{-2}
CO_2	4.3024×10^{-2}	2.8929×10^{-2}

从表 4-10 中统计的数据可以看出，天然气在净化前后硫化氢和甲硫醇的含量变化很大，络合铁法技术硫化物脱除效率很高。该技术在脱硫的同时，还可以吸附气体中的二氧化碳，并对氢气造成的损耗极小。

2. 铁-碱溶液催化法气体脱硫脱碳脱氰技术

许多脱硫脱碳的方法，如本菲尔德(Benfield)法和蒽醌二磺酸钠(ADA)法等，虽然已进行工业应用，但气体净化效率不高，并且对设备有严重的腐蚀。铁-碱溶液催化法气体脱硫脱碳脱氰技术(简称 DDS 技术)自 1997 年工业化应用成功以来便得到了迅速推广，并在不断发展和完善。DDS 催化剂是由北京大学研制出的一种新的含铁络合(或螯合)聚合物，被广泛地应用于合成氨厂变换气、半水煤气和天然气的

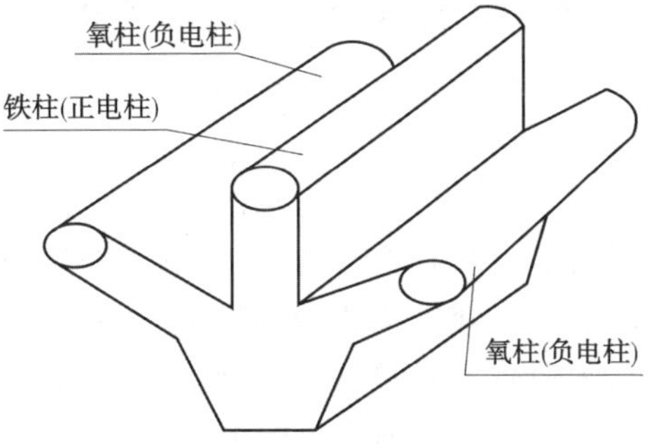

图 4-3　DDS 催化剂结构模型图

脱硫，具有良好的经济效益，被应用于烟道气和冶炼气的脱硫正在研究之中。DDS 催化剂结构模型如图 4-3 所示。

研究表明，DDS 催化剂中的氧柱（负电柱）捕获 Fe^{3+}、Na^+、H^+ 等带正电的粒子；铁柱（正电柱）捕获 SO_4^{2-}、HS^-、CO_3^{2-} 等带负电的粒子。正、负电柱基本上是相互平行的，其中心平行距离为 8～20Å，当正、负离子此距离范围之内时易发生化学反应，催化剂便为这些化学反应提供条件和场所。

在脱硫脱碳时所用到的 DDS 溶液是由 DDS 催化剂、Na_2CO_3（或 K_2CO_3）和水组成的。DDS 溶液在吸收含硫物质或 CO_2 的最佳温度范围为 25～90℃，最佳压力范围为 0.1～4.0MPa，吸收目标物质的溶液常被称为“富液”。此时，富液中的 DDS 催化剂开始起催化作用，使 S^{2-} 被氧化为硫黄 S，将其从溶液中分离出以后，富液再生为 DDS 溶液，以循环使用。其吸收过程的反应方程式如下：

$$Na_2CO_3+CO_2(g)+H_2O \rightleftharpoons 2NaHCO_3 \tag{4-17}$$

$$Na_2CO_3+H_2S(g) \rightleftharpoons NaHS+NaHCO_3 \tag{4-18}$$

$$H_2S(g)+Fe^{2+} \rightleftharpoons FeS\downarrow+2H^+ \tag{4-19}$$

$$3H_2S(g)+Fe^{3+} \rightleftharpoons Fe_2S_3\downarrow+6H^+ \tag{4-20}$$

$$COS(g)+H_2O(g) \rightleftharpoons H_2S(g)+CO_2(g) \tag{4-21}$$

$$CS_2(g)+H_2O(g) \rightleftharpoons H_2S(g)+COS(g) \tag{4-22}$$

3. 活性炭基吸附剂脱除硫化物

根据前面对于除杂 CO_2 的介绍可以了解到，活性炭因其大比表面积、丰富的孔隙结构以及独特的表面化学性质被应用于碳捕捉工作中。然而，活性炭对硫化物也具有优异的吸附能力，在吸附脱除 H_2S 和小分子硫醇，尤其是甲硫醇上，具有较好的效果。因此，作为吸附剂良载体的活性炭也被应用于吸附脱硫工艺中。活性炭吸附脱硫因工作条件温和，常于常温常压下进行，还具有高脱硫率、低能耗、操作简单等优点而备受关注，也使吸附脱硫成为脱硫领域的热点。然而，单单依靠未进行处理操作的活性炭的吸附作用来用于工业脱硫，效果并不是很理想，因此必须根据目标硫化物的特性进行合理的改性处理，来提高对目标硫化物的吸附容量。

有研究团队便以煤质活性炭作为载体，通过负载碱性金属氧化物制备出了脱硫吸附剂，并对该吸附剂的脱硫性能进行了测试。其中，该工作所使用的煤质活性炭的主要理化性能指标见表 4-11。在对含有硫化氢、丙硫醇等硫化物的气体进行吸附脱硫处理后，发现总硫容可达到 59.42%，其中，对丙硫醇的吸附效果较好。这主要是因为吸附剂表面存在着大量的碱性活性位，更能促进硫化氢和丙硫醇等酸性硫化物的解离。

表 4-11 煤质活性炭主要理化性能指标

项目	参数	项目	参数
平均孔径/nm	2. 32	颗粒密度/(kg/L)	0. 50~0. 60
比表面积/(m^2/g)	926. 8	碘吸附值/(mg/g)	≥1050
粒度/mm	4	水分/%(体)	≤10
孔容/(mL/g)	0. 52	强度/%	≥90

4. 高交联度离子凝胶脱除二氧化硫

常用的脱硫方法基本上为吸附型脱硫法。然而将氧化硅源、氧化铝源、氧化锌源、M41S族介孔分子筛、第二金属促进剂和酸性液体相混合成型焙烧所得的脱硫吸附剂虽对于各种含硫量较高的含硫气体有较好的吸附脱硫表现，但该吸附剂制备过程中消耗了大量的能源并使用许多强酸性溶剂，不符合环境友好的理念，且工序复杂，制备得到的微球颗粒不均匀。

由浙江大学发明的一种高交联度离子凝胶可进行混合气中的深度二氧化硫除杂处理。该种凝胶具有高 SO_2 吸附容量和脱除率、高分离选择性以及循环吸附性能良好等突出优点，且材料制备简单绿色，适于工业化生产。该高交联度离子凝胶为致密的无孔固体，具有很高的阴阳离子密度，其分子结构如图 4-4 所示。在对含有 SO_2 和 H_2S 的富氢混合气进行吸附实验测试后发现，该种凝胶 SO_2 的脱除率可达 99.5%，H_2S 的脱除率为 99.0%，氢气的回收率大于 99.8%。由于该凝胶吸附剂与 SO_2 之间仅为物理吸附，所以可以实现完全脱附，在试验过程中至少能够耐受 50 次吸附脱附循环，有良好的工业与应用前景。

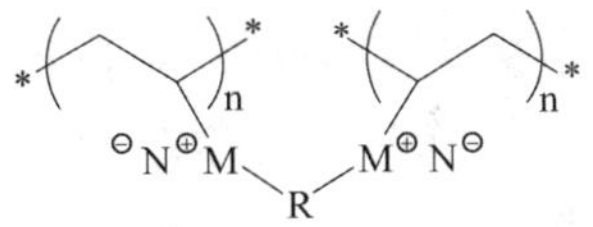

图 4-4 高交联度离子凝胶结构图

4.2.4 脱硝处理

氮气性能较为稳定，几乎不会造成电极催化剂的毒化，但会稀释燃料电池中氢气浓度。而氮氧化物被氢气还原为 NH_4^+ 时，会引起电解质膜的导电率降低，严重时会产生不可逆的破坏。所以必须对燃料氢气进行脱硝处理。目前，脱硝处理工艺在治理烟气中的 NO_x 最为有效，开发具有高效催化还原的脱硝催化剂是当前的研究热点。

1. 贵金属催化剂

贵金属催化剂具有较好的催化活性、较强的热稳定性、较长的使用寿命等优良特性。负载 Ag 的 Al_2O_3 贵金属催化剂在 250~500℃的宽温度范围内表现出了 90% 以上的脱硝率，此外，分别负载 Pt、Rh 贵金属时，催化剂也表现出了高的催化活性，不过脱硝率略低于负载银催化剂；Co-AlPd 尖晶石催化剂在 200~275℃温度范围，且含少量水的工作条件下，脱硝率可保持95%不变；Pd-NiO/($Y_{0.99}Ba_{0.01}$)$_2O_3$系列催化剂可在200℃左右保持很好的脱硝率和抗水性。

尽管，贵金属催化剂的催化活性较高，但还是具有其局限性。首先，催化剂的活性物质为贵金属，价格昂贵，不利于大规模应用；其次，贵金属易与氨气发生氧化反应而使催化效果大打折扣，因此不适用于有氨气存在的应用中；一般，贵金属催化剂抗硫性较低，催化活性易受影响。综合来讲，贵金属催化剂还不适用于脱硝工业的大规模应用。

2. 分子筛催化剂

分子筛催化剂也具有较高的催化活性，不同于贵金属催化剂，分子筛催化剂具有较好的抗硫性，在不同金属改性下催化剂的低温催化活性也会得以提高，也在低温脱硝领域中得以重视。Cu负载的Cu/SAPO-34催化剂，在200~400℃温度范围内脱硝率在90%以上；在MnO_x/SAPO-34催化剂中加入易于SO_2结合的Pr元素，可有效提高催化剂的低温催化活性和抗硫性；添加了金属氧化物作为柱撑物质的层柱黏土负载Mn的Mn-Ce/Zr-PILC催化剂，低温催化性能得以提升，且其比表面积、孔体积、表面还原性及酸性也得到了明显提高，在温度为240℃时，脱硝率可达90%。

3. 碳基催化剂

前已述及，碳基材料一直是近年来催化剂制备中热门载体材料，也被应用于脱碳、脱硫工业中。由于碳基材料可以为催化反应提供一定的酸性位和活性位，可有效促进低温选择性催化还原反应的进行，提高催化效率。Cr负载在经马尾藻处理过的活性炭(SAC)上所制备出的Cr/SAC催化剂，在50~250℃的宽温度范围内脱硝率可达90%及以上，同时SAC负载Ce、Mn等金属元素制得的催化剂的脱硝效果也较佳；MnO_x-CeO_2/石墨烯催化剂中，催化活性位点可以很好地在石墨烯表面分布均匀，具有高的脱硝催化活性；Zr可以促进Mn^{3+}向Mn^{4+}的转化，同时也有利于促进催化剂与NH_3的结合，在对MnO_x/MWCNTs催化剂进行掺杂改性后发现，催化剂脱硝催化活性要高于未掺杂的催化剂。

4.2.5 气体的干燥

水是我们生产生活中必不可少的存在，是一种化学性质稳定的物质。但当水掺杂于气体中时，水与部分气体接触可能会发生化学反应，从而使气体变质，有的产物可能会对金属具有一定的腐蚀性，影响气体的储运，甚至也会对工业生产装置的安全性造成威胁。因此气体中的水分含量也是检验气体纯度的一项重要的指标，在工业中被严格控制。对于燃料电池而言，燃料气体中掺杂的水以及电池在工作时产生的水聚积会造成阴极水淹现象，影响电池性能，这要求必须对燃料气体进行干燥处理。气体的脱水干燥工艺根据不同的气体特性、不同工况的物性和脱水干燥的具体工艺指标进行综合设计。目前常用的脱水工艺主要有冷却分离法、溶剂吸收法和固体吸附法。

1. 冷却分离法

冷却分离干燥处理法是基于气体中水的饱和蒸气压随着气体温度的降低而降低的特点，当将待干燥气体冷却至一定温度时，过饱和的水蒸气会发生状态变化，冷凝成雾状液滴或较大液滴，再通过分离等工艺过程的处理，将液滴与气体分离以达到气体水分含量参数值。

冷却分离法脱水工艺具有操作简便、运行稳定、投资成本较低、可大规模生产的优点，但脱水效果取决于冷却温度下水蒸气分压的大小以及分离手段的选择。冷却温度越低，气体中水蒸气分压越低，气体中水蒸气含量也就越低；当气体在冷却过程中形成的小液滴多悬浮在气体中时，分离手段的选择便决定着气体干燥的效果。工业上常用的分离方法有：过滤分离、离心分离和电分离等。其中，过滤分离的分离精度较高，稳定性较好，这主要得益于其使用的过滤物具有独特的表面特性：防水、防油，还具有一定的耐腐蚀性和机械强度等。过滤分离脱水就是利用过滤物的特性从气体中收集悬浮小水滴，当达到一定收集量开始聚集并流出除雾器而与气体分离。

2. 溶剂吸收法

溶剂吸收法脱水已经广泛应用于干燥天然气处理。溶剂吸收法利用亲水溶剂作为干燥剂，当含水气体与溶剂干燥剂接触时，吸收剂与水形成氢键从而达到除水目的。所以，溶剂吸收法所用干燥剂应为对水具有强亲和力的亲水溶剂，甘醇类物质便含有与水易形成氢键的羟基和醚键，其中，三甘醇因具有易再生、稳定性好、成本低等特点而被广泛应用。整体来讲，溶剂吸收法具有工艺简单、处理能力大、运行稳定性好、投资费用较低的优点，尤其适用于“大气量、小吸收”的工况。

3. 固体干燥剂吸附法

固体干燥剂吸附法是利用固体吸附剂表面选择性地与流体分子接触时产生的表面吸附作用进行吸附的一种方法。所以，需要先选择可吸附水的固体吸附剂，再根据具体工作情况，设计合理的工作温度和分压。一般固体干燥剂吸附法主要包括三大步骤：吸附脱水、吸附剂再生和降温循环。吸附脱水过程一般在常温或低温下进行，再通过升温使吸附剂解吸再生，再生的吸附剂再进入下一个循环前，需要先等吸附床温度下降至脱水要求。然而，床层升温和降温过程较慢，甚至需要数天时间，严重影响工作效率。

4.2.6 变压吸附提纯工艺

根据前文所述的常见提纯方法我们可以了解到，变压吸附技术是当前提纯技术中发展较为成熟的，在分离提纯氢气方面也具有更多的优点。该项技术与深冷分离技术和膜分离技术等其他氢气提纯技术相比具有以下优点：

1）工艺流程较为简单，无需复杂的预处理即可进行气体提纯，对气体中的各类杂质的承受能力较强。

2）装置调节能力强，具有较大的操作弹性。可根据原料气中各杂质气体的含量和压力条件进行调节，且可调节的范围很大。另外，装置在一定条件下可以改变生产负荷而不会对提取气体的质量造成影响。

3）吸附装置的使用寿命较长，不易发生故障，具有较高的可靠性。并且，随着技术的发展，装置具有了故障自动诊断、吸附塔自动切换等功能使装置更加可靠。

4）工艺过程能耗小，可在常温下进行操作，且对操作压力要求较低，可以减少能源的消耗。

5）工艺中使用的吸附剂的使用寿命较长，一般为 20 年左右。

6）该工艺成本较低。投资费用低、操作费用低，且维护也较简单。

7）环境友好，几乎无“三废”产生。在不考虑原料气中的污染气体外，装置在运行过程中几乎不会造成新的环境污染。

8）装置自动化程度高，操作方便。装置是由计算机进行控制，基本可以实现全自动操作。

4.2.6.1 变压吸附的基本操作步骤

前面介绍过，变压吸附技术就是根据混合气中组分的情况，选择合适的吸附剂，设计合理工作参数来实现气体分离提纯的目的。但吸附剂需要进行再生处理，如果是采用单一的固定吸附床操作，那工作流程是间歇式的，工作效率会大打折扣。为此，工业上多采用两个或更多吸附床，使吸附床的吸附和吸附剂的再生交替或依次进行，以保证整个吸附过程的连续进行，提高工作效率。其中，变压吸附工艺中的一个吸附塔在生产过程中主要有顺向升压、顺向吸附、逆向降压、逆向冲洗这四个基本操作步骤。

1）顺向升压。从吸附塔的一端（一般为吸附塔的上部）引入其他需要降压的吸附塔中的具有一定压力的气体，然后将该吸附塔的另一端（一般为塔底进气阀和逆放气阀）关闭，对本塔内气体进行升压。为节约成本，可以利用其他需要降压的吸附塔来进行气体升压，也可利用产品气逆向升压处理，使吸附塔内压力达到预期目标。

2）顺向吸附。在设定好的吸附压力条件和时间范围内，含氢混合气进入已经完成冲压的吸附塔中进行吸附处理。在此过程中，易吸附组分会被填装在吸附塔入口处的相应吸附剂所吸附，不易被吸附的气体在吸附塔出口处被收集成为合格产品气体。

3）逆向降压。在上一处理阶段，混合气中的非目标易吸附组分会优先吸附在部分吸附剂上，甚至达到饱和吸附量，使得分离效果不理想。为尽可能获得高纯产品气，需要降低易吸附组分在塔内的分压，即降低吸附床的压力使其尽可能地从吸附剂上脱附。

4）逆向冲洗。该过程主要尽可能地使吸附剂上吸附组分彻底分离，以达到吸附剂的完全再生。为降低杂质气的分压，工业中常用低压产品气进行逆向冲洗。

4.2.6.2　变压吸附提纯氢气的工艺改进

随着变压吸附工艺的不断完善与创新，该技术作为生产工艺的重要组成部分已经得到广泛应用，并起到了生产工业的节能减排、工艺优化的良性效应。在提纯氢气方面，为提高产品气的质量，变压吸附工艺也在进行着各种改进，当前多采用以下新型工艺提纯氢气：多床变压吸附工艺、多种吸附剂的同塔分段装填、变压吸附与其他工艺的复合。

1）多床变压吸附工艺。工业上常采用四塔变压吸附进行分离提纯气体，但对于大规模的工业需求，为了提高变压吸附工艺处理量，会增加吸附塔的高度以及吸附剂的装填量。然而，吸附塔的高度并不是可以无限增加的，吸附剂颗粒的强度有限，填充容量也存在限制，需要其他方法来增大处理能力。因此，可以增加吸附塔的数目来提高处理气体的能力，同时能更好地处理变压吸附过程中的压力调节，从而提高氢气总回收率。显然，这也意味着装置复杂性的增加，需要更多的连接管件和程控阀门，使控制程序的编制更为复杂，也增加了设备投资成本。因此，在工艺设计过程中，吸附塔数目的确定应考虑设备的投资费用和原料气的组成、吸附剂性能、装置的最终分离任务等因素。

2）合理装填吸附剂。为了提高单个吸附塔的总吸附容量，工业上常在吸附塔的入口端装填上大的粒径和吸附容量的易再生吸附剂，可以在原料气一进入吸附塔时尽可能多地把强亲和力组分分离出来。同样的，在上面装填的小粒径和吸附容量的吸附剂，着重分离弱亲和力组分。因此，基于以上思路，可以根据所要分离处理的富氢原料气具体的组成情况以及最终的产品含量要求，合理选择一种或多种吸附剂在单吸附塔中进行先后分段装填。合理装填吸附剂不仅可以提高吸附塔吸附性能与容量，还能有效改善吸附塔的规模和尺寸设计，高效、低成本的提高处理能力。

3）复合工艺分离提纯。不同分离提纯技术都有其独有的特性，适合不同的工作需要，然而，不同富氢气体中的成分也存在差异，仅使用一种分离技术不能实现杂质分离目的或整体分离回收效率偏低。为改善以上缺陷，可以根据原料气情况与分离目标将不同的分离工艺进行合理结合，使其发挥各自优势，弥补彼此不足，既可以使混合气体得到更好的分离，又能提高整体的分离回收效率。当前常见变压吸附组合工艺有：变压吸附与深冷分离技术、变压吸附与膜分离技术、变压吸附与变温吸附技术等。

4.2.6.3 吸附剂工作效率的影响因素

吸附剂是变压吸附工艺的核心，所选用吸附剂的性能决定着最终产品的质量好坏以及对工艺设备的投入成本大小。变压吸附工艺所用吸附剂在工作时的性能好坏受多方面因素的影响。

1. 原料气组成的影响

由于变压吸附所要处理的含氢原料气来源于不同的转化工艺，所以原料气中所含的各组分及其含量存在差异的可能较大。由于变压吸附的吸附能力通常是以产氢量来衡量的，所以原料气中所含氢气越多，那么在同样的吸附能力下，吸附塔所要处理的原料气就越多。

2. 操作压力的影响

吸附剂在吸附塔中工作时的操作压力越高，越能更多地吸附杂质成分，从而大大提高吸附塔的分离量，但也会产生较高的操作运行费用和设备维护费用；而解吸压力越低，则解吸的程度越深，吸附剂的再生就越彻底，其再次循环使用的吸附效果也会越好。一般来讲，如果原料气能在低压下进行分离，则最好进行低压操作；减压或抽真空使床层再生时，可以先用清洗气(包括吸附塔排放气、产品气、非进料的惰性气等)，清洗床层或单独用清洗气而不抽真空，以降低成本。

3. 温度的影响

吸附塔内温度过高和过低都会对分离提纯过程造成不利的影响，只有当吸附床在恒温下进行操作时才会达到分离的最佳效果。然而，在吸附塔内进行吸附和脱附过程时，吸附放热和脱附吸热都会引起层床局部温度的变化。使用高热容量的惰性添加剂(吸附剂)来增加床的热容，可以使循环中床层的温度能够保持平稳。

4. 原料气流量的影响

在确定吸附塔装置前提下，通入吸附塔内的原料气流量越大，则杂质含量就越多，这就容易使得杂质更多地附着在吸附剂中，导致所得产品的纯度降低。

5. 吸附剂再生过程的影响

对于变压吸附流程中的常压解吸来讲，吸附剂的再生过程是在逆放和冲洗步骤下实现的，然而对吸附剂的冲洗再生需要消耗一定量的产品气，这就会使氢气产品的回收率降低。要想减少氢气产品的消耗就需要严格控制逆放和冲洗步骤的时间，但如果时间过短会导致吸附剂再生不彻底，影响吸附剂的再次循环使用，从而导致产品气的纯度降低。

参 考 文 献

[1] 吴素芳．氢能与制氢技术[M]．杭州：浙江大学出版社，2014.

[2] 毛薛刚，张玉迅，周洪富，等．变压吸附技术在合成氨厂的应用[J]．低温与特气，2007(05)：42-46.

[3] 沈光林，陈勇，吴鸣．国内炼厂气中氢气的回收工艺选择[J]．石油与天然气化工，32(04)：193-196.

[4] 罗志平，李静，华周发．阳极气体杂质对 PEM 燃料电池性能的影响[J]．电池工业，2009，14(1).

[5] 周洁，郑颖平，谢吉红．制氢技术研究进展及在燃料电池中的应用前景[J]．化工时刊，2007，21(5)：71-75.

[6] 魏瑞．炼厂气中氢气资源的回收和利用[J]．当代化工，2016，45(06)：1292-1295.

[7] 毛宗强．氢能——21 世纪的绿色能源[M]．北京：化学工业出版社，2005.

[8] Perry R H. Fuel Cell Handbook[M]. US：Department of Energy，2000.

[9] St-Pierre J，Wilkinson D P，Knights S. et al. Relationships between water management，contamination and lifetime degradation of PEFC[J]. Journal of New Materials for Electro-chemical Systems，2000，3：99-106.

[10] Kazuyuki N，Morimasa H，Daisuke K，et al. Analysis on declining performance of PEMFC with fuel containing impurities[J]. The Japan Society of Mechanical Engineers，2003，46(4)：643-649.

[11] 戴丽萍，熊俊俏，刘海英．杂质气体对质子交换膜燃料电池性能影响的研究进展[J]．化工进展，2013(09)：81-89.

[12] Cheng X，Shi Z. Are view of PEM hydrogen fuel cell contamination：impacts，mechanisms and mitigation[J]. Journal of Power Sources，2007，165(2)：739-756.

[13] 俞红梅，侯中军，衣宝廉，等．CO/H_2 燃料气的质子交换膜燃料电池性能研究[J]．电化学，2001，7(2)：238-243.

[14] Qi Zhigang，He Chunzhi，Arthur K. Effect of CO in the anode fuel on the performance of PEM fuel cell cathode[J]. Journal of Power Sources，2002，111(2)：239-247.

[15] Gu T，Lee W K，Van Z J W，et a1. Effect of reformate components on PEMFC performance-dilution and reverse water gas shift reaction[J]. Journal of The Electrochemical Society，2004，51(12)：A2100-A2105.

[16] 石伟玉，衣宝廉，侯明，等．阳极 H_2S 杂质气体对 PEMFC 性能影响的研究[J]．武汉理工大学学报，2006，28(2)：454-461.

[17] Mohtadi R，Lee W-K，Van Zee J W. The effect of temperature on the adsorption rate of hydro-

gen sulfide on Pt anodes in a PEMFC[J]. Applied Catalysis B：Environmental，2005，56(1-2)：37-42.

[18] Uribe F A，Gottesfeld J S，Zawodzinski T A. Effect of ammonia as potential fuel impurity on proton exchange membrane fuel cell performance[J]. J Electrochem Soc，2002，149(3)：A293-A296.

[19] 傅杰，侯明，俞红梅，等. 空气中 SO_2 杂质气体对 PEMFC 性能的影响[J]. 电源技术研究与设计，2007，31(11)：864-867.

[20] 杨代军，马建新，马晓伟，等. SO_2 气体对质子交换膜燃料电池阴极性能的影响[J]. 高等学校化学学报，2007，28(4)：731-734.

[21] Contractor A，Hira L. The nature of species adsorbed on platinum from SO_2 solutions[J]. Journal of Electroanalytical Chemistry and Interfacial Electrochemistry，1978，93(2)：99-107.

[22] 俞红梅，衣宝廉，毕可万，等. 重整气为燃料的质子交换膜燃料电池性能研究[J]. 电源技术，2001，25(4)：275-278.

[23] Jing Fenning，Hou Ming，Shi Weiyu，et al. The effect of ambient contamination on PEMFC performance[J]. Journal of Power Sources，2007，166(1)：172-176.

[24] 杨代军，马建新，徐麟，等. 城市大气中 NO_x 和 CO 对质子交换膜燃料电池性能的影响研究[J]. 环境污染与防治，2005，6(1)：416-419.

[25] Mohtadi R，Lee W K，Van Zee J W. Assessing durability of cathodes exposed to common air impurities[J]. Journal of Power Sources，2004，138(1)：216-225.

[26] Halseid R，Vie P J S，Reidar T. Effect of ammonia on the performance of polymer electrolyte membrane fuel cells[J]. Journal of Power Sources，2006，154(2)：343-350.

[27] 简弃非，王巧丽，李云鹏. 反应气体加湿对 PEMFC 膜温度的影响[J]. 电源技术，2012(05)：49-51.

[28] PASAOGULLARIU，WANG C Y. Two-phase transport and the role of micro-porous layer in polymer electrolyte fuel cells[J]. Electrochim Acta，2004，49：4359-4369.

[29] 张佩兰. 干法脱碳替代湿法脱碳技术对比及应用分析[J]. 河南化工，2010，27(16)：104-105.

[30] 徐世洋，张敏，朱亚军. 变压吸附技术在焦炉煤气制氢中的应用[J]. 辽宁化工，2006(07)：410-412.

[31] 林小芹，贺跃辉，江垚，等. 氢气分离技术的研究现状[J]. 材料导报，2005(08)：33-35，39.

[32] 陈健，古共伟，郜豫川. 我国变压吸附技术的工业应用现状及展望[J]. 化工进展，1998(1)：14-17.

[33] 刘家明. 石油化工设备设计手册[M]. 北京：中国石化出版社，2013.

[34] 唐大丽，佟瑾鑫，潘玉杰. 谈石油炼制工艺氢气提纯的选择[J]. 科技创业家，2012(21).

[35] 梁肃臣. 气体的纯化方法[J]. 低温与特气，1995(3)：66-69.

[36] 苏毅，胡亮，刘谋盛. 气体膜分离技术及应用[J]. 石油与天然气化工(3)：113-116.

[37] 杨西萍，刘煌，李赟．水合物法分离混合物技术研究进展[J]．化工学报，2017，68(3)：831-840.
[38] 汪晨．水合物法提浓有机水溶液的基础研究[D]．杭州：浙江工业大学，2010.
[39] 郑志，王树立．基于水合物的混空煤层气分离技术[J]．过滤与分离，2008，18(04)：5-9.
[40] 许维秀，李其京，陈光进．水合物法分离炼厂气的技术进展[J]．河南化工，2006(06)：14-16.
[41] 许维秀，李其京，陈光进．水合物法分离技术与节能[J]．辽宁化工，2006(08)：491-493.
[42] 李其京．炼厂气的综合利用新技术应用现状[J]．四川化工，2006(05)：25-28.
[43] 陈光进，程宏远，樊拴狮．新型水合物分离技术研究进展[J]．现代化工，1999(07)：14-16.
[44] 杨光，祁影霞，张华．基于水合物的混合流体分离技术[J]．低温与特气，2010，28(02)：1-4.
[45] 李丽，耿露，吕毓刚．CO吸附分离技术的应用研究[J]．山西化工，2018，38(06)：157-158.
[46] 陈健，古共伟．变压吸附分离一氧化碳技术的应用[J]．低温与特气，1996(3)：71-74.
[47] 包信和，陈礼敏，马丁．用于氧化氢气中一氧化碳的催化剂及其制备方法：200610011795.1[P]．中国科学院大连化学物理研究所，2006-04-26.
[48] 刘振峰，徐卫，吴熠，等．一种氢气中一氧化碳的氧化脱除催化剂及其制备方法：CN201210402065.X [P]．大连凯特利催化工程技术有限公司，2013-02-13.
[49] 艾珍，何霖，谭亚南，等．一种用于CO吸附的分子筛吸附剂的制备及研究[J]．化学工业与工程技术，2016，037(006)：52-55.
[50] 王磊，李洁，陈耀壮，等．CO吸附剂Cu(Ⅰ)-分子筛的性能测试[J]．工业催化，2016(11)梁肃臣．气体的纯化方法[J]．低温与特气，1995(3).
[51] 杨虹，吴丹，张述伟，等．制氢尾气二氧化碳回收装置设计[J]．大氮肥，2002，25(6)：377-380.
[52] 刘安琪，李建军．炭基吸附剂用于二氧化碳捕集的研究进展[J]．四川化工．2019，22(2).
[53] 肖九高，杨建平．络合铁法脱除硫化氢技术[J]．环境工程，2004(03)：48-49，4.
[54] 王波．络合铁脱硫技术在塔河油田的应用[J]．中国石油和化工标准与质量，2013，34(01)：30.
[55] Creamer A E，Gao B. Carbon-based adsorbents for post-combustion CO_2 capture：A critical review[J]. Environmental Science & Technology，2016，50：7276-7289.
[56] Sumida K，Rogow D L，Mason J A，et al. Carbon Dioxide Capture in Metal Organic Frameworks[J]. Chemical Reviews，2012，112(2)：724-781.
[57] D'alessandro D M，Smit B，Long J R. Carbon Dioxide Capture：Prospects for New Materials[J]. Angewandte Chemie International Edition，2010，49(35)：6058-6082.

[58] 杨建平，俞健健，朱燕 . MCS 法脱硫技术的应用[J]. 硫酸工业，2018(09)：22-25.

[59] 杨建平 . MCS 法脱硫技术工业应用与进展[C]//全国气体净化信息站　全国气体净化技术协作网 . 第十四届全国气体净化技术交流会暨 2013 年新型煤化工气体净化技术研讨会论文集，2013：59-62.

[60] 魏雄辉，王祥云，刘新起 . DDS 脱硫技术及其应用[J]. 化肥工业，2001(06)：9-14，59.

[61] 孙勇 . DDS 脱硫技术研发与应用[C]//全国气体净化技术协作网 2003 年技术交流会，2003.

[62] 赵素云，蔡大妮，闫闯，等 . 活性炭基吸附剂脱除硫化物的研究[J]. 能源化工，2016，37(4)：70-73.

[63] 于畅，李贤辉，邱介山，等 . 活性炭液相吸附去除噻吩硫化物的研究[J]. 燃料化学学报，2007，35(1)：121-124.

[64] 魏雄辉，王祥云，刘新起，等 . DDS 脱硫脱碳原理及其理论数学模型[J]. 小氮肥设计技术，2000(04)：6-12.

[65] 王文善 . 国内外脱硫技术的发展状况及需要研究的问题[J]. 氮肥技术，2006(02)：1-6.

[66] 张志刚，马研研，范俊刚，等 . 硝酸改性活性炭对模拟汽油中苯并噻吩的吸附[J]. 石油学报(石油加工)，2014，30(1)：47-52.

[67] 王广建，刘影，付信涛，等 . 改性活性炭负载铈吸附剂的制备及其脱硫性能[J]. 石油化工，2014，43(6)：625-630.

[68] 浙江大学 . 一种混合气体中深度脱除二氧化硫的方法：CN201810012322.6[P]，2019-07-12.

[69] 赵毅，孙中豪，曾韵洁 . 低温 SCR 脱硝催化剂的研究进展[J]. 化工环保，039(001)：1-5.

[70] 李林 . 常用气体脱水干燥工艺介绍及应用[J]. 化工技术与开发，2013，42(07)：38-41.

[71] LIU L，MURAKAMI K，IDA S，et al. Selective reduction of NO_x by C_3H_6 over Pd-NiO/$(Y_{0.99}Ba_{0.01})_2O_3$ under oxygen excess conditions[J]. Catal Commun，2017，100：5-9.

[72] LANZA R，ERIKSSON E，PETTERSSON L J. NO_x selective catalytic reduction over supported metallic catalysts[J]. Catal Today，2009，147(S)：S279-S284.

[73] YU C L，HUANG B C，DONG L F，et al. Effect of Pr/Ce addition on the catalytic performance and SO_2 resistance of highly dispersed MnO_x/SAPO-34 catalyst for NH_3-SCR at low temperature [J]. Chem Eng J，2017，316：1059-1068.

[74] 沈伯雄，孙喜，杨晓燕 . 不同柱撑物负载 Mn-Ce 层柱黏土制备及脱硝性能[J]. 中国电机工程学报，2013，33(11)：7-13.

[75] YOU X C，SHENG Z Y，YU D Q，et al. Influence of Mn/Ce ratio on the physicochemical properties and catalytic performance of graphene supported MnO_x-CeO_2 oxides for NH_3-SCR at low temperature[J]. Appl Surf Sci，2017，423：845-854.

[76] YAO X J，MA K L，ZOU W X，et al. Influence of preparation methods on the physicochemical properties and catalytic performance of MnO_x-CeO_2 catalysts for NH_3-SCR at low temperature

[J]. Chin J Catal, 2017, 38(1): 146-159.

[77] 杨超，刘小青，黄碧纯，等. Zr改性 MnO_x/MWCNTs 催化剂的结构特征与低温SCR活性[J]. 物理化学学报，2014，30(10)：1895-1902.

[78] ZHANG S B, ZHAO Y C, YANG J P, et al. Simultaneous NO and mercury removal over MnO_x/TiO_2 catalyst in different atmospheres[J]. Fuel Process Technol, 2017, 166: 282-290.

[79] CHI G L, SHEN B X, YU R R, et al. Simultaneous removal of NO and Hg^0 over Ce-Cu modified V_2O_5/TiO_2 based commercial SCR catalysts[J]. J Hazard Mater, 2017, 330: 83-92.

[80] 赵清，曹瑾. 工业气体除水干燥技术的初步探索[J]. 城市建设理论研究：电子版，2014(36).

[81] 冯孝庭. 吸附分离技术[M]. 北京：化学工业出版社，2000.

[82] 刘长绪. 制氢变压吸附装置工艺技术研究[D]. 大连：大连理工大学，2012.

[83] 张魁. PSA制气装置运行现状及优化措施[J]. 天津科技，2012，39(05)：32-34.

第5章 氢气的储存及运输

储氢就是将氢气通过物理或化学的方式进行储存，以达到方便有效利用的技术。当前，氢气存储对于氢动力汽车的开发和应用是一个重大的挑战，氢气的储存是推动氢燃料电池应用的关键技术，例如固定电源、便携式电源和氢气运输过程。氢气虽然是所有燃料中具有单位质量能量最高的燃料，然而由于氢气的低体积密度和高成本，因此开发具有更高能量密度潜力的先进存储方法是当前亟须解决的问题。

5.1 储氢技术

如上所述，当前人们对氢气的需求量逐渐增大，与此同时这就对氢能的存储技术有了更高的要求。储氢技术是指通过某种方式将氢能稳定存储并进行有效利用的一种技术，它是氢气的制取到其产业化过程中的一个桥梁。由于氢气的体积能量密度较低，在常温常压下仅为12.1MJ/Nm^3。因此，提高氢气在储存中的能量密度成为关键。通常情况下评价储氢技术优劣的指标为质量密度，除此之外，由于氢气易燃易爆，安全性也成为评价指标之一。

根据储氢原理可将储氢技术主要分为物理储氢、化学储氢以及其他储氢。

5.1.1 物理储氢技术

物理储氢技术是指通过纯物理方法改变氢气存储的条件来提高储氢密度、实现储氢的技术。物理储氢技术具有成本低、无储氢介质、易脱氢、氢气浓度高等优点。该技术主要分为高压气态储氢与低温液化储氢。

5.1.1.1 高压气态储氢

高压气态储氢是近来最常用、技术最为成熟的一种储氢技术，它是通过在高压下压缩，使氢气以高密度形式存储于容器内。该技术具有释放氢气容易、能量消耗低、储氢成本低、工作条件宽等优点。20~35MPa储氢压力的普通高压储氢是目前市场中使用最为广泛且设备简单的一种储氢方式。而近年来，70MPa 压力储氢技术的开发已经进入示范使用阶段。

ZUTTEL 等研究发现随着储氢罐内压力的逐渐增大，氢气的质量密度也会逐渐增加。当压力在 30～40MPa 时，密度随压力的变化较快，当压力超过 70MPa 时，密度随压力的变化不明显。因此，为提高其储氢密度，储罐的工作压力应当保持在 35～70MPa 范围内。由于压力对储罐材质的影响较大，所以当前储罐材质的进一步改进成为研究的重点。目前，高压储氢罐主要包括金属储罐、金属内衬纤维缠绕储罐和全复合轻质纤维缠绕储罐。

1. 金属储罐

金属储罐的研究较早，其材质一般为具有良好性能的金属材料(如钢等)。此前，由于耐压性的原因，钢瓶的储存压力只达到 12～15MPa，储氢质量密度也仅为 1.6%。而近年来，研究人员通过增加储氢罐厚度来提高其储氢压力。该方法虽然能在一定程度提高储氢压力，但是会造成储罐容积有所下降，运输的成本也会升高。同时，金属储氢钢瓶通常以高强无缝钢管旋压而成，且为单层结构，因此容器的安全性无法实时监测。在材料强度提高的同时会伴随着氢脆增加，导致失效风险上升。这种储罐主要应用在储氢量较小、可固定使用的氢气储存上，还未能达到车载长途运输的要求。

2. 金属内衬纤维缠绕储罐

金属内衬纤维缠绕罐是利用纤维耐疲劳、高强度、轻质、高模量等特点作为储氢罐承压层，以铝合金或不锈钢等材料作为金属内衬制成的一种储氢压力可达 40MPa 的储氢罐。由于采用轻质纤维作为承压层，因此储罐的质量得到了大大降低。同时由于制造成本低、储氢密度大已被广泛用于大容积氢气的储存。

当前，该种罐中使用的纤维增强材料主要有具有高强度的碳纤维、玻璃纤维和凯夫拉纤维等。经过多层缠绕的储罐内部金属不易受到腐蚀，还可通过形成的密闭空间对储罐进行实时安全监测。目前，加拿大的 Dynetek 公司已经开发出一种压力可达 70MPa 的金属内衬储氢罐，并已实现商业化。

3. 全复合轻质纤维缠绕储罐

为了使储氢罐的质量进一步降低，全复合轻质纤维缠绕储氢罐被设计而成。该罐由内而外分别为塑料内胆、纤维缠绕层以及保护层，如图 5-1 所示。塑料内胆不仅起固定外形和作为纤维缠绕模具的作用，而且由于其韧性大，使储罐具有耐腐蚀性、高强度、耐高温、高韧性等特点。

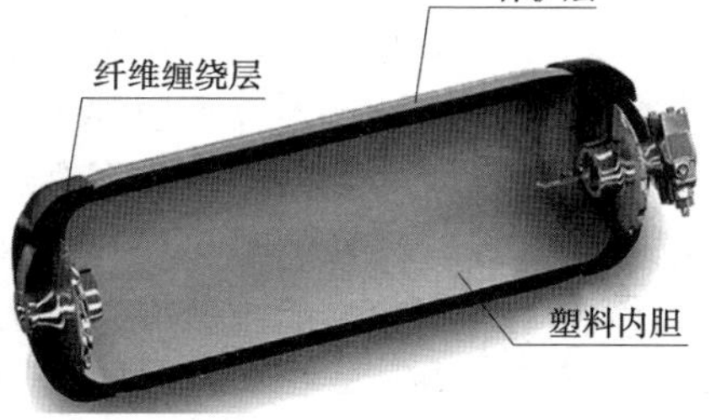

图 5-1　全复合轻质纤维缠绕储罐

日本丰田开发了一款碳纤维复合轻质储氢罐，其可将氢气在 70MPa 的压力下进行储存，氢气质量密度约为 5.7%。由于该种材质储氢罐的质量相当于同等储量钢罐的 50%，在市场上具有一定的竞争优势。为进一步降低储罐的质量，开发者提出了三种优化方式，分别对罐体筒部、边缘、底部进行不同角度化缠绕。该优化方式的提出，能够减少纤维缠绕圈数及用量。

目前，世界各国都表现出对该技术研究的大力支持，然而真正实现商业应用的国家也仅有法国、挪威和日本。全复合轻质纤维缠绕储罐相较于前两种储罐无论是在经济上还是储氢效率上都表现出明显的优势，但在研究过程以及商业应用中还存在技术难点：①在提高储氢压力的同时提高储氢密度；②有效避免在高压状态下氢气的泄漏问题；③开发新型材料，使储罐轻质化得到改善；④在复合过程中，如何保证塑料内胆与金属接口的密封连接。

目前，国内外在高压气态储氢技术上已经取得了一定的进展，然而当前整个技术工艺还存在的问题有：①高压储氢的体积储氢密度较低。数据显示，35MPa 的高压储氢密度为 22.9g/L，而 70MPa 的高压储氢密度为 39.6g/L。随着压力的增加，储氢增加的速度会越来越慢，仅靠单纯提高储氢压力，无法达到美国能源部(Department of Energy，DOE)提出的要求。②要消耗较大的氢气压缩功。从能量效率的角度，气态储氢要消耗较大的压缩功，将常压氢气压缩到 70MPa，即便采用多级压缩、级间冷却技术，其所需要消耗的最小压缩功仍要达到 10161kJ/kg，因此压缩过程的传热技术则是降低压缩功耗的关键。③由于传统钢制压力容器重量大，金属强度有限，为提高工作压力，容器的设计非常厚重。虽然随着碳纤维复合材料压力容器的出现，高压储氢容器的轻量化已经得到了初步的改善，但是轻量化的问题还亟待解决。④存在氢气易泄漏和容器爆破等不安全因素。

5.1.1.2 低温液态储氢

低温液态储氢是在高真空容器内将经过压缩冷却及绝热膨胀所得到的液态氢进行存储的一种储氢技术。液氢在使用过程中具有加注时间短、体积能量密度高、使用寿命长等特点，主要应用于存储空间较小的场合，如运载火箭、汽车等的发动机以及洲际导弹等。目前，坐落于肯尼迪航天中心的低温液化储氢罐是世界上最大的低温液化储氢罐，其容积高达 1.12×10^6L。

低温液态储氢是一种较为理想的储氢方式，但也存在许多不足，例如将气态氢转变为液态氢的过程中需要多级压缩冷却，会消耗大量的能量。同时为避免液氢的大量蒸发，良好的绝热材料也是研究过程中需要考虑的一个重要因素，这成为当前研究亟须解决的难题。正因如此，低温液态储氢技术的商业化还处于起步阶段。

5.1.2　化学储氢技术

化学储氢是通过氢气在一定条件下与储氢介质反应生成稳定化合物的一类储氢技术。主要包括配位氢化物储氢、有机液体储氢、液氨储氢与甲醇储氢。

5.1.2.1　配位氢化物储氢

配位氢化物是利用碱金属或碱土金属与氢气反应生成的离子型氢化物，配位氢化物储氢就是利用离子型氢化物在一定条件下产生氢气的原理进行储氢的一种技术。早期配位氢化物是由日本科学家研发出来的 $NaBH_4$ 和 KBH_4，但是由于其在反应过程中温度较高的原因，未能得到持续关注。之后，在此基础上，人们开发出了新一代以氢化铝络合物为代表的配位氢化物储氢材料，该种储氢方式的氢气质量密度可达到 7.4%。与此同时，在新型配位氢化物中加入一定量的 4 价钛离子或 3 价铁离子可以使反应温度降低 100℃ 左右。配位氢化物储氢作为新型储氢技术，在低温下释氢等方面还需要进一步的研究。

5.1.2.2　有机液体储氢

有机液体储氢是指在催化剂下，不饱和液体与氢气反应生成稳定化合物的技术。常用的不饱和有机液体材料及其性能见表 5-1。

表 5-1　不饱和有机液体储氢材料及其性能

介　　质	熔点/℃	沸点/℃	储氢密度/%
咔唑	244.8	355	6.7
乙基咔唑	68	290	5.8
环己烷	6.5	80.7	7.19
甲基环己烷	-126.6	101	6.18
反式-十氢化萘	-30.4	185	7.29

有机液体储氢具有成本低、吸放氢易实现、液体循环性较好、安全性能高等特点，但由于脱氢过程中有副产物的生成，造成氢气的浓度及纯度不高，长时间的高温脱氢也会造成脱氢催化剂的结焦失活等。

5.1.2.3　液氨储氢

液氨储氢利用氢气与氮气反应生成液氨的技术进行氢气的存储。使用时，将液氨在高温、常压及催化剂作用的条件下反应产生氢气。2015 年，液氨作为燃料在燃料电池中首次得到使用，燃烧产物为氮气和水，无对环境有害气体。研究人员发现液氨的燃烧效率与液氢相近，且储存条件与丙烷类似，若使用过程中利用丙烷的基本设备设施，将大大减少其成本。因此，液氨储氢技术成为最具有发展前景的储氢技术之一。

5.1.2.4 甲醇储氢

甲醇的来源广泛，可通过化石燃料或风能、生物质能、太阳能等获取。同时，甲醇的安全性高，在储存和运输过程上都具有一定的优势，常温常压下的氢气质量密度可达 12.5%，比高温气态及低温液态储氢都具有明显的优势。甲醇储氢就是采用 CO 与 H_2 在特定条件下反应生成甲醇，作为氢能利用载体进行储氢的一种技术。在使用时，通过在一定条件下的分解可产生 H_2。2017 年，北京大学研究了一种能够使甲醇与水在常温常压下反应产生更多氢气的铂-碳化钼双功能催化剂，其原理在于该种催化剂能够活化水中的氢。

5.1.3 其他储氢技术

5.1.3.1 吸附储氢

吸附储氢主要利用吸附材料对氢气的吸附来进行氢气的储存。主要的吸附材料包括活性炭、分子筛和部分新型吸附剂，其中碳基材料因孔径分布均匀、晶格排列独特、比表面积大成为最热门的吸附材料。虽然吸附储氢技术在工业应用上具有设施建设成本低、技术操作方便简单、安全性能高、储氢效率高等特点，但是在进一步的规模化使用过程上还需要进一步的结构优化和技术改进。

5.1.3.2 水合物法储氢技术

水合物法储氢是利用氢气在特定条件下生成固体水合物的方法进行储氢的技术。由于水合物在常温、常压下即可分解，因此，该方法脱氢速度快、能耗低，同时，其储存介质仅为水，具有成本低、安全性高等特点。

由图 5-2 可知，在不同温度和压力下，添加剂不同所形成的固体水合物的结构也有所不同。

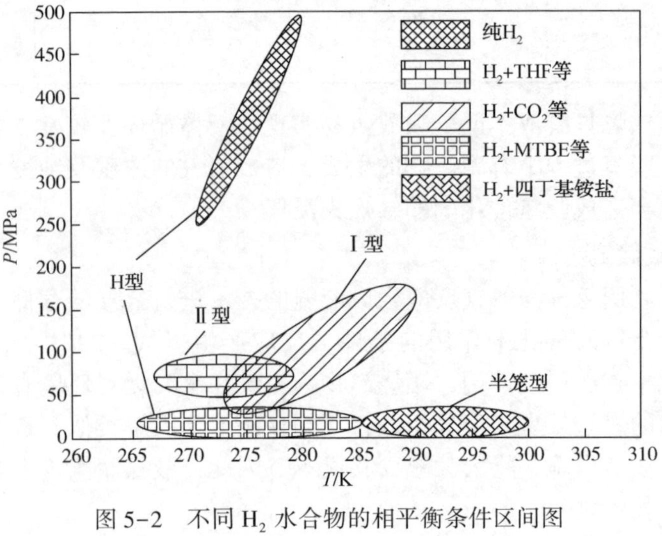

图 5-2 不同 H_2 水合物的相平衡条件区间图

虽然该技术在理论上具有一定的可行性，但是大量的研究表明其氢气储存密度较低，无法满足使用要求。为能进一步提高其储氢密度，STORBEL 等通过大量实验找到了一种联合储氢方式(化学法与水合物法)，生产出了储氢密度可达到 3.8%~4.2%的固体水合物。可见，固体水合物法储氢技术的研究还需要一段路程，从理论的完善到实际的应用、储氢密度的提高都是接下来研究的重点。

在上述所提到的各种物理、化学及其他储氢技术中，涉及了一系列的储氢材料。储氢材料作为当前氢能储备技术发展中必不可少的研究对象，我们将在下一小节对储氢材料进行详细的介绍。

5.2 储氢材料

储氢材料是一种既可以吸收氢气，也能在一定条件下释放氢气的材料。在实际应用中，由于氢燃料需要不断地进行补充，所以通常要求材料对氢具有良好的吸附可逆性。衡量储氢材料的主要性能指标有理论储氢容量、实际可逆储氢能量、循环利用次数、补充燃料所需时间以及对杂质(空气中和材料中)的不敏感程度等。目前研究的储氢材料主要有两大类，一类是基于化学键结合的化学储氢方式的储氢合金、金属配位氢化物、化学氢化物；另一类是基于物理吸附的储氢材料。由于氢气通常与储氢材料以范德华力相结合，因此具有吸放氢速率快、循环性能好等优点，但由于结合力较弱，吸放热较少，所以需要在较低的温度(如液氮温度)下使用。最为典型的储氢材料有储氢合金、碳质储氢材料及金属有机框架材料(MOFs)等。

5.2.1 储氢合金

储氢合金即能够存储氢气的合金。工业化生产中的储氢合金应具有氢气储存量大、吸/放氢的反应速率快、易活化、使用寿命长及成本低廉等特性。目前常见的储氢合金主要为稀土系、锆系、钛系与镁系等，其性能比较如表 5-2 所示。

表 5-2　储氢合金的性能

类型	AB_5(稀土系)	AB_2(锆系)	AB(钛系)	A_2B(镁系)
典型代表	$LaNi_5$	ZrM_2，TiM_2 (M：Mn、Si、V 等)	TiFe	Mg_2Ni
质量储氢量	1.4%	1.8%~2.4%	1.86%	3.6%
活化性能	容易活化	初期活化困难	活化困难	活化困难
吸放氢性能	室温吸放氢快	室温可吸放氢	室温吸放氢	高温才能吸放氢

续表

类型	AB_5(稀土系)	AB_2(锆系)	AB(钛系)	A_2B(镁系)
循环稳定性	平衡压力适中，调整后稳定性较好	吸放氢可逆性能差	反复吸放氢后性能下降	吸放氢可逆性能一般
抗毒化性能	不易中毒	一般	抗杂质气体中毒能力差	一般
价格成本	相对较高	价格便宜	价格便宜、资源丰富	价格便宜、资源丰富

1. 稀土系储氢合金

稀土系储氢合金最早被发现于人们对永磁材料的研究过程中，是一种稳定的 $LaNi_5H_6$ 氢化物，储氢量相对较小。$LaNi_5$ 是最具代表性的稀土系储氢合金，也是 AB_5 型的一种储氢材料，具有平衡压适中、吸放氢速度快、初始阶段活化容易、抗毒化性能好等优点，但是当该合金在吸氢后会导致体积发生膨胀，容易产生粉化。为改善稀土系储氢合金在吸氢过程中产生的粉化现象，同时进一步提高合金的储氢性能，研究者采用了快速凝固法、多元合金化、热处理等多种手段使合金储氢性能得到明显改善。

2. 锆系储氢合金

AB_2 型储氢合金是一种新型储氢材料，被视为最能取代 AB-TiFe 及 AB_5-$LaNi_5$ 的储氢合金，其中 ZrV_2 的储氢量高达3%左右，但因其在室温的平衡压力过低(1×10^{-3}Pa，49.85℃)，在实用化上受到限制。锆系储氢合金具有易活化、吸氢量大、无滞后效应等优点，但其稳定性较差。此后，通过向合金中掺杂部分贵金属或稀土元素等对其改性。通过向其中加入 Ni 元素所得到的合金的吸氢量较大、催化活性高、稳定性良好；通过向 Zr-Cr-Ni 合金中掺杂稀土元素的合金也具有同样显著的效果，但是这种掺杂成本较高，活化能力也较差。

3. 钛系储氢合金

钛系储氢合金是一种能在一定条件下反复吸、放氢的合金，是功能钛合金的一种。该类型的储氢合金最先是由美国科学家在稀土系储氢合金的基础上发现的。FeTi 是钛系储氢合金的典型代表，合金来源较为广泛、生产成本也相对较低，但其在使用中存在活化困难、多次吸放氢后性能变差等缺点。为了进一步改善 TiFe 合金性能并易于活化，世界各国对此也进行了广泛的研究，取得了一定的进展。Ti-Mn 系储氢合金材料成本低、活化容易、吸放氢性能好、储氢量较高、抗毒化性能也较强，是一种适合于较大规模工程应用的无镍储氢合金。Ti-Co 系储氢合金的释放氢温度较高，但其活化能力、抗毒化性较 Ti-Fe 系都高。

4. 镁(Mg)基储氢合金

Mg 基储氢合金具有资源丰富、质量轻、无污染、储氢量高等优点，成为最具发展前景的储氢材料之一。镁基储氢合金的代表是 Mg-Ni 体系合金，该类型合金的研究难点在于 Mg 的挥发性较强，很难制备出纯净的镁基化合物。同时，Mg 表面活性很大，容易生成致密的 MgO 层，阻止了氢的进入，并且在表面先生成的 MgH_2 层也会阻止氢的进入。此外，Mg-Co 体系、Mg-Fe-H 体系的储氢合金也被研究出来，其储氢量达到 4.5%～5.4%，但这两种体系合金的制备条件苛刻。

5. 钒(V)基合金储氢材料

常见的 V 基储氢材料主要有 V-Ti-Fe、V-Ti-Cr、V-Ti-Ni、V-Ti-Mn 等，因其具有储氢密度大、平衡压适中、室温下可实现吸放氢、扩散速度较快等优点已成为当下研究最火热的一种储氢材料，但由于 V 的价格昂贵、合金充放电循环性能差等问题，还不能产业化应用。因此，在合金优化、技术改进、表面改性等方向仍然是今后研究的重点。

基于以上各种类型的储氢合金的优缺点，各国研究者针对储氢合金的缺点提出了许多改善合金性能的方法，具体措施见表 5-3。

表 5-3 改善储氢合金性能的主要方法

方法	作用	效果	典型材料
合金化	形成复杂氢化物，降低氢化物焓变	动力学	LaMg8.40Ni2.34 $MgCu_2$、MgAl、
催化剂	降低活化能	降低吸放氢温度	V、Ti、Fe、Mn、Ni
	促进氢的解离	改善动力学性能	Pd
	抑制氧化膜的生成	循环稳定性	Y
	金属氧化物与氢分子的电子发生交换反应，加速了气固反应的进行	吸氢性能	Nb_2O_5
纳米化	提供扩散通道	改善动力学和活化性能	甩带、球磨、等离子体
薄膜	比表面积、保护层、纳米结构	改善动力学	Mg、Mg-Ti

5.2.2 碳质储氢材料

碳质储氢材料由于具有吸氢量大、质量轻、抗毒化性能强、易脱附等优点，被认为是非常具有应用前景的物理吸附储氢方式。一般可通过对碳基的组成、结构、孔径、比表面积等的调节来提高氢气的吸附量。碳基储氢材料包括活性炭(Activated Carbon，AC)、石墨纳米纤维(Graphite Nanofiber，GNF)、碳纳米管(Carbon Nanotubes，CNT)和碳纳米纤维(Carbon Nanofiber，CNF)。

1. 活性炭

利用活性炭进行储氢的技术早在 20 世纪 70 年代便开始研究，其储氢原理主要是通过具有高比表面积的活性炭进行氢气的吸附，具有吸附容量大、循环寿命长、储氢密度高、易于大规模生产等优点。Max-sorb 是拥有超大比表面积的一种活性炭材料，在 30℃、10MPa 条件下储氢量为 0.67%，在-196.15℃、3MPa 条件下储氢量可达 5.7%。活性炭对氢气的吸附性能还与温度和压力有关，当活性炭在低温高压下时储氢量一般较大，而当温度处于某一特定温度下时，对氢气的吸附主要取决于压力的影响。

2. 石墨纳米纤维

石墨纳米纤维是在一些金属催化剂的作用下将含碳化合物分解形成的一种石墨材料。通常石墨纳米纤维是由 3~5nm 宽、10~100μm 长的石墨片堆积而成。由于其吸氢主要依靠石墨的吸附性，因此其储氢能力主要取决于石墨的直径和结构。Angela 通过多次研究发现石墨纳米纤维在 7.04MPa 的预处理及室温下氢气存储量可达到 3.80%。

3. 碳纳米管

碳纳米管主要通过内部具有微孔的孔道吸附氢气，其氢气储量大，同时在常温下便可进行氢气的释放且释放速度较快，是一种发展前景较为广阔的储氢材料。根据石墨片的层数可将碳纳米管分为单壁纳米管(Single-walled Nanotubes)和多壁纳米管(Multi-walled Nanotubes)。碳纳米管是一种具有微孔性质的纳米级中空管，其内径从不足一纳米到几十纳米不等。国内外对碳纳米管储氢做了大量的研究，Ye 等利用容积法测定了单壁纳米碳管在不同条件下的储氢量，发现储氢容量在-193.15℃、12MPa 条件下达到了 8%。

4. 碳纳米纤维

碳纳米纤维是一类储氢量较高的储氢材料，其表面分布有大量分子级孔洞，内部为中空管，因此其比表面积较大，具有很好的吸附氢能力，氢气在中空管的类似毛细作用下凝结在其中，起到存储氢气的作用。碳纳米纤维的产生主要是通过在铜、镍等催化剂作用下乙烯的裂解产生的。与其他类型碳质储氢材料一样，直径和结构对其储氢量具有一定的影响，在一定范围内，纤维直径越小，质量越高，储氢量就越大。在室温及 11MPa 的压力下，利用催化浮动法所制备的 CNF 储氢量可达 12%。

5.2.3 金属有机框架材料

金属有机框架材料(Metal-Organic Frameworks，MOFs)是由金属与含 O、N 等的有机配体组合而成具有空间网络结构的配位聚合物，具有较高的孔隙率和化学稳定性。在构筑金属有机多孔骨架时，有机配体的选择起着关键性的作用。目前，含有羧基或氮杂环等的配体已被用于进行 MOFs 的合成。通过设计或选择一定的配体与金属离子组装得到了大量新颖结构的金属有机多孔骨架化合物，也可以通过修饰有机配体，对这些聚合物的孔道尺寸进行调控。

从20世纪90年代开始，大量新型的制备简单、孔隙率高、比表面积大、性质稳定的金属有机框架材料被合成。国内外等多个研究小组在金属有机骨架材料的合成、结构和储氢性能等方面获得了众多引人注目的研究成果。美国密歇根大学Yaghi教授的课题组首先发表了一类具有储氢功能的MOF-5材料，并在随后报道了MOF-5的储氢性能。结果表明：MOF-5在24.85℃、2MPa的条件下对氢气的吸收量为1.0%，而在-195.15℃、70kPa的条件下可以吸收4.5%的氢气。北京大学的李星国等报道了其制备的MMOMs在-196.15℃和24.85℃下的吸氢量分别达到3.42%和1.20%，Co(HBTC)(4，4-bpy)·3DMF在-196.15℃和24.85℃下的吸氢量分别达到2.05%和0.96%。

影响有机金属框架材料储氢性能的主要因素有：

1. 孔径大小和孔隙率

研究表明，当孔径与所吸收气体范德华半径相近时，其产生的作用力最大。因此，调节孔的半径是调节MOFs储氢量的一个主要方式。减小孔径，在一定程度上能够提高氢分子与孔壁之间的作用力，但减小孔径常常会引起比表面积的减小，因此合成孔径大小合适、表面积较大的MOFs可以通过在大孔中插入一个客体分子实现。例如，在液相中向MOF-177的大孔（如图5-3所示）中引入C_{60}和赖卡特染料等大分子，既可减小大孔的体积，又能够增加新的吸氢位点。然而这会造成材料密度的增加，为解决这一问题，通常会选择质量较轻、分子较为活泼、形状细长的化合物；也可以在材料密度不发生改变的情况下减小孔的半径进行结构的调控。具有互穿结构的MOFs比没有互穿的MOFs的储氢量大。

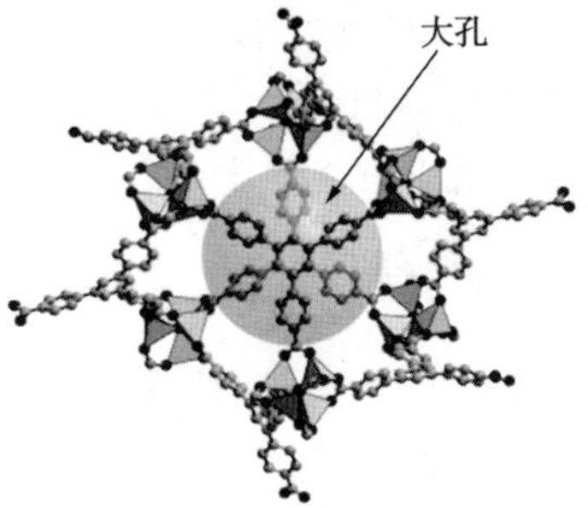

图5-3　MOF-177结构图

2. 比表面积

通常MOFs的比表面积越大，则饱和吸氢量越大，所以要增加吸氢量可以从增加比表面积入手。MOFs的孔壁越薄、暴露在外的边和面越多，比表面积越大，MOFs的网状结构也会增大比表面积。

3. 等量吸附热

等量吸附热是衡量多孔材料吸附剂和吸附质间作用力的一个标准。对于每个MOFs材料来说，达到饱和吸氢量时的压力不同，这与吸收热有关。研究表明，要增加MOFs的储氢量，可以提高等量吸附热，即提高氢分子与MOFs之间的作用力，从而提高 MOFs 的室温储氢量。

4. 有机配体

实验验证金属有机框架材料中有两种以上的吸氢位存在，一种是与无机簇同时存在的强吸氢位，另一种是有机配体吸氢位。在有机配体周围吸引氢分子，在高吸氢量时表现显著，有机配体的尺寸越大，吸氢位就越多。有机配体的长度增加(如加入一个苯环)，等量吸附热一般会提高。有机配体的选择和修饰会影响 MOFs 的吸氢量。

5. 金属离子

金属离子对金属有机框架材料的储氢量也具有一定的影响，金属离子越重，质量储氢量越小。

通过改变影响 MOFs 材料储氢性能的主要因素，能够有效提高金属有机框架材料的储氢量，对其技术改进以及实际应用具有重要的作用。

5.2.4 其他储氢材料

5.2.4.1 配位氢化物

配位氢化物是利用碱金属或碱土金属与氢气反应生成的离子型氢化物。和储氢合金相比，金属配位氢化物具有更高的储氢容量。

1. 金属硼氢化物

金属硼氢化物是一类具有较高的氢质量密度和体积密度的复合氢化物储氢材料。$LiBH_4$ 是金属硼氢化物的代表性材料，其放氢反应方程式如下：

$$LiBH_4 \longrightarrow LiH+\frac{3}{2}H_2+B \tag{5-1}$$

研究表明，$LiBH_4$ 的含氢量可以达到 18.4%，被考虑作为车载储氢材料之一。$NaBH_4$ 也是硼氢化物储氢材料的一种，其放氢过程通常在水中进行。反应方程式如下：

$$NaBH_4+2H_2O \longrightarrow NaBO_2+4H_2 \tag{5-2}$$

$NaBH_4$ 水解放氢成本较高，水解产物的循环利用困难也导致该硼氢化物的研究较为缓慢。此外，$Ca(BH_4)_2$、$Mg(BH_4)_2$ 也被作为储氢材料得到了大量研究，其储氢量分别达到了 9.2%和 14.9%，是很有潜力的氢气储存介质之一。

2. 金属铝氢化物

1997 年，德国科学家首次发现金属铝氢化物可实现可逆吸放氢，从而引起了人们对该类金属的研究热潮。美国国家实验室利用机械球磨法生产出一种储氢量高达 7%的金属铝氢化物，具有一定的应用潜力。虽然这些储氢材料的储氢量很高，但它们存在的普遍问题是吸放氢动力学性能差，吸氢温度和吸氢压强较高，并且合成困难。

为解决这一问题，人们通过掺杂改性的方式来改善其吸放氢性能。例如通过向 $NaAlH_4$ 中掺杂 Ti 基催化剂可以得到吸放氢良好的材料。其吸放氢反应过程如下：

$$3NaAlH_4 \longrightarrow Na_3AlH_6+2Al+3H_2 \longrightarrow 3NaH+3Al+4.5H_2 \qquad (5-3)$$

由于反应的第二步过程需要较高的反应温度，实际的 $NaAlH_4$ 可逆吸放氢量仅为 1.0%左右，当向其中加入 Ti 基催化剂后，$NaAlH_4$ 的可逆储氢量可达到 4.5%。

为了使金属铝氢化物得到进一步的应用，新型催化剂的研发，现有催化剂如 V、Fe、Zr 等的组合优化成为改善金属铝氢化物低温放氢性能的关键。

5.2.4.2　中空玻璃微球体储氢材料

中空玻璃微球体(Hollow Glass Microspheres)是一类具有中空结构和孔壁的玻璃微球体，直径一般处于亚毫米级，成分主要为 SiO_2。HGM 的储氢方式为高温高压条件下，扩散到球体内部的氢气经过等压冷却被储存在空心玻璃微球中，其储氢量可达 15%以上。玻璃微球形貌如图 5-4 所示。

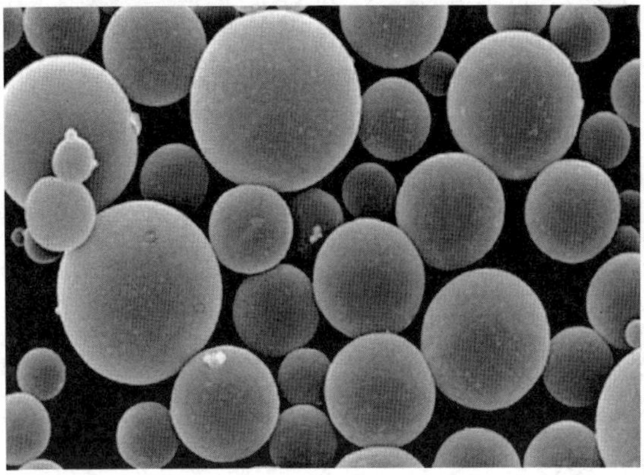

图 5-4　玻璃微球的形貌

Rapp 等研究发现，H_2 可通过浓差扩散的方式在高温高压下进入球体内部进行储存，但是由于自身导热率较低使得氢气在高温下的释放氢速率较差。HGM 的成本较低，适合于车载氢动力系统的使用。目前，中空玻璃微球的研究重点已转移到如何提高其放氢量方面。

5.2.4.3　氨硼烷储氢材料

氨硼烷化合物(NH_3BH_3，Amino Borane，简称 AB)是一种新型的储氢氢化物。由于其化学稳定性好、储氢量高得到很多研究者的广泛关注。但是其放氢过程时间长，造成温度较高，放氢困难。为降低 NH_3BH_3 在放氢过程中的问题，提高氢气释放量，大量研究者做了相关工作。Gutowska 通过将氨硼烷置于 SBA-15 中，有效地实现了 100℃以下的温度进行氢气释放。最近，科学家们提出了一系列降低氢释放温度并提高该系统的其他性能的方法，宾夕法尼亚大学化学教授 Larry G. Sneddon 研究发现，在离子液体中对 NH_3BH_3 进行脱氢反应，其脱氢速度和脱氢量明显提高；新墨西哥州国家实验室的 R. TomBaker 及其合作者发现，用镍基催化剂介导反应可以大大提高氢的释放量。当前，氨硼烷在材料的合成工艺上有一定的成熟化，但是在材料的循环再生利用方面还有待提高，这成为氨硼烷储氢材料未来研究的一个重点内容。

5.2.5 储氢材料的展望

氢能是公认的清洁能源，是我国能源结构优化和国家能源战略的关键。作为新兴产业，保证氢能在未来的产业化和大规模应用的前提就是开发出具有高储氢量且性能优异的储氢材料，才能够保证氢气的安全有效储存。

当前，国内外对于储氢材料的研究越来越广泛，越来越多的材料已被作为储存氢气的对象。随着研究的不断深入，能够作为储氢材料的对象越来越多，储氢方式也越来越多，储氢量在不断地提高。然而，氢能要真正实现大规模的应用，作为氢能规模化利用的关键，储氢材料的研究还面临着一系列的挑战和亟须解决的问题。

储氢材料的作用机理还未充分明确，最适宜储氢条件还未得到进一步改善；对于新型储氢材料来说，其研究经验和理论不足；在规模化应用及如何循环利用储氢材料仍然处于探索阶段。在世界各国大力推动支持氢能产业的情况下，储氢材料的性能及其规模化将得到很大的提升，也为氢能在 21 世纪的发展创造了必不可少的条件。

5.3 储氢容器

储氢容器就是存储氢气的容器。根据储氢方式的不同，储氢容器主要包括高压储氢罐、液氢罐、金属氢化物储氢罐、复合储氢罐以及其他固态储氢罐。

5.3.1 高压储氢罐

高压储氢罐是一种已经商业化使用的储氢容器。目前工业上标准氢气的压缩钢瓶气压一般为 35MPa 大气压，相当于 $22.9kg/m^3$ 的氢气密度；而在 70MPa 高压下，氢气密度可达到 $39.6kg/m^3$。高压储氢容器的发展主要经历了金属储氢容器、金属内衬纤维环向缠绕储氢容器、金属内衬环向+纵向缠绕容器和螺旋缠绕容器、全复合塑料内衬储氢容器四个阶段。

金属储罐通常采用耐腐蚀性能较好的金属制成，然而由于材料强度的限制，若要提高储氢罐的工作压力，只能通过对容器壁进行加厚来实现，这无疑会导致容器的质量增加，制造难度增加，易造成加工缺陷，最终导致容器的储氢密度较低。

为了解决金属储氢容器的弊端，研究人员提出一种金属内衬纤维缠绕结构。该结构中内衬材料通常采用不锈钢或铝合金，但金属内衬仅仅起到盛装氢气的密封作用；而压力载荷则是由外层缠绕的纤维承担，通常是采用碳纤维、玻璃纤维或者两者的复合纤维而成。由于纤维强度大、密度小，在提高容器的承载能力时又可以减轻容器的质量，这就解决了金属储氢容器的弊端。该技术经历了从单一环向缠绕，到环向+纵向缠绕，再到多角度复合缠绕的发展过程。随着纤维质量的提高和缠绕工艺的不断改进，储氢容器的承载能力得到进一步提高。

全复合纤维缠绕结构则是内衬也摒弃金属材料，采用具有很好阻隔性的工程热塑料，这样可以进一步减轻内衬质量，减小纤维增强层厚度，从而提高单位质量储氢密度。虽然这种结构有着明显的缺点：随着温度提高、压力增大，氢气等气体的渗透量增大，与金属接嘴连接处易泄漏，且抗外部冲击能力低。但是，工程热塑料材料质量轻、机械性能好、易成形、耐腐蚀、耐冲击、价格较低，且经过对氢气具有较好的阻隔性。以高密度聚乙烯(HDPE)内衬为例，在相同储氢能力的前提下，质量是铝质内衬复合结构气瓶的30%，制造成本只有金属内衬的50%。因此，未来轻质高压储氢容器的发展将会围绕全复合纤维缠绕结构而展开。

5.3.2 液化氢气储罐

液化氢气储罐是将氢气储存在-252.85℃和一个大气压下的制冷罐中，其储氢密度可达70.8kg/m^3，几乎是压缩氢气在7×10^7Pa压力下的两倍。液化氢气储存技术是另一种商业化的技术。0.068m^3的液化氢装置可储存5kg的液态氢，能使常规的燃料电池汽车行驶482.8km，液化氢气的优点是加氢时间短，相对于压缩氢气要安全，同时有利于运输。一个制冷液化氢卡车可运输3370kg液化氢，比压缩氢气要多出10倍以上。然而，液化过程需要消耗很多能量，在储存中液态氢极易汽化而漏掉。

氢气的液化过程包括高压、热交换制冷等一系列的焦耳-汤姆逊循环。液态氢的储存需要高度制冷的绝热罐。为了减少热量从外界传入绝热罐，罐壁上通常装有三十层以上的隔热层，隔热层之间的接触点不应过多，以避免热传导所造成的损失。即便如此，热量从外界传入绝热罐内部也是不可避免的。因此绝热罐的内压随着热量的传入而升高，造成氢的汽化。通常有两种方法来消除这种影响：一种是再制冷，即在绝热罐外层注入液化空气；另一种方法是在绝热罐上加入保护气压阀，随着压力的提高，氢气也随之排掉以保护绝热罐。但这两种方法均不能排除液化氢的损失，即使用液化空气保护，液氢的汽化率也会达到每天4%左右。此外，液体在罐中的流动也加速了液氢的汽化。由此可见，液化储氢并不是一个最好的储氢方法。

5.3.3 金属氢化物储氢罐

1976年，世界上第一台金属氢化物储氢装置诞生，它的主要材料是Ti-Fe系储氢合金，储氢容量仅为2500L。随着科技的飞速发展，几十年来，金属氢化物储氢技术已经逐步完善，在很多领域都有实际应用，例如工业副产氢的分离回收装置、氢同位素分离装置、氢气的安全储运系统、燃氢车辆的氢燃料箱、电站氢气冷却装置以及燃料电池的氢源系统等。

目前可用于燃料电池储氢罐的材料有：AB、AB_2、AB_3、AB_5型储氢合金，A_2B镁基储氢合金以及V基固溶体等。以AB_5型合金为储氢介质的储氢罐可在室温条件下正常工作，而AB_3型储氢合金在储氢罐中的应用尚未有关文献报道，其他体系合金材料吸放氢温度较高，活化较困难，需要进一步降低吸放氢温度，改善吸放氢动力学性能才能完全达到使用要求。

1. 金属氢化物储氢罐的设计

由于储氢合金在吸氢、放氢的过程中往往会有热量的变化，所以储氢装置在吸放氢的同时也会存在内部热量的交换，对吸放氢反应的速度具有很大的影响。因此，为了获得较好的储氢性能，必须提高氢化物床的有效热导率，为此各国科学工作者在氢化物容器的优化设计方面进行了大量研究。

在储氢器的设计和使用过程中，其目的就是要保证氢气的流动畅通，有效地进行热交换。中国台湾汉氢科技股份有限公司曾经提出了一种储氢装置，该装置由不锈钢制成，利用蜂巢式结构的分隔物将罐体分为几个隔间，由于储氢器内壁与长轴相垂直，有利于氢气的流动，从而大大提高了传热效率。金属氢化物反应床一般可通过扩张面积，如增加翅片、泡沫及网状设计，或将金属氢化物与高导热性固体材料，如铜、铝、镍等固定在一起来强化传热传质。

未来金属氢化物储氢系统性能优化设计可从以下几个方面开展工作：①降低成本，提高储氢系统的市场竞争能力；②强化系统的热传质性能，从而提高系统的效率；③通过材料改性，提高其储氢性能。

2. 商业用金属氢化物储氢罐的开发

金属氢化物储氢罐的首次使用是日本丰田公司。在1996年该公司开发出世界上第一套重约100kg的质子交换膜燃料电池电动车用金属氢化物储氢罐，储氢量约2kg。而后世界各国在金属氢化物储氢罐的商业化上进行了大量的研究开发工作。日本三洋电器公司开发出$Mm_{0.82}Y_{0.18}Ni_{4.95}Mn_{0.05}$金属氢化物储氢器，可以为便携式250W燃料电池提供氢源；日本松下公司和德国奔驰公司联合开发出AB_2型($Ti_{0.9}Zr_{0.1}CrMn$、$Ti_{0.8}Zr_{0.2}Mn_{1.2}$)储氢合金，储氢量可达1.8%~2.0%；由于燃料电池要求储氢合金具有低温放氢的性能，国内天津海蓝德公司对此进行了大量研究，先后开发出AB_2和AB_5两个系列合金，这两个系列即使在0~10℃也具有优异的放氢性能，储氢量(质量分数)达到1.80%~2.05%，氢释放量更是达到最大储氢量的93%。

随着社会需求的增长和科学技术的进步，燃料电池的应用越来越广，因此世界各国争相开展有关燃料电池氢源储存用金属氢化物储氢容器的研制与开发。目前，加拿大Palcan燃料电池公司、莱伯泰科有限公司、德国的UDOMI公司、美国Ovonic公司以及我国的天津海兰德公司为AB_5型储氢合金氢化物储氢罐的生产厂家，产品规格从10mL到2000mL，储氢罐的质量储氢密度在1%左右。中国台湾汉氢科技股份有限公司(HBank Technology Inc.)是固态储氢器设计制造与氢能技术支援的领导厂商，其设计开发的HB-SC-0660-N型储氢器形貌如图5-5所示。

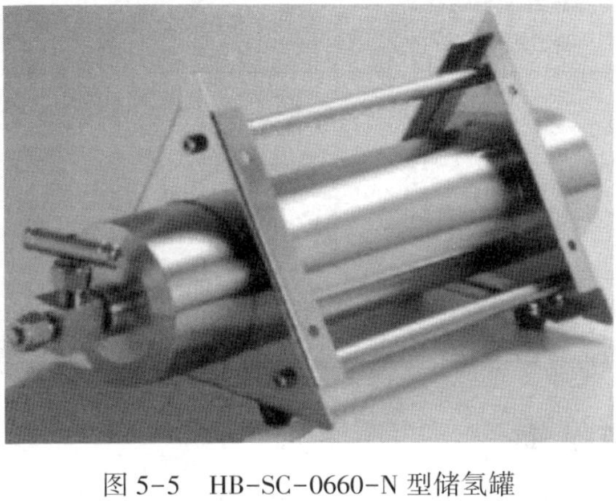

图5-5 HB-SC-0660-N型储氢罐

HB-SC-0660-N型储氢罐的技术参数见表5-4，主要特点如下：

1）该储氢材料具有良好的动力学性能，储氢量达1.65%(质)；

2）吸放氢压力平缓稳定，使用次数达3000次以上；

3）采用特殊填料技术，可长期使用，具有一定的稳定性和抗变形能力；

4）罐体材质采用SS316L或SS321高级不锈钢，具有一定的耐受性与可靠度；

5）罐体出口端均装有不锈钢滤材，有效防止合金粉末外逸；

6）整机结构由罐体、配管管路、阀门及外框组成，均使用抛光不锈钢组件整合设计而成，品质稳定，可靠度高，吸放氢性能优异；

7）以空气自然对流方式达到热交换效果。

表 5-4　HB-SC-0660-N 型储氢罐技术参数

参　数	HB-SC-0660-N	参　数	HB-SC-0660-N
储氢容量/L	660±33	放氢流速/(L/min)	<2.0(25℃)
放氢纯度/%	≥99.9999	使用环境温度/℃	5~60
吸氢压力/MPa	2.5~3.5(25℃)	热交换方式	空气对流/水浴
吸氢环境温度/℃	0~35(推荐≤25℃)	阀门型式	SwagelokSS316 型针阀
放氢压力/MPa	>0.1，≤2.0(25℃)	系统尺寸/mm	750D×360L
原料氢纯度/%	≥99.99	整机质量/kg	<6.1

Toyota Central R&D Labs. 研制了 3.5kg 和 7.3kg 储氢容量的金属氢化物储氢罐，罐体质量分别为 300kg 和 420kg。分别采用 Ti-Cr-V 和 Ti-Cr-Mn(AB_2 laves phase)作为储氢材料。其技术参数见表 5-5。

表 5-5　储氢罐的技术参数

项目参数	低压金属氢化物储氢罐(Ti-Cr-V)	高压储氢罐	高压金属氢化物储氢罐(Ti-Cr-Mn)
罐体容量/L	120	180	180
储氢容量/kg	3.5	3	7.3
罐体重量/kg	300	<100	420
吸氢时间/min	30~60	5~10	5
低温放氢	34.85℃以下困难	可行	-30.15℃以上可行
可控性	难	易	易

5.3.4　复合储氢罐

为实现高密度安全储氢，常采用的途径是高压复合储氢罐将高压储氢技术与固态储氢材料相结合，同时拥有气态储氢与固态储氢的双重优势。目前，丰田 Mirai 氢燃料电池车就使用 70MPa 的轻质储氢罐。

首次提出将储氢合金和高压储氢容器相结合是 Luxenburger 教授。然而当时诸多条件受限：高压钢瓶质量大、容积小、承受压力小，气固复合储氢的优势未能得到充分体现。随着高压储氢罐的不断发展和技术开发，如今新型的碳纤维缠绕铝内胆高压储氢罐完全突破当年高压钢瓶的弊端，这为高压复合储氢罐的发展提供了新的机会，同时有望解决高密度、大规模氢存储问题。

2003 年，日本国家综合产业技术研究所的 Takeichi、丰田公司研发人员和 Mori 等人先后提出高压复合储氢罐(Hybrid Hydrogen Storage Vessel)的概念，其结构如图 5-6 所示。

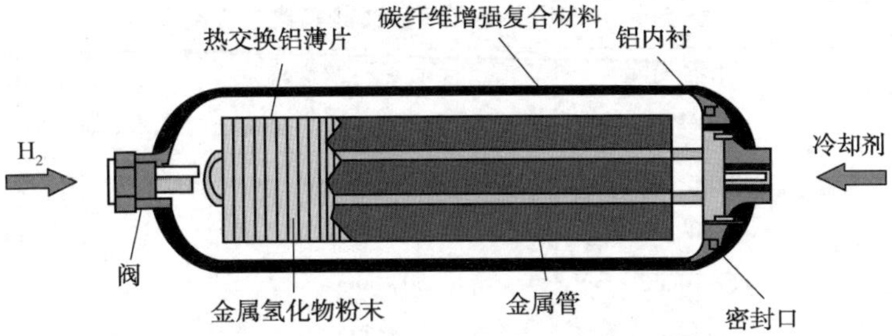

图 5-6 高压复合储氢罐的结构示意图

该复合储氢罐由轻质高压罐和储氢合金反应床联合构成。高压罐是铝碳纤维复合材料罐，储氢合金采用的是 $LaNi_5$ 体系。该装置通过储氢材料及粉体材料之间的空隙进行氢气的吸附，实现气-固混合储氢。高压储氢罐在装有储氢材料后其储氢能力将得到大大提高。此外，金属氢化物可以通过调整储氢合金的装入比例来调整混合容器的体积和质量储氢密度。

日本 Samtech 也开发了一种将高压罐与储氢合金合而为一的复合罐，它采用在高压罐中设置储氢合金管芯的结构。其原理是使氢气吸留在粒状的储氢合金上，使高压氢气填入储氢合金的缝隙中，通过温水或热水促进合金吸放氢过程中与外界的热交换，利用高压储氢吸放氢速度快、质量储氢密度高的优点及固态储氢体积储氢密度大、安全性能好的特点，综合两者的优势，得到质量储氢密度和体积储氢密度相对较高的复合装置。此次开发的复合罐中的储氢合金氢存储量为 1.5kg，与同体积的 35MPa 容器的 1.0kg 氢存储量相比，达到了后者的 1.5 倍。图 5-7 为 NEDO 开发的复合储氢罐。

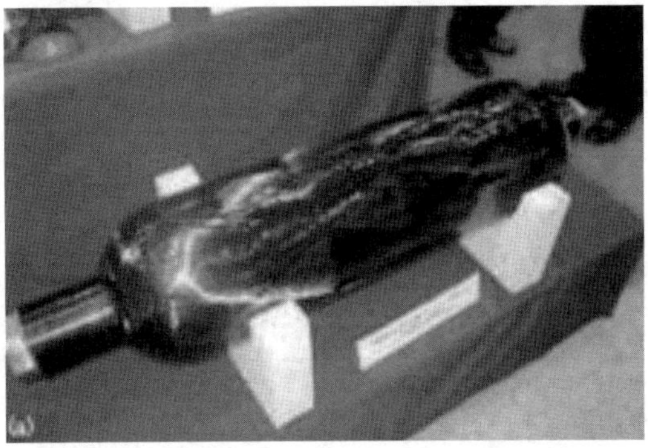

图 5-7 NEDO 开发的复合储氢罐

在复合罐方面，汽车行业领先的丰田公司开发了一种以 Ti-Cr-Mn 合金为填充材料的高压复合储氢罐。表 5-6 是高压复合储氢罐与 Ti-Cr-V 低压复合储氢罐和 70MPa 高压储氢罐的对比结果。

表 5-6　丰田公司三种车载储氢罐的性能

项　目	高压储氢罐（70MPa）	低压 MH 储氢罐（<1MPa，Ti-Cr-V 材质）	高压 MH 储氢罐（35MPa，Ti-Cr-Mn 材质）
容量	5kg/122L	3. 5kg/120L	7. 3kg/180L
罐体质量	90kg	300kg	420kg
充氢时间	5～10min	30～60min	5～7min
低温工作状况	可行	不可行	可行
可控性	良好	难以加速	良好
安全性	高压	低压	中压

结果显而易见，高压复合储氢罐的储氢密度大、充氢时间短，且低温可控。虽然从经济、安全和实用性的角度考虑，轻质高压复合储氢是目前较为理想的储氢方式，但采用 Ti-Cr-Mn 合金的高压复合储氢罐的质量储氢密度与高压储氢罐相比略逊一筹。

5. 3. 5　其他固态储氢罐

5. 3. 5. 1　$NaAlH_4$ 储氢罐

$NaAlH_4$ 储氢罐最外层为隔热材料，向里依次为玻璃纤维、碳纤维、衬垫以及泡沫 Al 组成，内部为不锈钢过滤器以及通导热液体的管道。该储氢罐的详细参数见表 5-7。

表 5-7　$NaAlH_4$ 储氢罐的设计参数

罐体参数	数据	罐体参数	数据
氢气容量/kg	5. 6	介质电导率/[W/(m·K)]	<1
$NaAlH_4$ 储氢质量密度/%	4	介质(氢化物)比热容/[J/(kg·K)]	1418
催化剂	$TiCl_3$	泡沫铝电导率/[W/(m·K)]	约 52
催化剂含量/%(摩尔)	4	泡沫铝比热容/[J/(kg·K)]	约 912
粉体堆积密度	0. 6	最大压力/Pa	1×10^7
分解热/[kg/mol(H_2)]	41		

5. 3. 5. 2　MOF 吸附型储氢罐

金属有机骨架材料作为储氢材料的一种，也被应用于大型的储氢罐中。储氢罐采用 AX-21、MOF-177 或 MOF-5 等吸附材料作为吸附剂制成的，罐体外壳用金属 Al 做成，内部分别为绝缘层和碳纤维起到真空隔绝的作用，AX-21、MOF-177 或 MOF-5 等储氢材料装在壳体内，壳体内装有多条通气的管道，能够储存 5.6kg 的氢气。其设计参数及成分见表 5-8。

表 5-8　MOF 吸附型储氢罐的设计参数及成分

参数	规　格		
储氢材料	AX-21	MOF-177	MOF-5
压力和温度	2.5×10^7Pa，−163.15℃	2.5×10^7Pa，−163.15℃	1.5×10^7Pa，−163.15℃
储氢容量	5.6kg	5.6kg	5.6kg
碳纤维	日本 Toray T700s	日本 Toray T700s	日本 Toray T700s

5.3.5.3　碳纳米管储氢罐

由于单壁纳米碳管具有纳米尺度的中空孔道，也被认为是一种极具发展潜力的储氢材料。目前对纳米碳管的制备还停留在实验室阶段，难以制备大量高纯度的纳米碳管用于结构表征、性能测试等科学实验。Dillon 等研究发现，单壁碳纳米管的壁薄管细，氢可以凝聚在管中，储氢质量分数能够达到 5%～10%；Panella 等研究发现，比表面积不同，碳纳米管的储氢量不同，两者呈正比，碳纳米管的最大储氢量相当于在其表面铺一层液氢。

5.4　氢气的运输

根据氢气运输时其形态的不同，人们通常将氢气的运输方式分为三类：气氢输送、液氢输送和固氢输送，目前气氢运输和液氢运输正在被大规模使用。根据氢气输送的远近、用户的分布以及对氢气标准的要求，气态氢可通过汽车、船舶等运输工具或管网、储氢容器运输。管道运输一般适用于消耗量大的场合，车船运输则适用于用户数量分散的场合。液氢的运输方式一般采用汽车或船舶运输。

5.4.1　车船运输

车船运输通常在液氢生产地与用户之间距离较远的情况下使用。利用低温槽车进行液氢的长距离运输是一种既快速、经济又可以满足氢气大量运输的方法。这种将储氢罐水平放置的槽车，其储存液氢的容量可以达到 $100m^3$。专用大容量铁路罐车甚至可以运输 $120\sim200m^3$ 的液氢。图 5-8 为液氢低温汽车槽罐车。

海上运输氢气，一般采用船运液氢容器的方式。加拿大曾计划利用丰富廉价的水电解生产氢气，将其液化后运往欧洲供汽车、飞机、城市瓦斯使用。这一宏

图 5-8　液氢低温汽车槽罐车

伟的“犹罗魁卜克计划”将由加拿大和欧洲 40 家公司投资，并于 1991 年实施，实际执行一部分而终止。

2013 年，日本川崎重工也在推进一项业务，即以在澳大利亚煤田出产的褐煤为原料，结合二氧化碳捕集及封存技术，在当地制造二氧化碳零排放的液态氢，然后用船将其运输到日本。液态氢运输船与液化天然气（Lique fied Natural Gas，LNG）运输船相比，冷却温度需更低等，因此需要进行新开发，川崎重工正在确定规格，认为此项业务具有可行性。

美国国家航空航天局建造的驳船能够装载 1000m^3 液氢。这种驳船可以把液氢通过海路从路易斯安那州运送到佛罗里达州的肯尼迪空间发射中心。显然，这种大容量液态氢的海上运输比陆上铁路或公路更经济、更安全。

5.4.2　管道运输

一般来说，制氢厂和用户之间会有一定的距离，这就需要氢气输送，目前最常见的是汽车和大型驳船运输高压氢，但运输量非常有限。液氢运输的能量效率高，但液化过程消耗很多能量，技术要求复杂，只适合于短途运输。固态氢虽然输送方便，但是其能量效率低。低压氢气管道输送是最方便、最适合大规模长距离输送的方式。据 Hydrogen Analysis Resource Center 统计的数据显示，截至 2016 年 9 月，全球共铺设 42km 输氢管道，其中 56%设在美国，37%位于欧洲。此外，Air Liquide 公司在中国上海、天津、辽阳也铺设了输氢管道。目前，欧洲约有 1500km 的氢输送管道，美国约有 2500km 的氢输送管道，而我国的氢输送管道只有 400km 左右。2014 年，中国石化巴陵石化公司全长 42km 的氢气输送管线顺利投用。2015 年，中国石化洛阳石化公司投资、中国石油管道局承建的济源市化工园区-洛阳市吉利区氢气管道输送项目建成，全长 25km，年输气量为 100.4kt；

乌海-银川焦炉煤气输气管线管道全长为216.4km，年输气量达$16.1\times10^8m^3$，主要用于输送焦炉煤气和氢气混合气。

由于天然气的开发和应用较早，因此输送天然气的管网已经非常发达，在世界输气管道总长中，天然气管道约占一半。而相比之下，输送氢气的管道数量还非常少。因此，有部分研究者提出利用天然气管道输送氢气的想法。

1. 天然气管道输送氢气的经济性和可行性

以美国为例，比较氢气管道和天然气管道：①管线长度，目前美国所使用的的天然气管线长度为氢气管线长度的220倍；②管道造价，据统计若铺设氢气管道，则其成本为天然气的两倍多；③输气成本，氢气与天然气在管道内流量的不同，导致其流速相差较大，因此运输相同量氢气与天然气所产生的成本相当高。

2. 天然气管道输送氢气供应能力分析

已经存在的天然气输送管网是由管道、压缩站、减压站构成的，管网不仅能为终端用户提供能量流，也能暂时存储一部分气体，称为线载量，线载量允许用户根据自己的意愿调节出口量，而独立于管道的注入端，压力越大，线载量越大，为了满足用户的需求，天然气的流量必须足够高。氢气的高热值为$13MJ/m^3$，而相同条件下天然气的高热值为$40MJ/m^3$，因此为了满足终端用户的需求，输送的氢气体积应该是天然气的3倍，相比较而言氢气的密度是天然气的1/9，这对输送较为有利。压缩因子和摩擦系数等都会随着压力或者流量的变化而变化，更详细的计算表明，在不改变管道和压降的情况下，输送氢气的能量能达到劣质天然气的98%和优质天然气的80%，管道的线载量与流量相关，用天然气管道输送氢气时线载量能达到天然气的65%~71%。从以上两方面分析，针对相同的能量应用形式，为满足用户能量需求，用天然气管道输送氢气时需要增大压降，提高供应能力。当然，将来氢燃料电池等应用可能改变这种供求关系。

3. 加入氢气后材料设备方面的问题

氢气与甲烷的物理和化学差异都较大(见表5-9)，因此若采用天然气管道运输氢气可能会造成设备和管道出现损伤。

表5-9　氢气与天然气中甲烷性质对比

性　　质	氢气	甲烷
相对分子质量	2.02	16.04
临界温度/℃	-239.95	-82.5
临界压力/MPa	1.315	4.540
密度/(kg/m^3)	0.0852	0.6801
低热值/(MJ/m^3)	10.23	34.04

续表

性　质	氢气	甲烷
高热值/(MJ/m^3)	12.09	37.77
向空气扩散的系数/(m^2/s)	6.1×10^{-5}	1.6×10^{-5}
离焰常数	0.60	0.67
理论空气需要量/(m^3/m^2)	2.38	9.52
爆炸极限/%	18.2~58.9	5.7~14

利用天然气管道输送氢气时，除了考虑供应能力之外，还要考虑材料方面的问题，例如如何利用已经建好的压缩系统和减压系统、材料的氢脆问题和渗透泄漏问题。

(1) 压缩系统影响

压缩机有离心式压缩机和活塞式压缩机，这里考虑用活塞式压缩机。因为对于活塞式压缩机，将工质从天然气更换为氢气，并不受到什么重要影响，但是对于离心式压缩机，为了满足氢气体积是天然气三倍的需求，要获得相同的压缩比，压缩氢气时的旋转速度是天然气的1.74倍，而这个速度已经超出了材料强度的限制。

(2) 氢脆风险

氢原子溶于金属材料后重新形成分子，会改变材料的内应力，在材料内部形成局部裂纹的现象就是氢脆，进而导致氢的泄漏和燃料管道的失效。氢脆会改变管道的力学性能。例如，钢的氢脆会加速微小裂纹的开裂，一般很难计算这方面的风险。因为它不仅关系到管道的材质，还关系到管道的使用寿命。一般来说，管道压力越高，使用寿命越长，氢脆的风险就越大。但是，通过选择合适的材料，就可以避免氢脆发生。

(3) 天然气与氢气管道材料比较

根据《石油天然气管道安全规程》的规定，天然气管道材料在选用时应根据所需环境的介质的理化性质、温度、湿度、压力等因素，在多次论证下来确保所选材料最符合标准。

目前广泛使用的管材多采用X-60低合金钢，同时也开始采用X65、X70等更高强度的材料。国外一些国家输气管道已开始采用X80钢、X100、X120等高强度实验钢管。为降低管道内的摩擦阻力，新钢管已普遍采用内涂层。我国“西气东输”输气管线贯穿东西，全长4000km，管径1016mm，输气工作压力10MPa，钢管材料选用APISPEC5LX70，即针状铁素体型管线钢。根据国家氢气站设计标准，输送氢气的管道应采用无缝钢管。根据所输送氢气纯度的差别，无缝钢管的材料也有所不同。

4. 前景展望

40 年前，天然气取代煤气的过程在很短的时间内就完成了，但是氢气代替天然气可能需要几年甚至几十年，因为现在的分配网络非常庞大，替换需要很长时间，现在的高压输送管网替换很复杂，各种终端应用产品替换也需要很长时间。如果在现有管网旁边再并行铺设新的氢气管网，将受到空间的限制，在过渡期使用混合气是一个不错的选择。

5.5 加氢站

加氢站是给燃料电池汽车提供氢气的燃气站，对于燃料电池汽车产业来说，这对实现商业化运营而言是十分重要的基础设施。1999 年 5 月，一座氢燃料电池汽车加氢站在德国慕尼黑国际机场建成，这是世界范围内第一座用于商业的加氢站。在 H_2 stations. org 网站上，可以查询到全球加氢站的 2019 年度评估报告，据报告统计，截至 2019 年年底，全球已建成加氢站 432 座，主要位于亚洲(178 座)、欧洲(177 座)及北美(74 座)，位于亚洲的加氢站数量第一次超过了欧洲，其中日本、德国和美国一共拥有 208 座加氢站，达到了全球总加氢站数量的 48.1%。据此可看出日、德、美三国在氢能源与燃料电池领域居于全球领先地位。尤其值得一提的是，中国加氢站市场的迅速发展，截至 2020 年 1 月，中国已建成了 63 座加氢站。

5.5.1 加氢站的系统及工作原理

现有的加氢站加氢技术大体上为两种：①液氢加氢技术；②压缩氢气加氢技术(广泛应用于商业及民用)。而由于氢气来源的不同，加氢站又可分为两种：①离站式加氢站；②在站式加氢站。当前全球大多数加氢站为在站式，但是制氢方式各不相同，常见的有通过电解水制氢、天然气或甲醇重整制氢以及工业副产氢等。虽然加氢站的工作方式、加氢能力有所不同，但大体上都包含有氢气制造系统和纯化系统(在站式，离站式为输送系统)、氢气压缩系统、氢气存储系统、氢气加注系统以及控制系统等，如图 5-9 所示为加氢站工作流程。

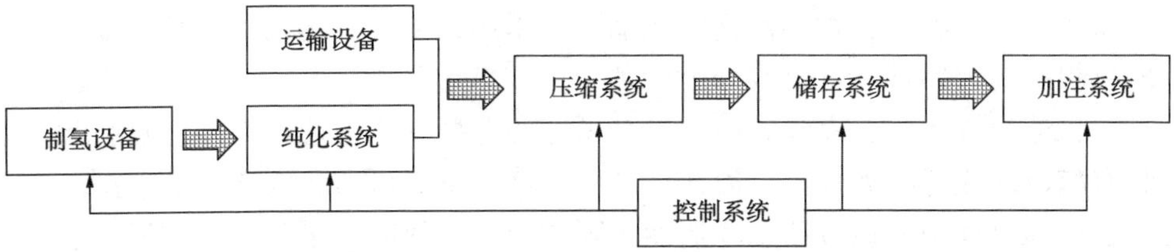

图 5-9　加氢站工作流程示意图

5.5.1.1 制氢系统

对于加氢站而言，氢有两种来源渠道，一种是通过在化工园区集中制氢，再使用相应的运输设备输送到加氢站；另外一种是在加氢站内现场制氢。

目前，集中制氢主要采用以下几种方法：①水电解制氢；②煤、焦炭化制氢；③天然气制氢；④石油产品转化制氢；⑤工业尾气回收。上述制氢技术均较为成熟，在国内外已有广泛应用。与此同时，开发新的制氢技术也是科学家们的研究热点。近年来，科学家们已经提出了生物质制氢、太阳能制氢及热化学反应制氢等新技术，虽尚不成熟，但有实现规模化制氢的前景。

由于在发展初期并不重视加氢站的制氢能力，因此在现阶段已有的加氢站中，小规模的电解水制氢和天然气制氢是最常见的制氢技术。天然气制氢原料便宜，成本相对较低，但其净化过程较为繁琐，氢气的质量难以保证，并且存在质子交换膜燃料电池“中毒”风险；水电解制氢原料丰富，但十分耗电，成本相对较高，但制得的氢气质量优异，不含 CO、SO_2 等能对燃料电池产生损耗的气体，是目前加氢站使用最多的技术。

5.5.1.2 压缩系统

氢气的单位质量能量密度虽然比其他燃料大，但氢气的单位体积能量密度却比其他燃料低。为使汽车加氢行驶里程能达到 400km，再结合相应车载储氢系统体积，氢气必须要被压缩到 35~70MPa。当前有两种压缩方式：①在加氢站内，将氢气压缩到车载储氢系统应有的压力之后储存；②在加氢站内压缩到比需求更低的压力储存，加注氢气时充压，使之在车载储氢设备中达到所需的压力。

1. 氢气压缩机

氢气压缩机根据结构、原理、性能和技术的不同，可分为多种类型，包括往复活塞式、隔膜式、离心式、旋转式、螺杆式、叶片式等，应根据氢气流量和要增加的压力来确定压缩机类型，如图 5-10 所示。往复活塞式压缩机流量大，对压缩气体的相对分子质量不敏感，并且在每个压缩阶段均可达到 2~3 的压缩比，适用于压缩新氢气；隔膜式压缩机因其气体与液体之间的膜片极薄，压缩过程中散热情况良好，接近等温过程，压缩比更大，最大可达到 20，但是其膜片变形量有限，流量较小，适用于流量小压缩要求高的情况。

压力不到 30MPa，往复活塞式压缩机是采用最多的，国内外经验验证了其在运转过程中的可靠性，且可在一个设备中实现多级压缩，压力达 30MPa 及以上，并且容积流量较小时，隔膜式压缩机是更好的选择。除上述优点外，隔膜式压缩机具有特设的膜片隔离外界，因此在高压力状态密封可靠，气体不会泄漏，而往复式在压缩过程中易通过活塞环泄漏，膜式中膜腔封闭，不与外界接触，氢气在压缩过程中保证不被污染，可用于对纯净度要求较高的场合。

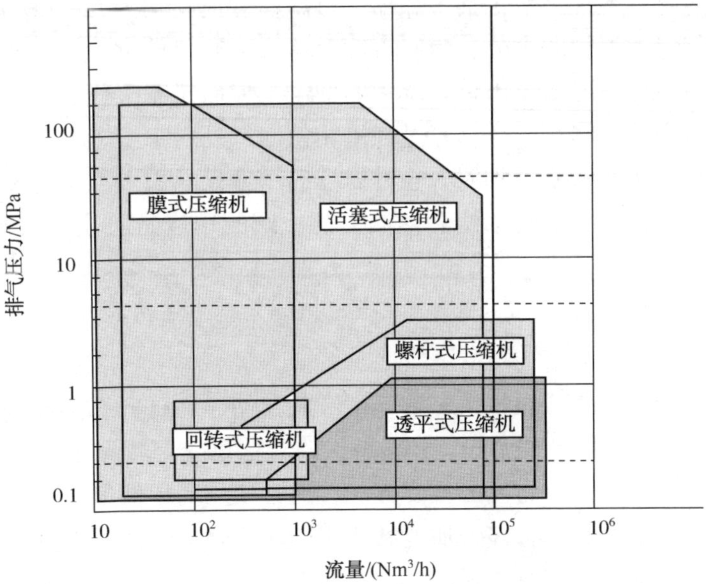

图 5-10　压缩机型号选择参考图

为了充分利用活塞式压缩机与隔膜式压缩机的特点，也常常做成多段混合型压缩机。国内对氢气压缩机的研究也在不断发展，目前已有压力 200MPa，排气量 $120Nm^3/h$ 的压缩机组和供气系统。最初是为军用领域提高在导弹及飞行器气洞试验中的气源压力研发，但现今已逐渐转移应用到民用项目中。压缩机组根据不同压力段设置了 3 台压缩机，串联使用往复活塞式和膜式，进气压力一般在 0.102~0.104MPa，排气压力可达 210MPa。

同时在日本，根据 Fuel Cells Bulletin 的报道指出，Kobe Steel 也开发了活塞式和膜式压缩机串联构成的压力 100MPa、排气量 $50Nm^3/h$ 的氢气压缩机。

美国 PDC Machines 公司已研制出了压力 410MPa、排气量 $178.6Nm^3/h$ 膜式压缩机，目前已被数个加氢站采用。

2. 压缩机的进口系统与出口系统

现有的加氢站压缩系统一般参看天然气站的压缩系统，进口系统一般包括气水分离器、缓冲器、减压阀等几个主要部件。在使用过程中，氢气必须去除水分后再进入，保护压缩机下游部件免受损害。环境温度、流动阻力及气体流量等都会对管道内的氢气压力造成影响，十分不稳定。缓冲器的主要作用是减小输气管道中产生的压力波动。除此之外，由于压缩系统在工作中的活塞运动，压力脉动会出现在进气管，而缓冲器可以很好地阻隔压力脉动从进气管传入输气管。减压阀对保持进口压力起重要作用。

压缩机的出口系统一般包括干燥器、过滤器、逆止阀等几个部件。干燥器的用途是除去氢气中夹带的水分，否则可能会造成下游部件腐蚀，在低温情况下还会导致水堵。通常情况下，出口系统中的两个干燥器轮流工作，一个处于工作状态时，另外一个处于修复中，修复过程采用使出口处的少量未冷却氢气减压后反向流入干燥器，从而修复吸收能力。过滤器的用途是除去氢气流经干燥器过程中带来的干燥器颗粒及夹带的水滴和油滴。逆止阀的用途是防止氢气从出口流入，仅允许流出。

5.5.1.3 储存系统

1. 储存方法

储氢技术种类繁多，加氢站多数采用液氢存储、高压气态存储和金属氢化物3种手段。高压氢气存储的优点十分显著，该方法的储氢期限无限制，氢气不会发生蒸发，是目前加氢站储氢的首要方法，通常使用高压储氢瓶组和高压储氢罐作为固定储氢设备。日本有多个加氢站使用金属化合物储氢，但同时这些加氢站也使用高压气态储存为补充方式。

2. 储存容器

氢气储存系统需兼备储存和缓冲两个功能，对其安全状态的监测过程十分重要，一般采用压力或温度传感器。氢气储存系统最重要的部件为高压储存容器，考虑到车载储氢系统的压力(35~70MPa)，对于加氢站的高压储存容器来说，储气压力一般达到40~75MPa。

当今，加氢站常采用无缝压缩氢气储器来存储氢气。该装置的设计生产必须遵循ASME(American Society of Mechanical Engineers，美国机械工程师协会)对锅炉压力容器的规定，该储氢罐将无缝钢管的两端收口得到，是整体无焊缝结构。主要原料为Cr-Mo钢，包括SA372Gr. JCL65、SA372FGr. JCL70及SA372FGr. MCLA等；机械性能要求抗拉强度至少达到724MPa，屈服强度至少达到448MPa，50mm延伸率必须超过18%。

该储氢罐由于在生产制造时不采用焊接，为整体无焊缝结构，因此它不存在裂纹、气孔、夹渣等常见的焊接问题。但同时出现了下列缺陷：①单储氢罐容积小，在压力到35MPa时，容积一般在1000L以内，并且随着压力变大容积减小。例如，美国CPI公司生产制备的无缝储氢罐，容积只有411L，当其压力达到65MPa情况下，而且当需要大量储氢时，一般需要多个该设备组合使用，显然这导致了氢气的泄漏点增加。②对氢脆敏感，当氢气达到一定压力后，原料采用的高强度钢会发生脆化现象，并随压力的持续增大，脆化更明显。而氢脆现象则加剧了储罐破裂风险，导致氢气大量泄漏从而引起窒息、燃烧甚至爆炸，后果不堪设想。③该容器为单层结构，因此其安全状况必须靠定期检验，无法进行远程监测，存在一定风险。

目前，ASME 无缝气瓶(美国 CPI 公司)已在多个加氢站得到应用，压力可达 65MPa，使用温度可达 93℃。除此之外，该公司设计生产的标准 DOT 运输用无缝气瓶也常被用作储存设备。但其最高压力仅有 26.6MPa，为此加氢站在使用过程中，一般需要配套相应的压缩机，以此来满足车载储氢设备适宜的储氢压力。

加拿大 Dynete 公司依据 CSAB51 和欧盟 FED 标准设计了一种高压储氢容器，其最高压力可达 45MPa，可供加氢站使用。同时该公司发表声明研发了一种固定储氢容器，最高压力可达 82.5MPa。

近年来，国内不断进行储氢设备的研究，也取得了一定成果。着眼于无缝压缩氢气储罐的缺陷，浙江大学化工机械研究所开发了一种多层多功能的高压储氢设备，该设备具备承压强、抑爆抗爆、缺陷分散、在线远程判断容器安全状况等功能。该设备为全多层结构，原料采用低合金钢，对氢脆并不敏感。目前在北京飞驰竞力加氢站已得到很好的应用，容器压力为 42MPa、容积可达 $5m^3$。

采用液氢汽化加注的加氢站，其液氢及储存液氢的低温储槽一般从 Linde 和 AirProduces 公司购买，储氢设备也可租用。

5.5.1.4 加注系统

加氢站加注系统与当前天然气加气站加注系统有相同的原理，但是相比 CNG 系统，操作压力相对较大，因此对安全要求更高。加注系统包含箱体、高压管路、拉断阀、加氢枪、阀门、流量计量及计价系统等。另外，还需要一些辅助系统，例如：加氢枪上需配置压力、温度传感器；电子读卡系统；过压保护系统；温度补偿系统；多级储气优先顺序加气控制系统等。加氢机加注时有“焦-汤效应”，导致温度上升，加注过程控制氢气温度十分重要。当 1 台加氢机分别为配有不同车载储氢容器的燃料电池汽车加注时，使用的喷嘴不可互用。在加氢机的设计中，已普遍使用故障模式和效应分析程序、过程危险性分析程序。

Linde，AirProduce，Stuart，BP 等著名国外公司都发表了独有的加注系统，但是目前可查询到的介绍信息较少。

5.5.1.5 控制系统

控制系统是整个加氢站运作的中枢，控制系统的正常运作才能维持加氢站的正常运转，控制系统必须全面监测加氢站的各个系统。

控制系统的设计依旧来源于天然气加气站，由两级计算机组成。其一负责采集数据，称为前置机；另一计算机负责处理、显示、保存、控制和上传数据，称为管理机，如图 5-11 所示。

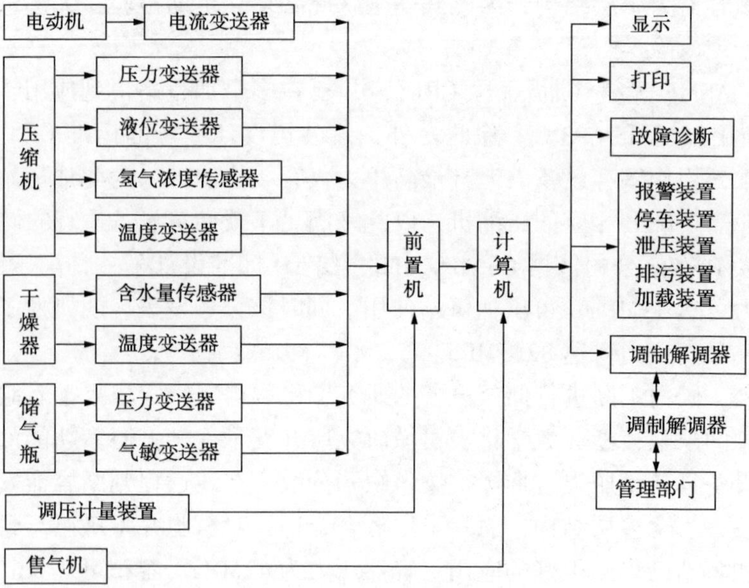

图 5-11　加氢站控制系统

控制系统主要零件包括：变送器(温度变送器、压力变送器、转速传感器、气敏传感器等)、安全隔离栅、数据采集卡、售气机通信连接器、自动控制继电器输出卡、工控机、报警器、仪表柜。而控制系统的软件主要包括：现场采集系统、售气机通信系统、流量计通信系统、远程通信系统、专家系统、管理系统等。加氢站的控制系统，可现场采集各类信息并保存，处理后可实现多种功能。

5.5.2　总结

氢能是一种绿色、高效的二次能源，具有来源广、燃烧热值高、清洁无污染、可储能等优点。虽然目前还没有被大规模普及应用而不像电能一样为人们所熟知，但它却有着我们已知所有能源无可比拟的特点，是成为解决未来人类社会能源问题的必然选择，是能源领域的未来之星。燃料电池是高效清洁利用氢能的最佳工具，燃料电池技术是普及氢能利用的核心技术。过剩的氢能源使燃料电池交通工具成为现实。加氢站作为燃料电池汽车的配套基础设施，随着燃料电池车辆的推广应用，其建设与推广也受到了重视。

自 2011 年以来，我国政府有关部门从战略、产业结构、科技、财政等方面相继发布了一系列政策，引导并鼓励包括氢燃料电池和相关产业在内的氢能产业发展。但目前国内在燃料电池技术发展、氢能产业装备制造等方面相对滞后，氢能产业发展速度落后于发达国家。我国加氢站的建设也遇到了诸多问题，目前加氢站建设成本过高，运行花费巨大，技术储备不足。如何整合现有技术、掌握核心技术、降低成本，是在今后研究中需要重点关注的。

因此，国家当前应加强加氢站的技术开发和科学规划布局，探索有效的商业运营模式，完善行业准入及管理制度，开展氢的制备、储运和加注等关键技术研究，推动氢的制备、储运产业规模化发展；加快加氢站网络布局规划与建设，建设适度超前的氢能基础设施体系和网络，推动氢燃料电池汽车技术研发和普及的进程，形成加氢站与氢燃料电池汽车共同发展的良性循环。

参 考 文 献

[1] Bahman Zohuri. Hydrogen Energy——Challenges and Solutions for a Cleaner Future [M]. Switzerland: Springer Nature Switzerland AG, 2019.

[2] 李璐伶，樊栓狮，陈秋雄，等．储氢技术研究现状及展望[J]．储能科学与技术，007(004)：586-594.

[3] TZIMAS E, FILIOU C, PETEVES S, VEYRET J B. Hydrogen storage: State-of-the-art and future perspective [M]. European Commission, 2003.

[4] QU Wenmin, HUA Zhengli, LI Xiongying, et al. Application of TDS technology in the study of hydrogen traps in the materials of hydrogen storage vessels [J]. Chemical Industry and Engineering Progress, 2017 (11): 4160-4169.

[5] The U. S. Department of Energy´s Office of Energy Efficiency and Renewable Energy. DOE technical targets for onboard hydrogen storage for light-duty vehicles [EB/OL]. https://www.energy.gov/eere/fuelcells/doe-technical-targets-onboard-hydrogen-storage-light-duty-vehicles, 2015.

[6] ZHENG J, LIU X, XU P, et al. Development of high pressure gaseous hydrogen storage technologies [J]. International Journal of Hydrogen Energy, 2012, 37(1): 1048-1057.

[7] ZÜTTEL A. Materials for hydrogen storage [J]. Materials Today, 2003, 6(9): 24-33.

[8] LIU Xianxin. Researches on large volume layered high-pressure hydrogen vessels and hydrogen accumulation characteristics in metal [D]. Hangzhou: Zhejiang University, 2012.

[9] DING F C, YI YF. Hydrogen production and storage technology [M]. Beijing: Chemical Industry Press, 2006.

[10] 徐丽，马光，盛鹏，等．储氢技术综述及在氢储能中的应用展望[J]．智能电网，2016，2(2)：166-171.

[11] WEN J X, MADHAV RAO V C, TAM V H Y. Numerical study of hydrogen explosions in a refuelling environment and in a model storage room [J]. International Journal of Hydrogen Energy, 2010, 35(1): 385-394.

[12] 欧阳煜．玻璃纤维(GFRP)片材加固混凝土框架结构的性能研究[D]．杭州：浙江大学，2001.

[13] 郑津洋，开方明，刘仲强，等．轻质高压储氢容器[J]．化工学报，2004(S1)：130-133.

[14] 郑津洋，陈瑞，徐平，等．多功能全多层高压氢气储罐[J]．工厂动力，2005.
[15] 傅强．轻质高压储氢容器整体优化设计[D]．杭州：浙江大学，2004.
[16] 王瑛琪，盖登宇，宋以国．纤维缠绕技术的现状及发展纤纤[J]．材料导报，2011(5)：110-113.
[17] 孟剑．碳纤维复合材料高压储氢容器力学模型分析与抗疲劳研究[D]．杭州：浙江大学，2006.
[18] 陈虹港．70MPa 复合材料氢气瓶液压疲劳试验装置及压力和温度控制方法研究[D]．杭州：浙江大学，2014.
[19] 欧训民．氢能制取和储存技术研究发展综述[J]．能源研究与信息，2009（1）：1-4+16.
[20] 杨妙梁．世界燃料电池车发展动向(三)——丰田燃料电池车开发与制氢、储氢技术概况[J]．汽车与配件，2005(5)：34-37.
[21] 王艳艳，徐丽，李星国．氢气储能与发电开发[M]．北京：化学工业出版社，2017.
[22] 傅建龙．新型氢能储备技术研究进展现状[J]．当代化工研究，2018，34(10)：126-128.
[23] 陈卓，杨运泉，包建国，等．氢能载体甲基环己烷在 $Ni/\gamma-Al_2O_3$ 上的脱氢反应[J]．化工进展，2010，29(3)：484-489.
[24] JIANG Z，PAN Q，XU J，et al. Current situation and prospect of hydrogen storage technology with new organic liquid [J]. International Journal of Hydrogen Energy，2014，39(30)：17442-17451.
[25] 周鹏，刘启斌，隋军，等．化学储氢研究进展[J]．化工进展，2014，33(8)：2004-2011.
[26] 罗承先．世界氢能储运研究开发动态[J]．中外能源，2017，22（11）：41-49.
[27] 陈军，朱敏．高容量储氢材料的研究进展[J]．中国材料进展，2009，28(5)：2-10.
[28] 叶旭峰．新型有机液体储氢体系研究[D]．杭州：浙江大学，2011.
[29] 龚金明，刘道平，谢应明．储氢材料的研究概况与发展方向[J]．天然气化工，2010，035(005)：71-78.
[30] 陈俊，陈秋雄，陈运文，等．水合物储能技术研究现状[J]．储能科学与技术，2015，4(2)：131-140.
[31] HSIEH Y N，HUANG P C，SUN I W，et al. Nafion membrane-supported ionic liquid-solid phase microextraction for analyzing ultratrace PAHs in water samples [J]. Analytica Chimica Acta，2006，557(1)：321-328.
[32] 杨静怡．储氢材料的研究及其进展[J]．现代化工，2019，10.
[33] 李中秋，张文丽．储氢材料的研究发展现状[J]．化工新型材料，2005(10)：41-44.
[34] 陈思安，彭恩高，范晶．固体储氢材料的研究进展[J]．船电技术，2019(9)：31-35.
[35] 陈思，张宁，阚洪敏等．$LaNi_5$ 系储氢合金的研究现状及展望[J]．化工新型材料，2017，45(9)：26-28.
[36] 时斌，宋岩，代建红，等．Ca 和 Al 对 $Mg(BH_4)_2$ 稳定性及其放氢性能的影响机制的第一性原理研究[C]// 全国博士生学术年会，2012.
[37] Polanski M，Nielsen T K，Cerenius Y，et al. Int J Hydrogen Energy [J]. 2010，35：3578-3582.

[38] BADER N, OUEDERNI A. Optimization of biomass based carbon materials for hydrogen storage [J]. Journal of Energy Storage, 2016, 5: 77-84.
[39] Xu W C, Takahashi K, Matsuo Y, et al. Int. J Hydrogen Energy [J]. 2007, 32: 2504-2512.
[40] 尚文静. 镍氢电池用储氢合金的发展趋势[J]. 有色冶金设计与研究, 2009, 030(004): 42-44.
[41] 林仁波. 新型金属氨基络合物基储氢材料的性能研究[D]. 杭州: 浙江大学, 2008.
[42] 许炜, 陶占良, 陈军. 储氢研究进展[J]. 化学进展, 2006, 000(003): 200-210.
[43] 马通祥, 高雷章, 胡蒙均等. 固体储氢材料研究进展[J]. 功能材料, 2018, 4(49): 1-6.
[44] 赖文忠, 戈芳, 李星国. 储氢材料的新载体——金属有机框架材料[J]. 大学化学, 2010, 25(3): 1-6.
[45] 郑倩, 徐绘, 崔元靖, 等. 金属-有机框架物(MOFs)储氢材料研究进展[J]. 材料导报, 2008(11): 112-116.
[46] 贾超, 原鲜霞, 马紫峰. 金属有机骨架化合物(MOFs)作为储氢材料的研究进展[J]. 化学进展, 2009, 21(9): 1954-1962.
[47] Teitel R J. Hydrogen storageing lassmi crospheres [R]. NewYork: Suffolk County, 1981.
[48] Rapp D B, Shelby J E [J]. Journal of Non-Crystalline Solids, 2004, 349(1): 254-259.
[49] 张剑光. 氢能产业发展展望——制氢与氢能储运[J]. 化工设计, 2019, 29(4): 1-6, 26.
[50] 唐仁衡, 王英, 肖方明, 等. 质子交换膜燃料电池用金属氢化物储氢罐的研究进展[J]. 材料研究与应用, 2010, 004(004): 297-301.
[51] 周超, 王辉, 欧阳柳章, 等. 高压复合储氢罐用储氢材料的研究进展[J]. 材料导报, 2019, 33(01): 120-129.
[52] 刘晓鹏, 蒋利军, 陈立新. 金属氢化物储氢装置研究[J]. 中国材料进展, 2009(05): 39-41.
[53] 许辉庭. 加氢站用多功能全多层高压储氢容器研究[D]. 杭州: 浙江大学, 2008.
[54] http://www. toyota-global. com/innovation/environmental_technology/fuelcell _vehicle/.
[55] Luxenburger B, Muller W. International Journal of Hydrongen Energy, 1985, 10(5): 305.
[56] Mori D, Haraikawa N, et al. MRS Proceedings, 2005: 884, 72.
[57] Lee H H, Kim H K, Hwang K H. U. S. patent, US20090155648, 2009.
[58] Kojima Y, Kawai Y, Towata S I, et al. Journal of Alloys and Compounds, 2006, 419(1-2): 256.
[59] 毛宗强, 毛志明, 等. 氢气生产及热化学利用[M]. 北京: 化学工业出版社, 2015.
[60] 黄明, 吴勇, 文习之, 等. 利用天然气管道掺混输送氢气的可行性分析[J]. 煤气与热力, 2013(04): 46-49.
[61] 余照. 氢泄漏与扩散数值仿真研究[D]. 北京: 国防科学技术大学, 2008.
[62] 毛宗强. 氢能知识系列讲座(4)将氢气输送给用户[J]. 太阳能, 2007, 000(004): 18-20.

[63] 战颖 . 全低温液氢泵的研制[D]. 武汉；华中科技大学，2008.
[64] Suzuki Takeo，Kawabata Shin-Ichiro，Tomita Tetsuji. Present status of hydrogen transport systems utilizing existing natural gas supply infrastructure in europe and the usa. IEEJ，2005：1-16.
[65] Gondal Irfan Ahmad，Sahir Mukhtar Hussain. Prospective of natural gas pipeline infrastructure in hydrogen transportation. Int J Energy Res，2012，36：1338-1346.
[66] 中国汽车工程学会 . 世界氢能与燃料电池汽车产业发展报告(2018)[R]. 北京：社会科学文献出版社，2019，3.
[67] 李磊 . 加氢站高压氢系统工艺参数研究[D]. 杭州：浙江大学，2007.
[68] 周琼芳，张全斌 . 我国氢燃料电池汽车加氢站建设现状与前景展望[J]. 中外能源，2019(9).
[69] 蔡体杰，刘炜炜，刘友良 . 浅谈我国燃料电池汽车加氢站的建设[J]. 低温与特气，2006，24(6)：1-5.
[70] 冼静江，林梓荣，赖永鑫，等 . 加氢站工艺和运行安全[J]. 煤气与热力，2017，37(9)：51-56.
[71] 张鹏娜 . 浅谈我国燃料电池汽车加氢站的设计[J]. 中国新技术新产品，2018(2)：57-58.
[72] Neel Sirosh. Hydrogen Composite Tank Program. The 2002 U. S. DEO. Hydrogen Program Review Meeting，2003：Colorado.
[73] 张超武 . 200MPa 氢气压缩机组的研制[J]. 流体工程，2001，20(8)：17-23.
[74] Shigeharu Hinotani et al. Hydrogen Embrittlement of High Strength Steels in High Pressurea Hydrogen Gas at Ambient Temperature[J]. Journal of the Iron and Steel Institute of Japan，1978，64(7)：899-905.
[75] Zheng Jinyang，Li Lei，Chen Rui，Xu Ping，Kai Fangming. High Pressure Storage Vessels Used in Hydrogen Refueling Station[C]. Proceedings of PVP 2006-ICPVT-11. Vancouver，BC，Canada，2006.
[76] 潘爱华，马建新，高峰，等 . 汽车用氢燃料加氢站系统配置的研究[J]. 工矿自动化，2003(6)：17-19.

第 6 章　氢燃料电池

6.1　氢燃料电池概述

6.1.1　燃料电池原理

燃料电池需要氢和氧作为原料，使得化学能直接转化为电能，且生成的副产物较为清洁，为水和二氧化碳。图 6-1 是燃料电池的工作原理图。

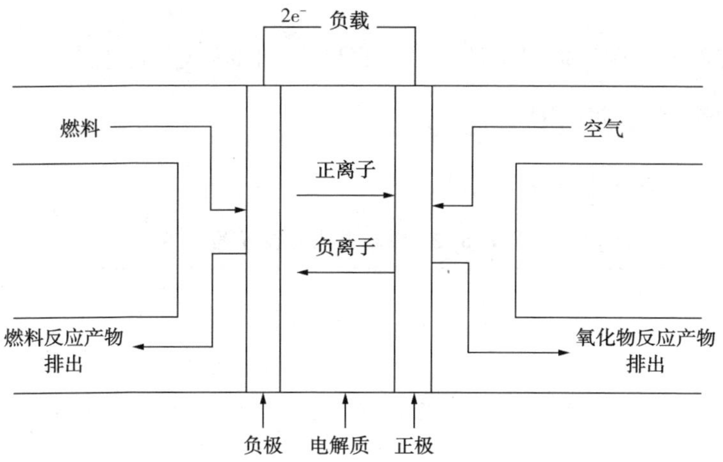

图 6-1　燃料电池工作原理

6.1.2　氢燃料电池分类

通常燃料电池可以依据其工作原理、电解质类型、温度以及燃料种类进行分类。

按工作原理分类氢燃料电池，可分为直接氢燃料电池和间接氢燃料电池。直接氢燃料电池主要有碱性燃料电池(Alkaline Fuel Cell，AFC)、磷酸燃料电池(Phosphoric Acid Fuel Cell，PAFC)、熔融碳酸盐燃料电池(Molten Carbonate Fuel Cell，MCFC)、固体氧化物燃料电池(Solid Oxide Fuel Cell，SOFC)、质子交换膜燃料电池(Proton Exchange Membrane Fuel Cell，PEMFC)等几种。间接氢燃料电池指以直接甲醇为原料的燃料电池，称为直接甲醇燃料电池(Direct Methanol Fuel Cell，DMFC)(见表6-1)。

表6-1　按工作原理分类的氢燃料电池

氢燃料电池	直接氢燃料电池	碱性燃料电池 磷酸燃料电池 质子交换膜燃料电池 熔融盐燃料电池 固体氧化物燃料电池
	间接氢燃料电池	直接甲醇燃料电池

按照电解质种类，燃料电池分为碱性燃料电池、磷酸燃料电池、质子交换膜燃料电池、熔融碳酸盐燃料电池和固体氧化物燃料电池。

按照工作温度，分为低温(常温至100℃)、中温(100~300℃)和高温(500℃以上)三种。

按照燃料的来源，燃料电池可分为直接式、间接式及再生式。

6.1.3　燃料电池的发展历史

燃料电池发展历程如表6-2所示。

表6-2　燃料电池发展历程

时间	国家	事　件
19世纪		第一台氢氧燃料电池出现
1952年		培根(Bacon)型碱性氢氧燃料电池
20世纪60年代	美国	Apollo登月飞船主电源——Bacon型中温氢氧燃料电池
1965年	美国	双子星座宇宙飞船采用美国通用的PEMFC为主电源，兆瓦级燃料电池研制成功
20世纪70~80年代	美国	民用燃料电池的开发
20世纪90年代	全球	质子交换膜燃料电池，直接甲醇燃料电池发展
1969年	中国	航天氢氧燃料电池的研制
1969年后	中国	国防军工的燃料电池研究任务
2006年	中国	“十一五”863计划节能与新能源汽车重大项目启动
2011年	中国	掌握电动汽车的关键核心技术

燃料电池的历史可以追溯到19世纪，William Robert Grove成功研制了第一台氢氧燃料电池。随着燃料电池理论和类型的不断丰富，1952年培根(Bacon)型碱性氢氧燃料电池出现。20世纪60年代，Pratt&Whitney公司研制成功Bacon型中温氢氧燃料电池应用于Apollo登月飞船的主电源。1965年，双子星座宇宙飞船也采用了美国通用的PEMFC为主电源。同时，兆瓦级燃料电池研制成功。

20世纪70~80年代，与航天等有关的竞赛也相继出现，能源消耗过多引起人们的重视，所以出现燃料电池发展的热潮。以美国为代表的国家大力支持民用燃料的发展。

20世纪90年代以来，人类更加意识到环境保护的重要性，所以燃料电池的发展更进了一步，便携式电源、飞机等航天设备用的燃料电池和电动汽车相继出现，并快速发展。

我国燃料电池的研究发展较晚，自20世纪60年代开始。中国科学院下属的两大研究所曾做过关于国防军工的燃料电池研究，为中国的电池研究事业做出了一份贡献。在此之前，中国科学院大连化学物理研究所在1969年也做过相应的研究，主要集中于研究航天所用的氢氧燃料电池。

自20世纪60年代起，我国开始从事燃料电池的研究。1969年中国科学院大连化学物理研究所承担了航天氢氧燃料电池的研制任务，此后，中国科学院长春应用化学研究所和中国科学院上海硅酸盐研究所等陆续承担了国防军工上的燃料电池研究任务。为了发展电动汽车技术，我国“十一五”863计划节能与新能源汽车重大项目于2006年启动，到2011年我国已经掌握了许多电动汽车的关键核心技术。

6.2　碱性燃料电池

6.2.1　工作原理及结构

碱性燃料电池以强碱(如氢氧化钾、氢氧化钠)为电解质，燃料是氢气，氧化剂是纯氧或除去二氧化碳的空气，氧电极为Pt/C、Ag等，氢电极为Pt-Pd/C、Ni等，隔膜为饱浸碱液的多孔石棉，双极板为无孔碳板、镍板等。图6-2为AFC电池单电池组成示意图。

AFC在20~70℃下工作，工作原理为：

$$H_2+2OH^- \longrightarrow 2H_2O+2e^- \tag{6-1}$$

阴极中的氧气得到电子，与水发生还原反应，生成OH^-：

$$\frac{1}{2}O_2+H_2O+2e^- \longrightarrow 2OH^- \tag{6-2}$$

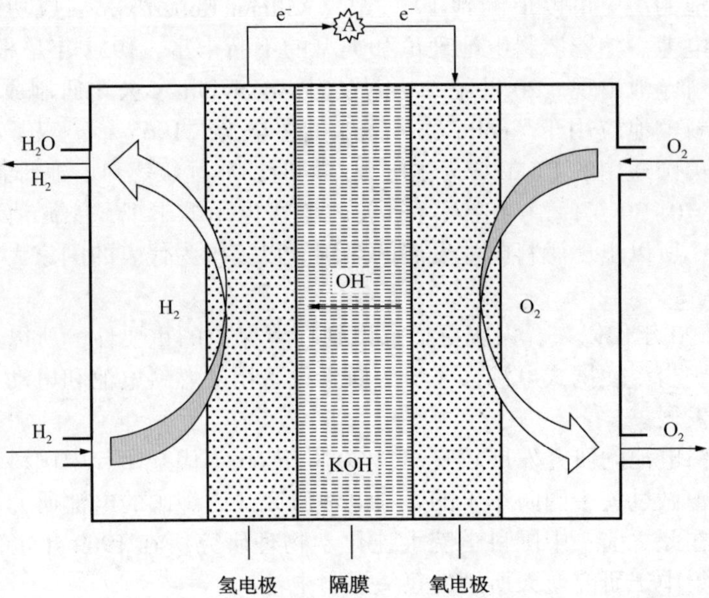

图 6-2 碱性燃料电池单电池组示意图

生成的 OH^- 通过饱浸碱液的多孔隔膜迁移到氢电极。其总反应为：

$$H_2+\frac{1}{2}O_2 \longrightarrow H_2O \tag{6-3}$$

6.2.2 关键材料

1. 电催化剂

电催化剂是指在电场作用下，存在于电极表面或溶液相的修饰物。它能够促进或抑制在电极表面发生的电子转移而本身不发生化学反应。

（1）阳极催化剂(见表 6-3)

1）贵金属催化剂。非贵金属与贵金属相比较廉价，但是贵金属的性能优于非贵金属，所以贵金属催化剂是不能够被替代的。

2）贵金属合金或多金属催化剂。Pt 基二元和三元复合催化剂满足催化剂的高活性、高抗毒能力和低使用量等要求，如 Pt-Ag、Pt-Rh、Pt-Ni、Ir-Pt-Au、Pt-Pd-Ni、Pt-Co-Mo 等。

3）非贵金属催化剂。采用镍、镍合金或其他合金作为阳极催化剂。此外还有 Ni-Mn、Ni-Cr、Ni-Co、WC、NiB 等，但它们有活性低和使用时间短等缺点，所以很少使用。

表 6-3 阳极催化剂

序号	类型	优点	缺点
1	贵金属催化剂	催化活性高	价格昂贵，成本高
2	贵金属合金或多金属催化剂	活性高，抗中毒能力强，用量低	价格昂贵，成本高
3	非贵金属催化剂(如拉尼镍)	成本低	催化活性低，寿命短

(2) 阴极催化剂(见表 6-4)

1) AFC 最初使用贵金属作为阴极催化剂，但它具有价格高、材料难得的缺点，而且 O_2 在碱性介质中反应速率较快，可以不使用贵金属催化剂，因此，人们一直在寻找一种可以代替贵金属的阴极催化剂。

2) 氮化物催化剂。氮化物催化性能可与贵金属相媲美，被誉为“准铂催化剂”。另外，氮化物还具有一定的磁性和抗 CO 性，因此，氮化物也是有望替代铂作为 AFC 的阴极催化剂。

3) 银催化剂。为了解决贵金属催化剂成本高的问题，Ag 或 Ag-Ni 催化剂成为 AFC 常用的氧电极催化剂。这不仅解决了成本问题，也能满足阴极催化剂的要求，但在催化活性方面有待提高。

表 6-4 阴极催化剂

序号	类型	优点	缺点
1	贵金属催化剂	催化活性高	价格昂贵，成本高
2	氮化物催化剂	催化活性高，具有一定的磁性和抗 CO 性	价格昂贵，成本高
3	银催化剂	成本低	催化活性低

(3) 催化剂中毒原因

催化剂在使用过程中受种种因素的影响，会不同程度地失去活性，通常也称为催化剂中毒。对于 AFC 电催化剂而言，同样也会面临这样的问题，而催化剂失活的原因比较复杂。

对于阴极催化剂而言，如果 AFC 使用空气作为氧化剂，空气中的 CO_2 会随着氧气一起进入电解质和电极，与碱液中的 OH^- 发生反应形成碳酸盐，反应如式(6-4)所示，生成的碳酸盐会造成微孔堵塞，导致电池性能下降。与此同时该反应使电解质中载流子 OH^- 浓度降低，影响了电解质的导电性。另外，碳载型催化剂虽然具有较好的催化活性和较高的电位，但高电位同时会造成炭电极的更快氧化，使催化剂性能下降。

$$CO_2+2OH^- \longrightarrow CO_3^{2-}+H_2O \tag{6-4}$$

对于阳极而言，电催化剂失活主要受以下三个方面的影响。①毒性金属杂质的影响，一些杂质(如 Hg、Pd 等)会对催化剂产生较强的毒化作用，而且这些杂质主要来源于反应原料、化学药品和设备材料等，因此在进行催化剂制备或者燃料净化等过程时，要注意防止这些杂质的引入；②CO 的毒化，如果阳极燃料中存在 CO 杂质，会对催化剂产生毒化作用。CO 会吸附在催化剂的表面，占据活性点，使催化剂的有效表面积减小，从而使催化剂对 H_2 氧化反应的催化作用减弱，造成催化剂中毒；③电解质中阴离子在催化剂表面的吸附亦会对电催化剂的活性产生影响。电解溶液中存在的阴离子在电极表面的吸附也会造成催化剂的毒化，在电极表面吸附作用最强的阴离子为 Cl^-，其次为 SO_4^{2-}，吸附作用最弱的为 ClO_4^-。

(4)防止催化剂中毒的方法

为了保持 AFC 电催化剂的反应活性，延长 AFC 的使用寿命，目前已提出多种防止催化剂中毒的方法，概括起来主要有以下四种。

1）利用物理或化学方法除去 CO_2，主要有化学吸收法、分子筛吸附法和电化学法。化学吸收法原理简单，但缺点是需要不断更换吸收剂，操作比较复杂，实际应用起来比较困难；分子筛吸附法则是利用原料气多次通过分子筛的方法，以达到降低 CO_2 含量的目的。由于吸附过程中水优先被吸附，所以需要增加空气干燥和系统再生程序，增加了能量消耗和系统再生成本；电化学法则是在碳酸盐形成后，可将电池在高电流条件下短时间运行，以降低电极附近 OH^- 的浓度，增大碳酸盐浓度，形成 H_2CO_3，然后分解释放出 CO_2。此方法简单易行，不需要任何辅助设备。

2）使用液态氢。液态氢也可以作为一种去除 CO_2 的方法。主要原理是利用液态氢吸热汽化的能量，采用换热器来实现对 CO_2 的冷凝，从而使气态 CO_2 的含量降低到 0.001%以下。但液态储氢本身还面临着许多问题有待改善和解决，因此这种方法很少使用。

3）采用循环电解液。这种方法主要通过连续更新电解液，清除溶液中的碳酸盐使其不会在电极上析出，减弱其对电极的破坏作用，并可以及时向电溶液中补充 OH^- 载流子。但是这种方法还存在缺点，附加了电解液循环装置，增加了系统的复杂性。

4）改善电极制备方法。一般是通过在电极制备中加入聚四氟乙烯（Polytetraflaoro Ethylene，PTFE），为反应气扩散提供通道，同时阻碍了析出碳酸盐对电极微孔的堵塞，减少了碳酸盐对电极的破坏。

2. 电极

AFC 的电极结构目前主要有双孔结构电极和含有聚四氟乙烯等防水剂的黏合型电极。双孔结构电极一般采用雷尼镍制备，具有粗孔层和细孔层。在电池工作时，可以通过控制反应气与电解液压差的方式将反应区有效地稳定在粗孔层内。为了提高双孔电极的电催化活性，可将高催化活性的组分引入粗孔层，采用原位液相还原法将其高分散到粗孔层框架的表面上。而细孔层在浸入电解液后，则起到阻气和传导导电离子的作用。

黏合型电极是通过在各种电催化剂材料中加入适量的防水剂，如 PTFE 等，使分散的催化剂材料牢固结合的同时形成相互交错的双网络体系结构的气体扩散电极。由防水剂构成的憎水网络为反应气在电极内的传输提供了通道；而电催化材料构成的亲水网络则使电解液完全浸润，具有良好的导电性，从而为电子和载流子提供了传导通道，并在电催化剂上完成电化学反应。这种黏合型电极一般具有较高的极限电流和反应面积。

在含有 PTFE 防水剂的黏合型电极中，PTFE 除了起黏合电催化材料的作用，还起到为反应气提供扩散传质的疏水网络通道的作用。由于 PTFE 是绝缘体，因此在电极中含量过高会导致电极的电阻增大，增加电极的欧姆极化损失；但 PTFE 含量过低时，气体在电极中的传质阻力增大，增加电极的浓差极化损失，尤其是电极在高电流密度工作时更为明显。因此，对于特定电极 PTFE 的加入量应该存在最优区间。需要强调的是电极内催化剂材料构成的亲水网络和由 PTFE 构成的疏水网络的比例是用体积比来衡量的，因此 PTFE 的用量实际是由催化剂材料的密度决定的，对于密度较大的银-铂黑等金属催化剂，电极中 PTFE 的质量分数一般为 10%~20%；而密度较小的 Pt/C 等催化剂，电极中 PTFE 的质量分数一般为 30%~50%。

3. 电解质

AFC 一般用 KOH 或 NaOH 作为电解质，在电解质内部传输的导电离子是 OH^-。比较典型的电解质溶液是质量分数为 35%~50%的 KOH 溶液，可以在较低温度下使用(<120℃)。而当温度较高的时候(如 200℃)，可以使用较高浓度 85%的电解质。NaOH 也可作为电解质，其优点是价格比 KOH 低，但是如果在反应气中有 CO_2 存在，会生成 Na_2CO_3，其溶解度较 K_2CO_3 低，易堵塞电池的气体通道。因此 KOH 是最常用的电解质。

4. 双极板与流场

碱性燃料电池的双极板和流场相对于 PEMFC 而言比较简单，目前常用的 AFC 双极板材料有镍和无孔石墨板，这些材料在 AFC 工作条件下性能稳定，且价格低。对于具有高的质量比功率和体积比功率要求的 AFC，则多采用厚度为毫米级的镁、铝等轻金属制备双极板，但在这些双极板上会镀上金或银。其他一些材料如铁板镀镍也可以作为双极板。而流场一般采用点状流场、平行沟槽流场和蛇形流场。

6.2.3 影响碱性燃料电池性能的因素

1. 氧化剂对其性能的影响

碱性燃料电池可采用 O_2 或空气作氧化剂。美国国际燃料电池公司与德国Siemens公司主要研究碱性 H_2-O_2 燃料电池。而 Elenco 公司研究的 AFC 系统则多采用空气作氧化剂，他们研制的碱性 H_2-空气燃料电池也可用 O_2 作氧化剂。据报道，Elenco 公司的碱性 H_2-空气燃料电池若改用 O_2 作氧化剂，在相同操作条件下，电池堆电流密度(输出电压不变)可增加约 50%。相反，若将空气直接用于碱性 H_2-O_2 燃料电池系统则会遇到很多麻烦，原因在于 H_2-O_2 燃料电池中的电极无法适应空气中存在的 N_2，且对于空气中杂质，特别是 CO_2 更加敏感，所以性能会降低。

在 AFC 系统中究竟采用 O_2 还是空气作氧化剂，要根据具体用途而定。对于航天与国防方面应用的 AFC 系统，O_2 是唯一的选择。而作为商业应用的 AFC 系统，如电动汽车动力电源、小型燃料电站等，基于安全性与价格等因素，采用空气作氧化剂比较合适。

2. 工作温度对性能的影响

由于低温条件下 KOH 溶液具有良好的离子导电率，因此，AFC 电堆在常温下工作时的输出功率就能达到额定工作温度(约 70℃)时的一半。当电池工作温度由室温升至 50~60℃时，电池输出功率随工作温度增加而呈线性增大。若进一步提高工作温度，电解质中 KOH 浓度的影响因素必须加以考虑。

Elenco 公司的研究表明，对于常压型 H_2-空气燃料电池，电解质为 6~7mol/L KOH 溶液时的最佳电池工作温度范围是 70~80℃，而采用 8~9mol/L 的 KOH 溶液作电解质时，最佳工作温度为 90℃。但是，当电池工作温度升至 80℃以上时，提高工作温度对电池性能改进并不十分明显。

从提高电池系统运行可靠性的角度分析，电池工作温度不宜选得过高，比较适宜的工作温度范围是 80~90℃。

3. 工作压力对性能的影响

从理论上讲，提高系统工作压力有利于提高燃料电池性能。目前，已经开发应用的燃料电池系统中，有相当一部分是在加压条件下工作的。

美国国际燃料电池公司为航天飞机轨道器制造的碱性隔膜型燃料电池，工作压力为 0.41MPa。对于 AFC 系统，工作压力由反应气体压力与碱腔压力来确定。在电池运行过程中，应使反应气体室(阳、阴极室)与碱腔之间保持一定的压差。但是压差不能过大，要避免气体室压力太大导致反应气进入碱腔。若阳、阴极室内 H_2、O_2 同时进入碱腔，电池系统将会受到极大危害。

6.2.4　碱性燃料电池的优缺点

1. AFC 的优点

1）能量转换效率高。AFC 的性能一般要好于使用酸性电解质的 PAFC 和 PEMFC。

2）成本低。AFC 使用的电解质和催化剂价格低。

3）启动容易。AFC 电池启动速度快，而且可在常温下启动。

4）低温工作性能好。由于在碱性溶液中，浓的 KOH 电解液的冰点较低，所以 AFC 可在低于 0℃下工作。

5）易于热管理。通过电解液完全的循环，电解液被用作冷却介质，易于热管理。

2. AFC 的缺点

1）二氧化碳的毒化。电池对燃料中 CO_2 敏感，碱性电解液对二氧化碳具有显著的化合力，电解液与 CO_2 接触会生成碳酸根离子（CO_3^{2-}），这些离子并不参与燃料电池反应，且削弱了燃料电池的性能，影响输出功率；碳酸的沉积造成电极阻塞，也将成为一种可能的风险，这个问题可通过电解液的循环予以处理。二氧化碳除气器能够从空气流中排除二氧化碳气体，但将其引入系统会增加成本和复杂度。

2）循环电解液的利用，增加了泄漏的风险。氢氧化钾是高腐蚀性的，发生泄漏时会造成环境污染。此外，循环泵和热交换器的结构，以及最后的气化器均很复杂。另一问题在于，如果电解液被过多地循环或单元电池没有很好地绝缘，则在两单元电池间将存在内部电解质短路的风险。

3）由于 AFC 工作温度低，电池冷却装置中冷却剂进出口温差小，冷却装置需要有较大体积，废热利用也受到限制。

6.2.5　应用领域

碱性燃料电池如果在地面应用，那么燃料纯度要求很高，而且燃料中不能含有 C、CO_2 及 CO。所以，AFC 系统的主要应用领域有：航天飞行器用动力电源、军事装备电源、电动汽车用的动力电源、民用发电装置。

6.2.6　发展状况

碱性燃料电池发展历程如表 6-5 所示。

表 6-5 碱性燃料电池发展历程

时间	国家/人物	事件
1902 年		AFC 技术出现
20 世纪 40~50 年代	Francis Thomas Bacon	世界上第一个碱性燃料电池
1959 年	Francis Thomas Bacon	碱性燃料电池
20 世纪 60 年代	美国	PC3A 型碱性燃料电池系统
20 世纪 70 年代	美国	石棉膜型碱性燃料电池系统
20 世纪 80~90 年代	德国	碱性燃料电池作为载人空间飞行器
20 世纪 80 年代后		主要发展质子交换膜

相比其他燃料电池，AFC 是最早研究成功和获得应用的。1902 年 AFC 技术出现，但直到 20 世纪 40~50 年代，法兰西斯·汤玛士·培根(Francis Thomas Bacon)才完成了碱性燃料电池的研究，他用 KOH 溶液替代了腐蚀性较强的酸性电解质溶液，制造出了世界上第一个碱性燃料电池，这种电池又称为培根(Bacon)电池。1959 年，培根发明了 5kW 的 AFC。

因为航天事业的快速发展，在 20 世纪 70 年代，石棉膜型碱性燃料电池系统被开发出来，它主要应用于航天飞机，是在美国联合技术公司在美国国家航空航天局的支持下完成的。在此之前的 20 世纪 60 年代，美国航空航天局研发出了 PC3A 型碱性燃料电池系统，用于阿波罗登月飞行计划。在此期间因为航天事业的蓬勃发展，中国也积极地致力于研制碱性燃料电池。在 20 世纪 80~90 年代，欧洲空间局开始资助发展碱性燃料电池作为载人空间飞行器的动力。

因为碱性燃料电池在航天方面取得了不错的成绩，所以研究人员转向探索碱性燃料电池在地面和水下的应用，但是在这种条件下燃料的纯度要求高，限制了它的发展。20 世纪 80 年代末以后，研究人员不仅仅满足于研制可在陆水两地应用的燃料电池，所以质子交换膜燃料电池得到快速发展。

6.3 磷酸燃料电池

6.3.1 工作原理及结构

磷酸燃料电池(PAFC)的电解质是磷酸，燃料为氢气，氧化剂为空气。PAFC 单体电池如图 6-3 所示。

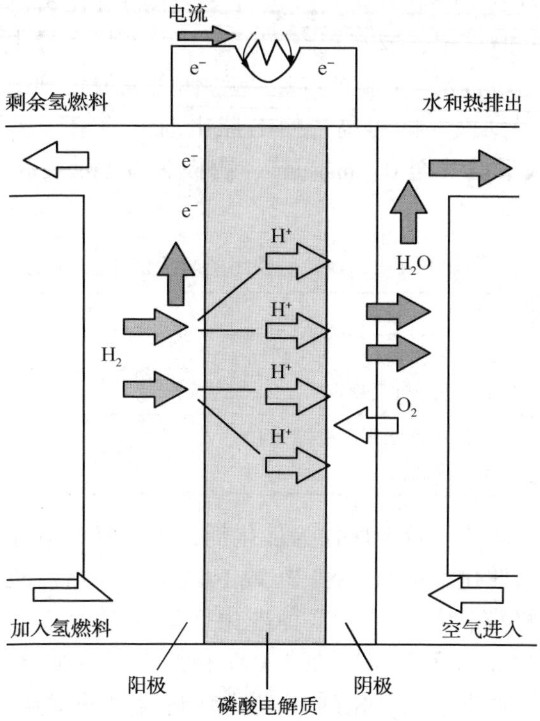

图 6-3　磷酸燃料电池电极反应

PAFC 用氢气作为燃料，氢气进入气室，到达阳极后，在阳极催化剂作用下，失去 2 个电子，氧化成 H^+：

$$阳极反应：H_2 \longrightarrow 2H^+ + 2e^- \tag{6-5}$$

到达阴极的 H^+ 和氧气结合，还原生成水：

$$阴极反应：\frac{1}{2}O_2 + 2H^+ + 2e^- \longrightarrow H_2O \tag{6-6}$$

$$总反应：H_2 + \frac{1}{2}O_2 \longrightarrow H_2O \tag{6-7}$$

PAFC 的工作压力一般为 0.7~0.8MPa，工作温度一般为 180~210℃。

6.3.2　关键材料

1. 电催化剂

PAFC 所使用的阳极催化剂仍然以铂或铂合金为主，因为贵金属催化剂催化电极反应的可逆性较好，催化活性较高，能耐燃料电池中电解质腐蚀，因而具有长期的化学稳定性。

在 PAFC 中，为了促进电极反应，起初一般采用贵金属(如铂黑)作为电极催化剂，铂黑用量为 $9mg/cm^2$，成本较高。但随着引入具有导电性、耐腐蚀性、高比表面积、低密度的廉价炭黑(如 X-72 型炭)作为电催化剂的担体后，铂催化剂的分散度和利用率得到极大的提高，使电催化剂中的铂用量大幅度降低，现在 PAFC 阳极铂的担载量已降至 $0.1mg/cm^2$，阴极为 $0.5mg/cm^2$。阳极催化剂详情见表 6-6。

表 6-6 PAFC 所使用的阳极催化剂

序号	类型	优点	缺点	备注
1	铂或铂合金	耐电解质腐蚀、催化活性较高、化学性质稳定	价格昂贵，成本高	铂黑的用量为 $9mg/cm^2$
2	铂+炭黑(如 X-72 型炭)	提高铂催化剂分散度和利用率，降低铂金属用量	催化活性有所下降	铂黑的用量约 $0.1mg/cm^2$

对于阴极而言一般使用贵金属作为催化剂，为了降低电池成本，也有人采用其他金属大环化合物催化剂来代替纯 Pt 或 Pt 合金催化剂，如 Fe、Co 的卟啉等大环化合物作为阴极催化剂，虽然这种催化剂的成本较低，但是它们稳定性不好，在浓磷酸电解质条件下，只能在 100℃ 下工作，否则会出现活性下降的问题。后来又提出了结合贵金属催化剂 Pt 与大环化合物的优点，制备 Pt 与过渡金属的复合催化剂。研究较多的为 Pt 与 Ni、V、Cr、Co、V、Zr、Ta 等的合金。阴极催化剂详情见表 6-7。

表 6-7 PAFC 所使用的阴极催化剂

序号	类型	优点	缺点
1	铂或铂合金	耐电解质腐蚀、催化活性较高、化学性质稳定	价格昂贵，成本高
2	金属大环化合物(Fe、Co 的卟啉等大环化合物)	成本低	稳定性差
3	铂与过渡金属的复合催化剂	性能稳定	价格昂贵，成本高

2. 电极

在寻求新型高效电催化剂的同时，为提高铂的利用率，降低铂的担载量，进一步降低电池成本，延长电池寿命，在 PAFC 的电极结构的改进方面取得了突破性的进展，成功研制出了多层结构的多孔气体扩散电极。

PAFC 电极是由催化层(阴极催化剂或阳极催化剂)、平整层(扩散层)与支撑层组成的多孔气体扩散电极。第一层催化层由电极催化剂(阴极催化剂或阳极催化剂)附着于多孔炭纸上组成。炭纸结构直接决定催化层的性能，孔隙率一般达

60%~90%，平均孔径为3.4~12.5μm。第二层为平整层，又可称为扩散层，为了便于在扩散层上制备催化层，需要在其表面上制备一层由X-72型炭与质量分数为50%聚四氟乙烯乳液的混合液所构成的平整层，其厚度为1~2μm，其作用有二：一是整平扩散层表面，利于制备催化层；二是防止在制备催化层时，Pt/C电催化剂进入扩散层的内部，降低铂的利用率。第三层支撑层对催化层和平整层(扩散层)起到支撑作用。

3. 隔膜

早期PAFC的隔膜主要使用经过特殊处理的石棉膜和玻璃纤维纸，但是，石棉和玻璃纤维中的碱性氧化物会和电解质浓磷酸发生反应，从而使电池的性能降低。经过多年的研究，现在均选用在PAFC工作条件下具有化学稳定性和电化学稳定性的碳化硅(Silicon Carbon，SiC)作为隔膜材料。磷酸电池隔膜详情见表6-8。

表6-8 磷酸燃料电池隔膜

序号	类型	优点	缺点
1	石棉膜和玻璃纤维纸	化学稳定性和电化学稳定性差	电池性能降低
2	碳化硅	优异的化学稳定性和电化学稳定性	自然界中存在少，需人工合成

在PAFC中碳化硅隔膜与其两侧的氢、氧多孔气体扩散电极构成膜/电极“三合一”组件。一般先将小于1μm的碳化硅与2%~4%聚四氟乙烯和少量(<0.5%)的有机黏合剂(如环氧树脂胶黏剂)配成均匀的溶浆，在氢、氧多孔气体扩散电极的催化层一侧制备厚度为0.15~0.2mm的碳化硅隔膜，在空气中干燥，于270~300℃烧结。

饱浸磷酸的碳化硅隔膜可以起到两点作用：一是起离子传导作用。为了减少其电阻，它必须具有尽可能大的孔隙率，一般为50%~60%。同时为了确保磷酸优先充满碳化硅隔膜，其平均孔径应小于电极的孔径。二是起隔离氧化剂和燃料的作用。

4. 电解质

PAFC使用的电解质是100%的磷酸，采用磷酸作为电解质有明显的优势。磷酸具有较高的沸点，即使在200℃挥发性也很低，因此，PAFC的工作温度较高(180~210℃)，在此温度下，电池的性能较高。PAFC对燃料的要求比较低，可利用城市天然气体、从工业废弃物中提取得到的低热量气体及利用废甲醇热解气作为燃料。

100%磷酸的固化温度在42℃左右，当电池停止运行时，电解质会产生固化，使电池体积增加。另外，磷酸在凝固及重新熔化的过程中会产生应力，这都会损害电池的电解质隔膜，使电池性能降低。所以，PAFC 在运行和不运行时，都要使电池的温度保持在 45℃之上。

5. 双极板

双极板的作用为分隔氧化剂和燃料，同时传导电流。在其两面加工的流场将反应气均匀分配至电极各处。由于酸的强腐蚀性，不能采用一般金属材料，因此只能采用石墨作为双极板。早期的双极板是将石墨粉和树脂的混合物在 900℃左右使树脂部分炭化制得的，但这种材料在 PAFC 的工作条件下会发生降解。后来将热处理温度提高到 2700℃，使石墨粉和树脂的混合物接近完全石墨化，该双极板稳定性达到预期目标，但费用太高。为了降低双极板的成本，目前一般采用复合双极板，中间一层为无孔薄板，起着分隔气体的作用，在其两侧再加置带气体分配孔道的多孔碳板作为流场板，以构成一套完整的双极板。在 PAFC 中，这种多孔流场板还可储存一定容量的磷酸，当电池隔板中的磷酸因蒸发等因素损失时，被储存的磷酸就会依靠毛细力的作用迁移到电解质隔膜内，以延长电池的工作寿命。双极板类型如表 6-9 所示。

表 6-9　磷酸燃料电池双极板类型

序号	类型	优点	缺点
1	石墨粉和树脂的混合物(在 900℃制得)	成本低	工作条件下会发生降解
2	石墨粉和树脂的混合物(在 2700℃制得)	稳定性好	成本高
3	复合双极板	成本低，工作寿命长	制作条件复杂

6.3.3　影响磷酸燃料电池性能的因素

磷酸燃料电池性能主要由其工作条件和燃料气体中杂质决定。接下来，详细叙述对磷酸燃料电池性能影响的两个因素。

1. 工作条件对其性能的影响

(1) 工作温度的影响

PAFC 工作温度的升高会使电池炭材料的腐蚀加重、高分散的 Pt 催化剂烧结以及电解质磷酸挥发和降解。所以，PAFC 的工作温度不宜过高，峰值温度为 220℃，而电池连续工作时的温度为 210℃，否则会对电池的寿命和性能产生不利的影响。

(2) 反应气压力的影响

从动力学角度看，升高压力使得欧姆极化减少；从热力学角度来看，升高压力使得可逆电池的电压有所提高。

2. 燃料气体中杂质的影响

CO 能强烈吸附在 Pt 催化剂表面而使其中毒。研究发现，有 CO 存在时，阳极氧化电流降为没有 CO 存在时的一半，即 CO 对 Pt 催化剂的毒化作用很强。然而，随着温度升高，CO 在 Pt 催化剂电极表面的吸附作用减弱，也就是说，CO 对 Pt 催化剂的毒化程度降低。硫化物来自燃料本身，燃料蒸气和煤气中的硫通常以 H_2S 的形式存在。H_2S 能强烈吸附在 Pt 催化剂表面，占据催化活性中心，并被氧化为单质硫而覆盖在 Pt 粒子表面，使 Pt 催化剂失去对氢氧化的电催化功能。而在高电位下，吸附在 Pt 表面的硫会被氧化为 SO_2，其脱附后，Pt 催化剂又会恢复其催化活性。当燃料气体中同时含有 CO 时，H_2S 对电极的毒化作用会加强，将这种影响称为协同效应。来自燃料重整过程中的一些氮化物，如 NH_3、NO_x、HCN 等对电池的性能都有影响。而氮气除了起到稀释剂的作用，并没有太大的毒害作用。燃料气体或氧化剂中如果含有 NH_3，会与电解质磷酸发生反应生成 $NH_4H_2PO_4$，这会使氧还原性能下降，从而影响电池的性能。

6.3.4　磷酸燃料电池优缺点

经过多年的努力，PAFC 得到了很大的进展，已经进入了商业化初期的阶段，是所有燃料电池中发展最快的。

这主要得益于 PAFC 具有如下优点：①PAFC 对燃料气体及空气中 CO_2 耐受性强，无需对气体进行除 CO_2 的预处理，所以系统简化，成本降低；②电池的工作温度在 180～210℃，工作温度较温和，所以对构成电池的材料要求不高；③PAFC在运行时可产生热水，即可以热电联供；④稳定性比较好；⑤排气清洁，对环境污染小；⑥低噪音，低振动。

虽然 PAFC 的技术比较成熟，但 PAFC 依然存在着比较明显的缺点：①发电效率低，仅能达到 40%～45%；②由于采用酸性电解质，所以必须使用稳定性较好的贵金属催化剂，如价格高的铂催化剂，因而成本较高；③磷酸具有腐蚀作用，使得电池的寿命很难超过 55000h；④由于采用贵金属 Pt 作为催化剂，所以为了防止 CO 对催化剂的毒化，必须对燃料气进行净化处理；⑤PAFC 电堆的启动时间较长，需要几个小时，因此不适合作为快速启动装置的电源，如汽车用等移动电源，应用范围受到限制；⑥不适合中小型移动电源。

6.3.5　应用领域

PAFC 在以下两种情况下用于发电厂：安装在配电站中的容量为 10～20MW 的分散发电厂；容量超过 100MW 的中央发电厂型发电厂，可用作中型火力发电厂。与一般发电厂相比，PAFC 发电厂具有以下优点：即使发电负荷较低，仍可保持较高的发电效率；由于采用模块化结构，因此现场安装简单、省时，发电厂易于扩展。

日本受到1973年全球石油危机和美国PAFC的研究与开发的影响，决定开发各种类型的燃料电池。PAFC是一种大型节能发电技术，由新能源工业技术开发机构开发。自1981年以来，日本一直在研究和开发100kW现场PAFC发电设备。1986年，日本开发了200kW的现场发电设备，适用于偏远地区或商业用途的PAFC发电设备。

富士电机目前是日本最大的PAFC电池组供应商。截至1992年，公司已在全球范围内提供了17台PAFC演示设备，富士电机于1997年3月完成了分散式5MW设备的运行研究。现场共使用了88种50kW、100kW和500kW的设备。

6.3.6 发展状况

磷酸燃料电池发展历程如表6-10所示。

表6-10 磷酸燃料电池发展历程

时间	国家	事件	主要参数
1967年	美国	第一台家用PAFC诞生	4kW
1971—1973年	美国	增大PAFC功率	12.5kW
1976—1986年	美国/日本	PAFC批量生产与应用	40kW
1989年	日本	热电联产型PAFC，降低运行成本	200kW
1990年	德国	提高营运稳定性	80kW
1990年	意大利	进一步提高功率	1000kW
1992年	韩国/泰国	进一步提高功率	5600kW
2000年	美国	降低造价，提升运行寿命	50万美元降至35万美元；寿命至40000h
2002年	美国	安装200kW PAFC发电装置235套	累计发电 470×10^4h
2002年后		发展缓慢	

1967年开始，美国国际燃料电池公司先后与其他28家公司合作，开始研制以含20% CO_2 天然气裂解气为燃料的PAFC发电系统，第一台PAFC 4kW的样机为家用发电设备，运行了几个月；在1971—1973年，研制成了12.5kW的PAFC发电装置；此后，他们生产了64台PAFC发电站，分别在美国、加拿大和日本等35个地方试用。在1976—1986年，美国能源部、天然气研究所和电力研究所的GRT-DOC计划研制了48台40kW的PAFC发电站，其中2台在日本东京煤气公司和大阪煤气公司进行试验，其余的在美国42个地方进行了应用试验。1989年，新成立的ONSI公司在GRT-DOC计划资助下，开始开发200kW热电联产型PAFC发电装置，并在1990年将样机出售给日本进行了运行试验，发现其发电效率为35%，热电联产后效率达80%。此后，有53台200kW PAFC发电装置被美

国和日本的公司订购，价格从最初的 50 万美元降到 35 万美元。在这些 PAFC 发电装置中，有些装置的运行寿命达到了 40000h。

2002 年初，美国在全球范围内安装并测试了 235 套 200kW PAFC 电厂，总发电量为 4.7×10^6h。美国和日本的一些设备已达到 10000h 连续功率设计目标。日本 Furi Electric 和日本三菱电机已开发出 500kW PAFC 发电系统。中国的 Wei Zidong 等人进行了 Pt3(Fe/Co)/C 氧还原电催化剂。关于 Fe/Co 对 Pt 磷酸燃料电池发电技术的固定作用的研究和建议已经得到高速发展，但是由于启动时间长且废热利用率低，因此发展时间很慢。

6.4 熔融碳酸盐燃料电池

6.4.1 工作原理及结构

熔融碳酸盐燃料电池(MCFC)单电池组成如图 6-4 所示。

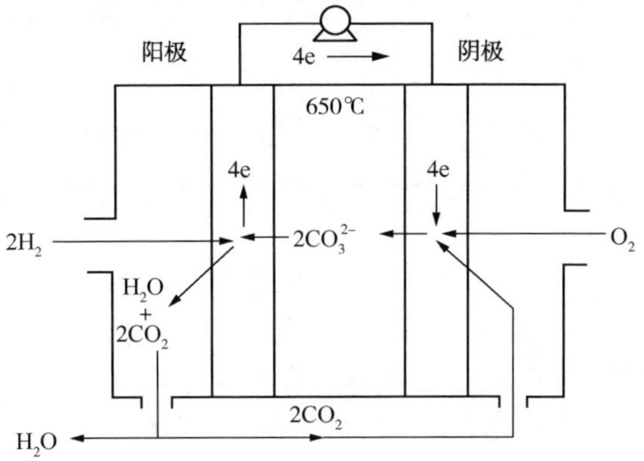

图 6-4 熔融碳酸盐燃料电池工作原理图

MCFC 用碱金属(Li、Na、K)的碳酸盐作为电解质，它的工作温度为 599~699℃。典型的电解质为 62%Li_2CO_3+38%K_2CO_3(摩尔分数)。原料是 H_2，也可以为 CO 等，氧化剂为 O_2。

熔融碳酸盐燃料电池的电化学反应式如下。

$$\text{阴极反应：}\frac{1}{2}O_2+CO_2+2e^- \longrightarrow CO_3^{2-} \quad (6-8)$$

$$\text{阳极反应：}H_2+CO_3^{2-} \longrightarrow CO_2+H_2O+2e^- \quad (6-9)$$

$$\text{总反应：}\frac{1}{2}O_2+CO_2+H_2 \longrightarrow H_2O+CO_2 \quad (6-10)$$

6.4.2 关键材料

1. 电极

在 MCFC 的阴极和阳极上分别进行氧阴极还原反应和氢阳极氧化反应。

(1) 阳极

阳极材料早期采用铂或银，但是因为价格昂贵，后期采用镍来代替。但是纯镍也有缺点，会发生蠕变现象，晶体结构产生的微形变会破坏阳极结构，导致电极性能的衰减。因此为改善合金的性能，特别是蠕变性能，需要对纯镍阳极进行改性。常在 Ni 中加入摩尔分数为 10%左右的 Cr、Co、Al 等金属与 Ni 形成合金，分散蠕变应力，对电极起加固作用。阳极一般采用带铸法制备。

MCFC 的阳极催化剂见表 6-11。

表 6-11 MCFC 的阳极催化剂

序号	类型	优点	缺点
1	银和铂	材料易得	成本高，电导性与电催化性能差
2	镍	电导性与电催化性能良好	发生阳极蠕变现象，导致电极性能的衰减
3	镍合金	对电极起加固、对蠕变应力起分散作用	催化活性低，寿命短

(2) 阴极

目前 MCFC 的电极反应稳定性很高，电极催化活性也较高，因此电极材料一般采用非贵金属，如多孔 NiO。但是在长期的运行中，NiO 易溶解于熔盐电解质中导致电极性能下降。NiO 在电解质中的溶解度与 CO_2 的分压有关系。一般随着 CO_2 的分压增加，NiO 先经历“碱性溶解”再经历“酸性溶解”，因此 CO_2 的分压较高时，以“酸性溶解”为主，其反应机理为：

$$NiO+CO_2 \longrightarrow Ni^{2+}+CO_3^{2-} \quad (6-11)$$

产生的 Ni^{2+} 扩散进入隔膜后导致电池短路：

$$Ni^{2+}+CO_3^{2-} \longrightarrow Ni+H_2O+CO_2 \quad (6-12)$$

开发新型阴极材料是解决这个问题的主要途径之一。目前使用的几种阴极材料其对应阴极的结构参数和在高温电解质中的溶解速率和交换电流密度列于表 6-12 中，从表中可以看出，$LiCoO_2$ 阴极在高温电解质中的溶解速率是 NiO 阴极的 1/10~1/2，但其交换电流密度明显低于 NiO，因此也不是理想的阴极材料，需要经过掺杂增加电导率，才有可能成为阴极。$LiFeO_2$ 阴极在高温电解质中虽然有很低的溶解速率，但其交换电流密度较低，电性能也较差，同样需要掺杂改善其电性能。

表 6-12 不同阴极结构参数及其在高温电解质（62%Li_2CO_3+38%K_3CO_3）中的溶解速率和交换电流密度

阴极		NiO	$LiCoO_2$	$LiFeO_2$
孔隙率/%		60~62	58~68	58~68
孔径/μm		18~26	13	11
电极厚度/mm		0.4	0.4	0.4
溶解速率/[μg/(cm·h)]		4~5	0.5~2	0.1~0.5
交流电流密度/（mA/cm^2）	650℃	3.4	1.0	0.05
	700℃	—	3.6	0.5

根据 NiO 易溶于酸性介质的特点，在阴极制备过程中加入 MgO、CaO、SrO 和 BaO 等碱土元素化合物，制成碱性较强的掺杂型 NiO 多孔阴极。其中，添加 $x=59\%$（x 表示摩尔分数）的 MgO 具有最佳效果。La、Al、Ce、Co 等元素掺杂也能够显著提高 NiO 阴极的性能和化学稳定性。

近年来 $LiCoO_2$ 成为新阴极材料探索的重点，经过半导体掺杂 Mg 后，再进一步掺杂 La 和 Ce 等稀土元素后制得的阴极材料，其性能优于 NiO 阴极。用 $LiCoO_2$ 材料作为阴极是较好的选择，但是需要解决的另一个问题是如何提高 $LiCoO_2$ 的导电性能。$LiFeO_2$ 作为阴极材料在 MCFC 工作条件下几乎不溶解，但其在常压下的催化活性低，电极极化大，不适用。对于加压 MCFC，其活性有提高，掺 Co 的 $LiFeO_2$，值得研究。此外还有一些钙钛矿和尖晶石结构的材料，既有较高电导率和交换电流密度，又有较低的溶解速率，但此类材料组成复杂、制备难度大，阴极成型也是一个难题。

MCFC 的阴极催化剂见表 6-13。

表 6-13 阴极催化剂

序号	类型	优点	缺点
1	多孔 NiO	电导率高，电催化活性高，制备方便	长期的运行中，NiO 易溶解于熔盐电解质中导致电极性能下降
2	$LiCoO_2$	低溶解速率	交换电流密度明显低于 NiO，需要进行掺杂
3	$LiFeO_2$	低溶解速率	交换电流密度较低，电性能也较低
4	掺杂型 NiO 多孔阴极（加入碱土元素化合物）	有效降低熔盐中 Ni 的溶解性，有利于提高阴极的稳定性	制备困难

2. 隔膜

电解质隔膜是 MCFC 的重要组成部件，其中电解质被固定在隔膜载体内。电解质隔膜应至少具备四种功能：①隔离阴极与阳极的电子绝缘体。②作为碳酸盐电解质的载体，碳酸根离子迁移的通道。③浸满熔盐后防止气体的渗透。④通过“湿封”防止气体泄漏。当电池的外壳为金属时，湿封是唯一的气体密封方法。

早期采用 MgO 作为 MCFC 的隔膜材料，但 MgO 在高温熔融碳酸盐中会有微量的溶解，使隔膜的强度变差。目前，大多数采用偏铝酸锂（$LiAlO_2$），它有 α、β 和 γ 三种晶型。其中 γ-$LiAlO_2$ 和 α-$LiAlO_2$ 都可用于 MCFC 的隔膜材料，早期 γ-$LiAlO_2$ 用得多一点。但是由于在 MCFC 的工作温度以及熔融碳酸盐存在的情况下，β 型和 γ 型都要变为 α 型，且不可逆转，因此现在的 α-$LiAlO_2$ 用得更多一些。

隔膜的孔隙率越大，浸入的碳酸盐电解质就越多，隔膜的电阻率也就越小。考虑隔膜应能承受较大的穿透气压，同时还应尽量减小电阻率，所以隔膜应具有小的孔半径和大的孔隙率。一般熔融碳酸盐燃料电池隔膜的厚度为 0.3～0.6mm，孔隙率为 60%～70%，平均孔径为 0.25～0.8μm。

3. 电解质

MCFC 以摩尔分数 62% Li_2CO_3+38% K_2CO_3 的混合物为标准电解质。这是一个低共熔混合物，熔点为 487℃，Li_2CO_3-K_2CO_3 体系还有一个低共熔混合物为 43% Li_2CO_3+57% K_2CO_3，其熔点为 499.85℃。

4. 双极板

双极板通常用不锈钢和镍基合金钢制成。目前使用最多的还是 316L 不锈钢和 310 不锈钢双极板。对于小型电池组，其双极板采用机械方法进行加工；对于大型电池组，其双极板采用冲压方法进行加工。

在高温电解质的环境中，双极板发生腐蚀，腐蚀产物主要为 $LiCrO_2$ 和 $LiFeO_2$，其反应式如下：

$$M+\frac{1}{2}Li_2CO_3+\frac{3}{4}O_2 \longrightarrow LiMO_2+\frac{1}{2}CO_2(M=Fe,\ Cr) \tag{6-13}$$

由式(6-13)可知，在双极板受到腐蚀的同时，还消耗了电解质，同时在密封面的腐蚀易引起电解质流失，若不及时补充电解质，会导致电池性能的衰减。此外腐蚀作用会导致双极板的电导降低，欧姆极化增加，机械强度降低。为了提高双极板的防腐蚀性能，除了采用防腐蚀性能更好的材料（如特种钢）外，还可以对 316L 不锈钢双极板的表面进行防腐蚀处理，一般在阳极侧镀镍，在密封面镀铝来提高防腐蚀性能。

6.4.3 影响熔融碳酸盐燃料电池性能的因素

MCFC 的性能取决于压力、温度、反应气体利用率、燃料中杂质和电流密度等。

1. 压力的影响

提高 MCFC 的工作压力，使得电池性能提升。但是提高压力也促进一些副反应的发生，如炭沉积，炭沉积可能堵塞阳极气体通路。为了提高电池的性能，应避免这些副反应的发生，增加水蒸气可避免炭沉积反应。

2. 温度的影响

对于大多数碳酸盐而言，随着温度的改变电池性能及状态不同，通过实验证实，650℃时电池的性能和使用寿命最佳。

3. 反应气体利用率的影响

MCFC 电压随反应气体(氧化剂气体和燃料气体)的组成而变化。当反应物气体消耗时，电池电压将下降，这些影响与反应物气体的分压有关。对 MCFC 而言，提高氧化剂或燃料的利用率，均会导致电池性能下降，但反应气利用率过低将增加电池系统的内耗，综合两方面的因素，一般氧化剂的利用率控制在 50%左右，而燃料的利用率控制在 75%~85%。

4. 燃料中杂质的影响

煤气是 MCFC 的主要燃料之一，而煤以及煤的衍生燃料也含有相当数量的杂质。燃料中的硫化物，即使每立方米只有几毫克，对 MCFC 也是有害的。影响电池性能的硫化物主要是 H_2S。H_2S 在镍催化剂表面发生化学吸附，反应如式(6-14)所示生成 Ni_xS_y，从而堵塞了电化学反应活性中心，燃烧后变成 SO_2，会与电解质中的碳酸根反应［式(6-15)和式(6-16)］。为保证 MCFC 长期运行(40000h)，燃料气体中的硫含量(以 H_2S 计)应低于 0.01mg/m^3，如果定期除硫，硫化物含量可放宽到 1mg/m^3。

$$xNi+yH_2S \longrightarrow Ni_xS_y+yH_2 \tag{6-14}$$

$$H_2S+\frac{3}{2}O_2 \longrightarrow SO_2+H_2O \tag{6-15}$$

$$CO_3^{2-}+SO_2+\frac{1}{2}O_2 \longrightarrow CO_2+SO_4^{2-} \tag{6-16}$$

卤化物也会严重腐蚀阴极材料，对 MCFC 的影响是破坏性的。少量的含氮化合物，如 NH_3、HCN，对 MCFC 影响非常小。微量金属，如 Pb、Cd、Hg 和 Sn，其影响主要是在电极表面的沉积，或与电解质反应。

5. 电流密度的影响

考虑到成本问题，MCFC 在高电流密度条件下工作较为合适，但是随着电流密度的增加，电化学极化、欧姆极化等随之增加，对于 MCFC 来说是不利的，因为电压也会下降。当前应用的电流密度范围内的电压降主要是由于线性欧姆损耗引起的。为此应当采取措施减小欧姆阻抗，如提高集流电板和电极的导电性、减小电解质板厚度等。

6.4.4 熔融碳酸盐燃料电池的优缺点

1. 优点

1）可用的燃料广泛。MCFC 的燃料广泛，天然气、石油、柴油中提取的合成气都可以作为它的燃料。

2）总的热效率高。总的热效率可达到 80%。

3）CO 可作为燃料。可以使用如煤气等 CO 含量高的燃料气。

4）污染物排放指标低。MCFC 的污染物排放指标低，可以满足环保方面的要求。

5）可用非贵金属催化剂。MCFC 的阳极催化剂可用镍，阴极催化剂可用氧化镍。

6）用空气冷却。不需要用水冷却，节约成本。

2. 缺点

1）电解液高度腐蚀。MCFC 电解液的腐蚀和高温对各种电池材料的长期耐蚀性有非常严格的要求，因此在一定程度上影响电池寿命。

2）电池密封技术很困难。单电池边缘的高温湿密封技术难度大，尤其是在阳极区，会遭受严重的腐蚀。

3）CO_2 循环增加了系统结构的复杂性。电池系统需要 CO_2 循环，并且将阳极析出的 CO_2 重新输送到阳极，这增加了系统机制的复杂性。

6.4.5 应用领域

MCFC 在建立高效、环保的分布式电站方面具有巨大优势。

小型 MCFC 发电厂，其发电能力约为 50kW，主要用于地面通信和气象站。发电能力为 200~500kW 的 MCFC 中型发电厂可用于地面船、机车、医院、岛屿和边界防御的热力和电力供应。发电能力超过 1000kW 的 MCFC 大型发电厂可以与热机结合以发电，也可以作为本地发电厂连接到电网。

6.4.6 发展状况

熔融碳酸盐燃料电池发展历程如表 6-14 所示。

表 6-14 熔融碳酸盐燃料电池发展历程

时间	国家	事件	主要参数
20 世纪 40 年代		熔融碳酸盐燃料电池的概念出现	
20 世纪 40 年代		演示了世界上第一台 MCFC	

续表

时间	国家	事件	主要参数
20 世纪 80 年代		MCFC 作为第二代地面用的燃料电池基本上已经进入了商业化阶段	
1981 年	日本	开始研究 MCFC(通过自主开发并与美国合作)	
1987 年	日本	开发 MCFC	10kW
1993 年	中国	研究 MCFC，实现了单电池发电	电池密度 $100mA/cm^2$，燃料利用率达到 80%
1993 年	日本	加压型 MCFC 开发成功	100kW
1994 年	美国	示范电站	2MW
1997 年	日本	先导型 MCFC 发电厂	1MW
2000 年	日本	MCFC 电站实验	1MW
	德国	内部重整型的 MCFC 堆发电装置	250kW
	德国	使用污水废气为燃料的 MCFC 发电装置	1kW

熔融碳酸盐燃料电池的概念最早出现于 20 世纪 40 年代。50 年代，Broes 等演示了世界上第一台 MCFC。由于 MCFC 采用液体电解质，比较容易建造，成本也比较低，除了高的能量转换效率，其副产的高温气体也可以得到有效的利用。80 年代，MCFC 作为第二代地面用的燃料电池基本上已经进入了商业化阶段。世界各国，尤其是美国、日本和德国都投入了巨资开发 MCFC。MCFC 的开发者认为天然气将是商业系统的燃料，其他的燃料如水分解气、垃圾场气、生物废气、石油冶炼的剩气和甲醇均可用于 MCFC。

现在 MCFC 的研究主要集中在美国、日本、西欧等国家和地区。1994 年开始，美国建造了 2MW 的示范电站，它的建成为大型发电厂提供了有益的经验。德国的 MTU Friendrichshafen 开发了一种内部改造的 MCFC 堆发电装置，该装置由 200 个错流单电池组成，发电容量为 250kW，总发电效率超过 50%。德国开发了一个 1kW 的 MCFC 发电厂，该电厂使用污水废气作为燃料，将污水废气转化为 100%的再生能源。1981 年，日本开始研究 MCFC；1987 年，与美国合作开发出 10kW 的 MCFC；1993 年，研制出加压 MCFC(100kW)；1997 年，开发并投资了 1MW 中试 MCFC 电厂。它被选为日本“新阳光计划”的核心，并于 2000 年完成了 1MW 级 MCFC 电厂的试验。荷兰、意大利、西班牙和其他国家也已经完成了额定功率为 10kW、100kW 和 280kW 的 MCFC 电堆的开发。

国内 MCFC 研究的主要机构是中国科学院大连化学物理研究所、长春应用化学研究所和上海交通大学等。大连物理化学研究所从 1993 年开始对 MCFC 研究，实现了单电池发电，其电池密度 100mA/cm^2，燃料利用率达到 80%。MCFC 电池组的发电测试于 2001 年首次进行。华能集团于 2014 年 12 月建成了中国输出功率最大的 MCFC 发电系统，最大功率达到 3.16kW。

6.5 固体氧化物燃料电池

6.5.1 结构及工作原理

固体氧化物燃料电池(SOFC)的燃料无须是纯氢，不必使用贵金属催化剂。单体燃料电池目前主要有平板式和管式两种结构的 SOFC，以及在此基础上发展起来的兼有管式和平板式优点的平管式 SOFC。

具有较高离子电导率的电解质是 SOFC 电池的基础，根据不同的导电离子，固体氧化物燃料电池根据导电离子的不同可分为两类：氧离子导电电解质燃料电池和质子导电电解质燃料电池。目前，SOFC 的研究工作主要集中在氧离子导电燃料电池。氧离子传导 SOFC 电池反应为：

$$\text{阳极：} O_2+4e^- \longrightarrow 2O^{2-} \tag{6-17}$$

$$\text{阴极：} O^{2-}+H_2 \longrightarrow H_2O+2e^- \tag{6-18}$$

$$\text{总反应：} \frac{1}{2}O_2+H_2 \longrightarrow H_2O \tag{6-19}$$

电化学反应过程如图 6-5 所示。

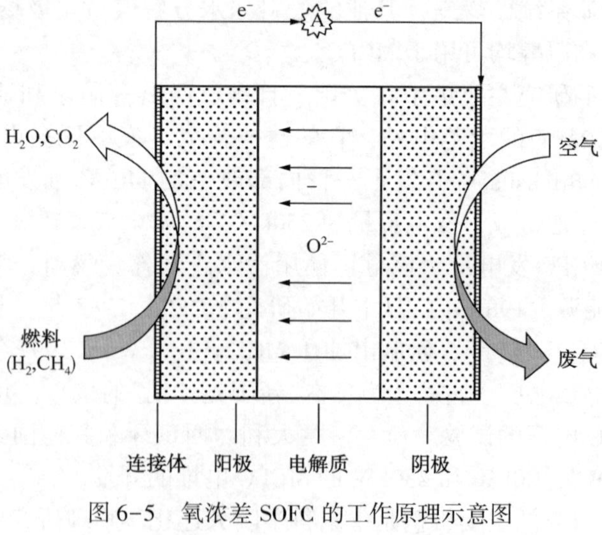

图 6-5 氧浓差 SOFC 的工作原理示意图

6.5.2 关键材料

1. 电解质材料

对 SOFC 而言，由于基本使用氧离子传导性电解质，因此电解质材料应具有优异的氧离子传导性，且能长时间保持，还能够在氧化性气氛和还原性气氛下具有足够的化学稳定性、形貌稳定性和尺寸稳定性。此外电解质必须易于制备成致密的薄膜，以有效隔离燃料和氧化剂。下面将介绍三种常用的电解质材料：

(1) 萤石结构

以氧化钇稳定二氧化锆(YSZ)的材料因机械性能好、相容性高、导电性低而被作为第一种具有萤石结构的电解质材料，且使用广泛。但是这种材料也有缺点，如在中温条件下或者在低温条件下电导率低。其他材料因为制作成本高、相结构不稳定、工艺流程繁琐等缺点而使用率低，如氧化镱和氧化钪稳定的二氧化锆。

第二种萤石型电解质材料掺杂有 CeO_2，可用作 SOFC 的电解质材料。掺有 Sm_2O_3 或 Gd_2O_3(SDC 和 GDC)的 CeO_2 具有比掺有其他氧化物的 CeO_2 更高的氧离子传导性和更好的稳定性，因此在当今已被广泛使用。这种电解质的缺点是，四价的铈离子在还原的气氛中还原为三价，理论电势远高于开路电压，所以效率会降低。

第三类萤石型电解质材料掺有 Bi_2O_3，在萤石型电解质材料中电导率最高，但在电池应用中最不稳定，分压敏感且在还原性气氛中易于分解，因此该电池为 Bi_2O_3 基电解质的应用受到限制。

现阶段，制作流程简单、价格低的薄膜主要针对 ZrO_2 基电解质，对于掺杂改性主要针对 CeO_2 基和 Bi_2O_3 基电解质材料，主要原因在于使机械强度和稳定性提高，而电导率有所降低。

(2) 钙钛矿结构

钙钛矿氧化物化学式可用 ABO_3 表示，A 位和 B 位都可以引入价态低的阳离子进行掺杂，在 A 位主要用钡、锶、钙等碱土金属的氧化物进行掺杂，B 位主要用过渡金属铁、镁、铬等或碱土金属和其他氧化物进行掺杂。当前，由于在低温和中等温度下具有很高的氧离子电导率，在 A 位和 B 位掺杂有 Sr 和 Mg 的 $LaGaO_3$(LSGM)的电解质材料被常用于中低温固体氧化物燃料电池。作为理想的中低温 SOFC 电解质，电导率略高于 CeO_2，氧离子电导系数接近于 1，在还原性气氛中不易还原。在接下来的研究中，对 LSGM 的成分进行优化，对化合物进行掺杂，在 LSGM 中掺杂少量 Co_2O_3 表明，LSGM 的电导率将显著提高。

近几年被广泛研究的钙钛矿结构电解质材料还包括 $SmAlO_3$、$NdGaO_3$、

$LaScO_3$ 等。研究工作包括微观结构、机械和热化学性质、相稳定性、避免在阳极发生反应、离子电导率、避免钴和铁这类阴极材料在温度高时扩散到电解质中。

(3) 磷灰石类

由于萤石结构和钙钛矿电解质仍然存在难题，所以制备新型的电解质材料是如今研究的重点。相比于之前介绍的两类电解质材料，磷灰石类氧化物的电导率和机理与它们明显不同，它是一种低对称性材料，且具有独特的晶体结构($P6_3/m$)，和其他轴方向上的电导率相比，c 轴的电导率也明显高出许多。

磷灰石类氧化物在低温和中温区域具有较高的离子电导率，但如果它们能够广泛用于低温和中温 SOFC，则需要进一步提高化学稳定性和与电极材料的相容性。另外，磷灰石类氧化物的缺点，如致密的电解质层因为其烧结温度高的原因很难制备，所以应用受限。

2. 阳极材料

在 SOFC 中，燃料在阳极被氧离子氧化，因此阳极材料必须具有足够高的催化活性，以进行燃料的电化学氧化，同时具有足够高的孔隙率，以确保燃料的供应及反应产物的排出。此外还需在高温还原气氛下稳定存在，具备高的混合电导特性和与电池组件良好的相容特性等。当使用甲烷等烃类气体作为燃料时，阳极材料还必须能够抵抗炭沉积。目前，金属电解质复合负极材料仍是负极材料的主要发展方向。

(1) 金属-电解质复合阳极材料

在金属陶瓷复合阳极材料中，电解质主要作用是支撑分布的金属颗粒形成的连续存在的网络结构，金属颗粒还形成了用于电子传导的连续结构，但是如果长时间在高温下工作，电解质会限制金属颗粒的尺寸，也会限制形貌的变化。典型的阳极催化剂有镍、钴以及贵金属，如表 6-15 所示。Ni/YSZ、Ni/GDC 等因金属镍的高活性和低价格而被广泛使用。

表 6-15　常见的金属-陶瓷复合阳极的组成

电催化剂	电解质
Fe、Ru、Pt、Ni、Cu、Co、Ag	YSZ
Fe、Co、Pt、Ni、Cu、Ag	SDC(GDC)
Cu/CeO_2	YSZ
金属合金	SDC

这些材料在高温还原气氛下具有优异的化学稳定性，热膨胀系数相差不大，且可以与电解质材料化学相容。其中，金属镍作为现在理想的阳极材料，能够提

供足够高的电子传导性，是良好的导体，而且对氢的氧化具有很高的催化活性。

（2）氧化物阳极材料

在阳极材料的制备过程中引入萤石和钙钛矿氧化物以解决金属陶瓷复合材料阳极材料存在的一些问题，并进行了除积炭的研究。ZrO_2-Y_2O_3-TiO_2 固溶体具有萤石结构，它与 YSZ 电解质在电极与气体之间的界面发生电化学反应，电极的极化损耗通过氧离子和电子的混合电导降低，它们的相容性较好。在阳极燃料气氛中，掺杂的 CeO_2 基材料中的四价铈离子还原成三价，研究还发现，作为阳极的替代材料，它的阳极中存在活性晶格氧会导致炭沉积速率降低。它的甲烷氧化电催化活性也很高。最开始使用的钙钛矿结构阳极材料是 $La_{1-x}Sr_xCrO_3$，它的稳定性很高，但由于在还原性气氛中不稳定的机械耐久性和不稳定的晶格参数，因此与 Ni/YSZ 阳极材料相同。其他钙钛矿氧化物，例如 $La_xSr_{1-x}Co_yFe_{1-y}O_3$ 和 $LaNi_{1-x}M_xO_3$(M＝Ti，V，Nb，Mo，W)也难以满足 SOFC 的应用要求。现在最有希望应用在直接以碳氢气体为燃料的中低温 SOFC 的阳极材料中的是，对少量的贵金属(如 Pt 和 Ru)进行掺杂，这样不仅可以消除炭沉积现象，还可以明显改善负极材料在烃类燃料中的催化活性。但是由于单纯的氧化物的电导率低，难以获得优异的电性能。

可以看出，镍基材料仍然是使用氢作为燃料的低温 SOFC 的最佳选择，而使用碳氢化合物气体作为燃料的低温 SOFC 阳极仍需要进一步研究，尤其是在消除积炭、抵抗硫中毒和提高催化剂电化学活性方面。

3. 阴极材料

作为阴极材料，需要在 SOFC 的操作条件下具有足够的孔隙率、足够高的电子电导率以及足够高的对氧电化学还原反应的催化活性，需要在氧化的气氛下保持稳定的状态。正极材料为了满足三合一和电池组的需求，它需要匹配热膨胀系数，而且必须与其他电池材料化学相容。贵金属作为 SOFC 阴极的首选材料，主要是因为它在氧化的气氛中具有良好的催化活性及导电性，但是因为一些缺点它的大范围应用受到限制，如价格昂贵和储存量低。现在用于 SOFC 的阴极材料的主要有两种类型：掺杂的钴酸盐和掺杂的锰酸盐，它们是主要包含稀土元素的钙钛矿复合氧化物。

（1）掺杂的锰酸盐电解质复合阴极材料

用 Ln 表示镧系金属时，作为通过阳离子空位导电的 P 型半导体，$LnMnO_3$ 的立方钙钛矿结构内部氧缺陷会根据环境不同而导致材料某种程度的不稳定。尽管不稳定，但是优异的稳定性和高电导率的阴极材料可以通过在 A 位或 B 位置掺杂碱金属或稀土金属氧化物获得。现在掺 Sr 的 $LaMnO_3$(LSM)是使用最广的。将一些电解质材料加入 LSM 中，支撑复合阴极，可以调节 LSM 的热膨胀系数，也可以增加氧电化学还原反应的活性点。通常无法满足中低温 SOFC 的工作要求主要是因为，随着 LSM 的工作温度降低，它的性能急剧下降，但是，它可以添加具有高离子传导性的 SDC 或 GDC 电解质材料来降低 LSM 的使用温度。

（2）掺杂的钴酸盐电解质复合阴极材料

Sr 掺杂的 $LaCoO_3$（LSC），Sr、Fe 掺杂的 $LaCoO_3$（LSCF）以及 Sr 掺杂的 $SmCoO_3$（SSC）等离子-电子混合导电材料就是掺杂的钴酸盐电解质复合阴极材料。这些材料具有高电子和离子电导率，并具有在低温和中温下电化学还原氧的催化活性，并且与诸如 GDC 和 LSGM 的低温和中温电解质具有良好的相容性。掺杂的钴酸盐阴极材料是低温固体氧化物燃料电池的理想选择。

4. 双极连接体材料

双极连接体在 SOFC 中起连接相邻单电池阳极和阴极的作用。对于管式 SOFC 而言，双极连接材料称为连接体；对于平板式 SOFC，双极连接材料称为双极板，同时兼顾导电和传输气体的作用。双极连接体材料必须在高温（800~1000℃）以及氧化、还原的气氛中具备高的电导率、优良的机械和化学稳定性、良好的气密性以及与电池的其他组件具有相似的热膨胀系数。目前主要有两类材料能够满足 SOFC 连接材料的要求。

（1）掺杂的铬酸镧

一般采用钙或锶掺杂的铬酸镧材料作为连接体材料，如 $La_{1-x}Ca_xCrO_3$，这类材料具有很好的抗高温氧化性和良好的导电性，与其他 SOFC 组件的热膨胀系数也匹配。但其材料昂贵，且烧结性能较差，不易成型。

（2）合金双极板材料

随着中低温 SOFC 研究的发展，采用耐高温、抗氧化的合金材料制备双极板成为可能。和陶瓷材料相比，合金材料具有电导率和热导率高、机械加工性和稳定性好、易于成型、密封性好、成本低等诸多优点。铬-镍合金和铁-铬合金材料是最有可能用于 SOFC 双极板制备的材料。

5. 密封材料

密封材料需要保证电池组有良好的机械强度，还要能够对氧化剂气室和燃料气室进行有用的隔离，这是平板式 SOFC 对密封材料的要求。密封材料的工作温度约为 800℃，它与高温氧化气氛（阴极侧）和高温减湿气氛（阳极侧）直接接触，并且在频繁启动期间会遭受多次热冲击。因此，密封材料需要有优异的绝缘性能，要与相邻的电池组件保持紧密的结合，承受热循环而不会泄漏或损坏，还需要在宽的氧分压下具有化学稳定性能。

目前，用于平板式 SOFC 的密封材料主要包括云母材料、玻璃和玻璃陶瓷材料、金属材料。另外，几种耐热聚合物材料也用于密封平板式 SOFC。根据在使用过程中是否施加载荷，密封材料分为两类：一是压缩密封，它的材料包括云母基和 Ag、Au 等延展性金属材料；二是硬密封，它的材料包括能够耐热的金属材料，玻璃、玻璃陶瓷复合材料。

玻璃和玻璃陶瓷基密封材料具有密封简单且成本低的优点，是 SOFC 最常用的密封材料。但它的应用仍存在一些挑战。玻璃和玻璃陶瓷材料的脆性高，在转变温度以下很容易破裂，使得密封材料的组装困难。同时，差的热循环性能和差的抗热震性也是主要缺点，并且这些材料的高温稳定性和化学相容性仍需要改进。

金属材料能够满足 SOFC 对于密封材料机械应力和热应力的要求主要是因为，相比于陶瓷，金属材料可以承受塑性形变，它的脆性也比较低。但是在工作环境下，金属材料容易被腐蚀和氧化，所以需要寻找特殊的耐热金属或者稳定的金属(例如 Au 和 Ag)。

金云母[$KMg_3(AlSi_3O_{10})(OH)_2$]和白云母[$KAl_2(AlSi_3O_{10})(OH)_2$]是另一类研究较多的云母基密封材料。通常，白云母直接使用或制成白云母纸使用，而金云母仅以金云母纸的形式使用。

6.5.3　影响固体氧化物燃料电池性能的因素

1. 电池材料对性能的影响

自从提出 SOFC 的概念以来，科学研究人员就对 SOFC 进行了广泛的研究，并且在材料科学迅速发展的基础上，SOFC 的早期研究主要集中在其他电池材料对电池电化学的影响上。早期学者使用贵金属(例如金属 Pt)作为电极材料，这种想法来自对其他电池催化反应的研究，希望通过贵金属优异的催化作用来改善电池性能。然而，添加贵金属材料增加了成本，电池的电化学性能没有得到很大改善。后来，研究人员开始使用钇稳定的氧化锆(YSZ)作为具有高电导率和离子传输的阳极，以镧-锶-锰-锰(LSM)或镧-锶-钴-铁(LSCF)作为阴极，它们具有出色的电子和离子传输能力。研究表明，这些材料在使用过程中可以在提高电池稳定性的同时，实现更高的电池输出电压。

2. 操作条件对性能的影响

在 SOFC 的实验研究中，运行条件的变化是必不可少的。AbirYahya 等人研究了不同温度和不同阳极燃料气体成分下 SOFC 的电池性能，表明降低温度会增加活化极化。电池的性能随着氢的摩尔分数的增加而提高。随着温度升高，电池的性能也会显著提高。这主要是因为温度对反应速率的影响更大。尽管不能忽略气体成分对电池的影响，但是通常将空气用作氧化性气体，但是在研究阴极反应动力学时改变氧分压以获得电池性能响应非常重要。而对于燃料气、氢气和甲烷这类小分子烷烃应用广泛，甲烷等涉及重整反应，不同操作条件将极大地影响重整结果。典型的 SOFC 在常压下运行，但是一些学者已经讨论了压力对电化学性能的影响。压力的增加在一定程度上改善了电化学性能，但是如果压力太大，将无法帮助电池运行。一些学者研究了施加电压对电池性能的影响，并认为施加电压会影响电池电荷转移过程。

6.5.4 固体氧化物燃料电池优缺点

1. 优点

1）燃料选择范围广，可直接使用氢气、甲烷、一氧化碳、煤气等多种碳氢气体。

2）不必使用贵金属作催化剂。

3）使用全固态组件，不存在对漏液、腐蚀的管理问题。

4）较高的电流密度和功率密度。

5）这是一个清洁、高效的能源系统，可以实现热电联产，提供高质量的废热、高达 80%的能源利用率以及高燃料利用率。

6）需要在 600~1000℃的中高温下进行工作，这是陶瓷电解质的要求，可以通过加速电池的反应并实现各种烃类燃料气体的内部还原来简化设备。

2. 缺点

中国 SOFC 的发展起步较晚，技术相对落后，仍处于试验阶段和小型运行阶段。限制中国 SOFC 大规模商业化的主要问题是 SOFC 的使用寿命、性能和成本。

1）SOFC 的工作温度通常很高，为 600~1000℃，这在一定程度上损坏了电池的组件并影响了电池的寿命。所以为了保护电池组件，温度升高不应太快，温度每分钟升高 5~10℃，启动时间在 65~200min 之间。

2）SOFC 电池、电池堆和系统的输出功率低。单电池和电堆材料的性能、电池结构的设计以及电池的制备方法都会影响 SOFC 的输出性能。

3）电池和电池组的材料直接影响 SOFC 的性能和寿命，因此选择正确的材料非常重要。然而，由于常用的电极材料包含贵金属和稀土元素，因此原材料的成本较高，这大大增加了整个电池组和发电系统的成本，并成为限制 SOFC 发展的关键因素。

6.5.5 应用领域

固体氧化物燃料电池燃料适应性广，通常情况下，CO、液化气、生物质、H_2、天然气等都可以作为它的燃料，它具有污染小、全固态和能量转化效率高等优点。目前大中小型电站所采用的电池均为固体氧化物燃料电池，它也可以作为汽车、船舶等的电源，所以固体氧化物燃料电池的应用前景广阔。

6.5.6 发展状况

固体氧化物燃料电池发展历程如表 6-16 所示。

表 6-16 固体氧化物燃料电池发展历程

时间	国家	事件	主要参数
1940 年		SOFC 的开发	
1987 年	美国	在日本安装发电和余热供热 SOFC 系统	25kW
1995 年	德国	平板型 SOFC	10kW
1996 年	德国	SOFC 模块	7.2kW
1997 年	美国	在荷兰安装了第一组管状 SOFC 系统	100kW

燃料电池的历史可以追溯到 1839 年。SOFC 的发展始于 1940 年，但在 1980 年之后才开始迅速发展。1987 年西屋电气公司在日本安装了 25kW 发电和余热供应 SOFC 系统；1997 年 12 月，西门子西屋公司在荷兰安装了第一套 100kW 管状 SOFC 系统，并在 1995 年开发了 10kW 级的 SOFC 系统，于 1996 年推出了另一个 7.2kW 模块。

瑞士的 Sulzer Technology Corp. 公司积极开发家用 SOFC，并已开发出 1kW 模块。英国的"高级燃料电池计划"始于 1992 年。同时，以英国、法国和荷兰的大学和国家实验室为中心的研究机构正在积极研究和开发中低温 SOFC 电池材料。为了促进 SOFC 的发展，欧洲共同体在 1994 年建立了"欧洲十年燃料电池研究与示范计划、开发与示范计划"项目，其重点是促进 SOFC 交易。

我国研究燃料电池的机构主要有中国科学院上海硅酸盐研究所、中国科学院大连化学物理研究所、清华大学、吉林大学、中国科学技术大学等。

6.6 直接甲醇燃料电池

6.6.1 工作原理及结构

图 6-6 为 DMFC 的工作原理图，反应方程式为：

$$\text{阳极反应：} CH_3OH+H_2O \longrightarrow CO_2\uparrow +6H^++6e^- \tag{6-20}$$

$$\text{阴极反应：} \frac{3}{2}O_2+6H^++6e^- \longrightarrow 3H_2O \tag{6-21}$$

$$\text{总反应：} CH_3OH+\frac{3}{2}O_2 \longrightarrow CO_2\uparrow +2H_2O \tag{6-22}$$

从动力学上来说，甲醇的电化学氧化过程缓慢。在以铂为催化剂进行甲醇在阳极的催化氧化时，其机理非常复杂。甲醇首先解离吸附在电极表面，生成中间体 CO，再生成 CO_2。

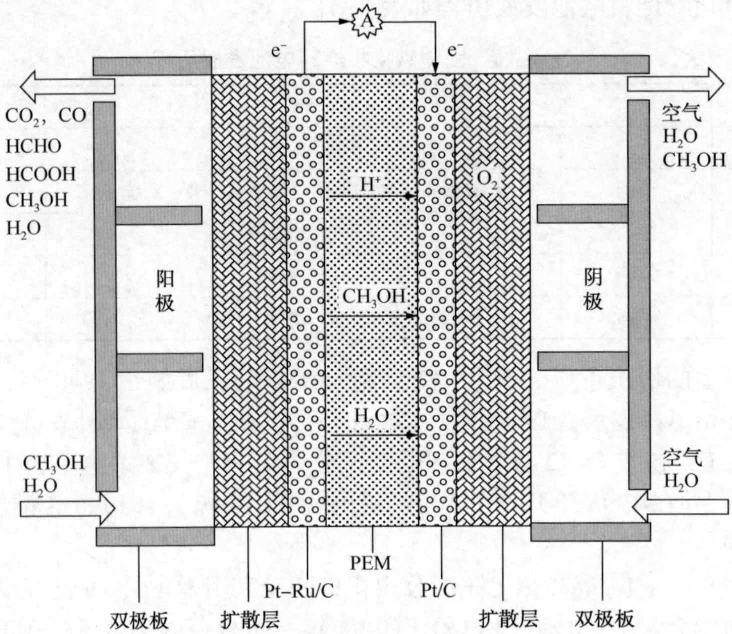

图 6-6　直接甲醇燃料电池单电池组成示意图

6.6.2　关键材料

1. 阳极催化剂

在许多研究中，铂催化剂对甲醇的氧化具有很高的活性，但随着极化过程的不断进行，CO 的毒化作用会使其活性极大地降低，为此必须研制出适合 DMFC 的新型催化剂。

(1) 铂基合金催化剂

在 Pt 基二元复合催化剂中，铂钌(Pt-Ru)合金性能优良，其催化活性是通过双功能机理起作用的。Ru 的加入一方面会影响 Pt 的 d 电子状态，从而减弱 Pt 和 CO 之间的相互作用；另一方面 Ru 原子容易形成活性的 Ru-OH，可以促进甲醇解离吸附的中间体在 Pt 表面的氧化，从而提高 Pt 对甲醇氧化的电化学催化活性和抗中毒性能，其反应式如式(6-23)所示。Pt-Ru 合金稳定性较差。

$$Pt\text{-}CO + Ru\text{-}OH \longrightarrow Pt + Ru + H^+ + e^- + CO_2 \qquad (6\text{-}23)$$

随着对 Pt-Ru 体系的进一步研究，发现多元 Pt 基复合催化剂能提高对甲醇氧化的电催化性能的机理与二元复合催化剂基本相似。

(2) 复合催化剂

目前的催化剂大多以碳为载体，而碳在一定的电位下，尤其是在由多片膜电极装置(Membrane-Electrode-Assembly，MEA)组成的电堆中运行时容易出现“反极”现象，导致碳被氧化生成 CO，进而使 Pt 催化剂中毒。此外，碳载铂的制备工艺很难保证 Pt 在碳载体上均匀分布，后来采用导电聚合物作为 Pt 催化剂的载体，这样可以避免碳载体的弊端，并且可以降低 Pt 的用量。聚苯胺和聚吡咯是复合催化剂中常用的导电聚合物。

(3) 金属氧化物催化剂

Pt 对甲醇氧化具有很高的电催化活性，但是不含含氧组分时，很容易被吸附的 CO 中毒。因此，作为用于甲醇氧化的阳极催化剂，具有高电导率、高催化活性和高氧含量的 ABO_3 型金属氧化物被广泛使用。当前，在 ABO_3 型金属氧化物中，A 位处的金属包括 Sr、Ce、Pb、La 等，B 位处的金属包括 Co、Pt、Pd、Ru 等。这种金属氧化物的优点是甲醇氧化有高电催化活性且无毒害。

几种阳极催化剂对比见表 6-17。

表 6-17 阳极催化剂

序号	类型	优点	缺点
1	铂基合金催化剂	Pt-Ru 合金催化剂对甲醇氧化有很好的催化活性	Ru 的氧化物在酸性介质中易溶解，稳定性不好
2	复合催化剂	导电聚合物作为 Pt 催化剂的载体，可以避免碳载体的弊端，并且可以降低 Pt 的用量	容易出现“反极”现象，导致碳被氧化生成 CO，进而使 Pt 催化剂中毒，碳载铂的制备工艺很难保证 Pt 在碳载体上均匀分布
3	金属氧化物催化剂	Pt 对甲醇氧化具有很高的电催化活性	缺少含氧组分时，易被吸附的 CO 所毒化

2. 阴极催化剂

DMFC 中使用的阴极催化剂通常为 Pt/C。主要问题是氧还原的低电催化活性和通过膜的甲醇燃料使阴极催化剂中毒，降低了性能，存在混合电位。因此，当前的研究重点在于提高用于氧还原的催化剂的电催化活性和耐甲醇性。此外，非铂催化剂，例如过渡金属大环化合物、过渡金属原子簇、金属氧化物和其他催化剂也是降低成本的研究方向。但相对于 Pt 基催化剂而言，其对氧还原的电催化活性偏低或者稳定性较差。向 Pt 催化剂中添加卟啉和酞菁化合物(例如 Cr、Ni、杂多酸或过渡金属)，不仅可以提高 Pt 的氧还原电催化活性，而且可以显著提高 Pt 的耐甲醇性。因此，Pt 基催化剂仍然是 DMFC 阴极的主要催化剂。

3. DMFC 质子交换膜

DMFC 的质子交换膜主要用于阻断阴阳极成分，转移质子并使电子绝缘。当前，大多数采用杜邦的 Nafion115 系列和 Nafion117 系列。但是，由于 Nafion 膜的选择性渗透性差，在某些工作条件下甲醇的渗透率高达 40%，这不仅导致甲醇燃料的大量损失，而且在甲醇渗透到阴极后发生反应，导致阴极催化剂中毒，从而会降低燃料电池的效率和寿命。因此，研究具有优异的热稳定性、低甲醇渗透性、优异的化学稳定性、高质子传导性、大的机械强度和成本低的阻醇膜成为 DMFC 研究的热点。目前开发的新型交换膜有聚芳烃类膜材料［聚醚醚酮(PEEK)、聚醚砜(PES)、聚砜(PS)、聚酰亚胺(PI)等］、磺酸化及磷酸浸渍的聚苯并咪唑、聚磷氮化合物、有机-无机复合型质子交换膜等。

而对目前主要使用的 Nafion 膜而言，主要通过在 Nafion 膜的基础上利用掺杂修饰离子、修饰原子(如 Pd、SiO_2、ZrO_2 等)或者覆盖其他膜做成复合膜(如磺化聚醚醚酮-Nafion 膜等)等方式对其进行优化，以改进 Nafion 膜的性能。

6.6.3　影响直接甲醇燃料电池性能的因素

1. 催化剂的颗粒大小对催化剂性能的影响

对于 Pt 基的催化剂，粒径对催化剂有很大影响，在相同的反应物和催化剂条件下，催化剂的比表面积越大，表观电流密度越大，从而导致甲醇的电催化氧化效果越好。所以铂的粒径越小，比表面积越大，活性中心越大。然而，如果其太小，则 Pt 颗粒不稳定并且易于氧化，结果难以除去氧化物，因此可能失去催化活性。如果粒径太大而比表面积小，则催化活性会降低。通常，粒径需要在最佳范围内。

2. 催化剂的表面形貌对催化剂性能的影响

表面形态越粗糙，催化剂的拐角、边缘和缺陷就会增加。这些位置上的原子具有更强的离解和吸附能力，因此增加了催化剂的特定活性中心的数量并改善了催化剂，催化活性也有所提高。

3. 催化剂的晶体结构对催化剂性能的影响

Pt 基催化剂的晶体结构影响催化剂的催化活性和稳定性。面心立方铂金单晶的三个基本晶面(低折射率晶面)是(111)(100)和(110)。Pt 的(111)晶面不易于解离吸附，而(100)(110)和阶梯晶面则易于发生，并且当达到平衡时，CO 的覆盖率大。

6.6.4　直接甲醇燃料电池的优缺点

1. 优点

1) 绿色环保，无污染。燃料电池工作过程中只排放二氧化碳和水，对环境没有危害。

2）材料成本低，获取容易。直接甲醇燃料需要甲醇作为燃料，甲醇的来源广泛，所以不需要昂贵的成本。

3）电池体积小，结构简单。直接甲醇燃料电池可以用于便携式电源的主要原因就是它的体积小，占地面积小。

4）能量转化率和比能量高。直接甲醇燃料电池的能量损失很小，所以能量转化率高，相比于其他传统的发电装置，直接甲醇燃料电池的质量和体积比能量大得多。

2. 缺点

直接甲醇燃料电池的上述优点使得它得以发展，但是依旧存在一些问题限制了它的大规模应用：

1）高成本。直接甲醇燃料电池需要使用 MEA 作为核心组件，而 MEA 中的贵金属 Pt 导致了它的成本过高，另外它需要的全氟磺酸树脂膜也需要昂贵的成本。

2）较低的阳极催化效率。在反应过程会生成两种基团，一是 OH 基团，随着浓度的增加会影响电化学电极电势；二是 CO 基团，Pt 催化剂容易吸附到它的上面。所以这两种基团的生成导致催化效率低下。

3）大规模生产困难。直接甲醇燃料电池需要满足社会发展的需求，朝着智能化和高精度方向发展，但是这会导致电池的比能量增加，生产遭遇瓶颈。

4）甲醇容易渗透。在工作过程时，原料甲醇在使用前会减少，主要是因为有一部分甲醇通过交换膜渗透到阴极，这将直接导致系统效率降低。

6.6.5 应用领域

甲醇燃料电池由于其高能效和绿色清洁而引起了广泛的关注，并且正逐渐进入军用、医学、通信和通行等各个领域。

军用领域。军事装备应易于运输或移动，安全性高且经久耐用。甲醇燃料电池可以满足军事装备所需电池的要求，可长时间工作，使用安全和简单的结构，这对现代军事领域具有重要意义。当前，甲醇燃料电池主要用于军事小型电源（例如个人作战系统，军事传感器和侦察设备）和军事中型电源。

医用领域。1964 年，Yahiro 首次提出将燃料电池应用在医学上，可为医疗设备供电。上海交通大学燃料电池研究所为了医治牛皮癣这种疾病，研发了可以方便携带的伤口测试仪。在 21 世纪初，Thera Sense 公司制备了一种血糖仪可以连续监测血糖，主要因为该血糖仪具有一个电源系统作为燃料电池。

通行领域。相比于其他国家，我国对甲醇燃料电池的研究较晚，但是奇瑞公司已成功研发出甲醇燃料电池汽车。

通信领域。现在甲醇燃料电池主要应用于小型的设备，如手机或计算机。

6.6.6 发展状况

直接甲醇燃料电池发展历程如表 6-18 所示。

表 6-18　直接甲醇燃料电池发展历程

时间	国家	事件	主要参数
20 世纪 50 年代		甲醇燃料电池首次出现	
20 世纪 90 年代	中国	开始对 DMFC 研究	百瓦机 DMFC 样机
1999 年	中国	研发出 DMFC 单电池	
2001 年	日本	东芝发表甲醇 DMFC 的原型制品	持续驱动 40h
2002 年	中国	安徽天成公司与大连化学物理研究所联合开始对微型移动便携式 DMFC 研究	
2003 年	日本	第一台以 DMFC 为电源的笔记本电脑	持续供电近 5h
2007 年	韩国	三星制造计算机笔记本 Q35 电池	持续供电近 160h
2010 年	中国	不同功率的 DMFC 系统	20~500W

首先使用甲醇作为燃料电池的燃料是在 20 世纪 50 年代。在研究开始时，人们仍然使用碱性溶液作为反应溶液，并且所产生的二氧化碳使溶液碳化，从而使效率非常低。这使 DMFC 的研究停滞了一段时间，并在 90 年代出现了坚固的 PEMFC，从而可以进行开发。20 世纪 90 年代，中国科学院长春应用化学所领导 DMFC 研究，并开发了 100W 的 DMFC 原型机。2001 年，东芝推出了甲醇 DMFC 的原型用于便携式计算机，使其能够连续运行 40h，并于 2003 年在德国电子展上展出了其首款基于 DMFC 的笔记本电脑。安徽天成公司与大连化学物理研究所于 2002 年开始联合研究微型便携式 DMFC。接下来，德国 SFC 公司推出了 DMFC 产品。到 2007 年，三星在韩国生产的用于笔记本电脑的 Q35 电池可以使用近 160h。

由中国科学院长春应用化学研究所、大连化学物理研究所等单位共同主持完成的“863 计划”，已获得 9 项专利，其中 2 项为新专利。到 2010 年，中国已成功开发出功率在 20~500W 之间的 DMFC 系统。在清华大学核能与新能源研究所和中山大学等研究机构的带领下，中国已经有越来越多的机构开始研究 DMFC，并取得了不错的进展。

6.7 质子交换膜燃料电池

质子交换膜燃料电池因为可以在低温下工作、启动时间短、对环境污染小等而被广泛应用于各个领域，小到手机电池、充电宝，大到大型电站，通信基站主备用电源、家用热电联产，还有汽车、无人机、水下潜艇等。它也是目前应用在汽车领域最广泛的电池，下面将重点介绍质子交换膜燃料电池。

6.7.1 结构及工作原理

质子交换膜燃料电池(PEMFC)的结构组成如图 6-7 所示。PEMFC 由 MEA 和带气体流动通道的双极板组成。其核心部件膜电极是采用一片聚合物电解质膜和位于其两侧的两片电极热压而成，中间的固体电解质膜起到了离子传递以及分隔燃料和氧化剂的双重作用，而两侧的电极是燃料和氧化剂进行电化学反应的场所。

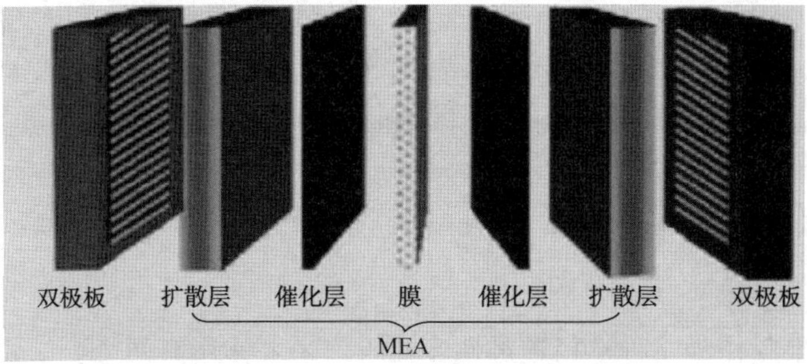

图 6-7 质子交换膜燃料电池的结构

PEMFC 的工作原理如图 6-8 所示。PEMFC 的电解质通常为全氟磺酸型固体聚合物，催化剂为 Pt/C 或 PtRu/C，燃料为氢或净化重整气，氧化剂为空气和纯氧，双极板为带有气体流动通道的石墨或表面改性金属板。电极反应如下：

$$\text{阳极：}H_2 \longrightarrow 2H^+ + 2e^- \tag{6-24}$$

$$\text{阴极：}\frac{1}{2}O_2 + 2H^+ + 2e^- \longrightarrow H_2O \tag{6-25}$$

$$\text{总反应：}H_2 + \frac{1}{2}O_2 \longrightarrow H_2O \tag{6-26}$$

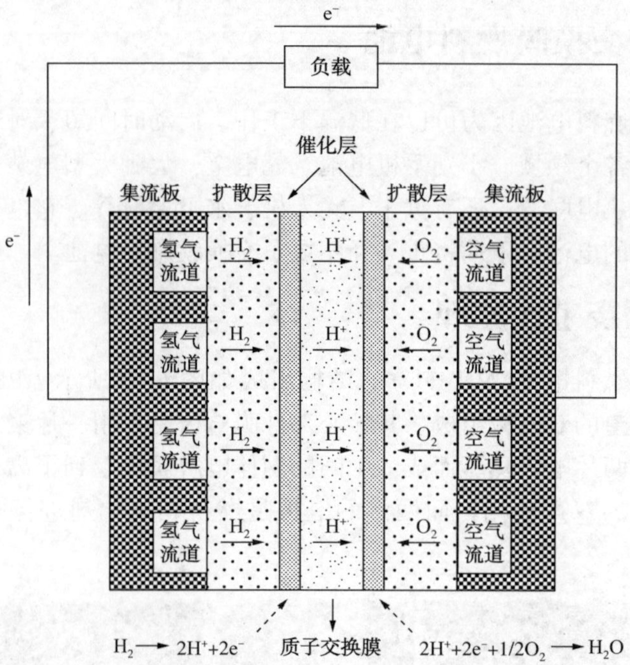

图 6-8　质子交换膜燃料电池的工作原理

6.7.2　关键材料

1. 质子交换膜

质子交换膜作为一种选择透过性多孔膜，主要作用有两个：一是为氢质子提供通道，二是隔离两极的燃料气体和氧化气体。用于质子交换膜的材料至少应满足以下要求：①良好的离子导电性，即具有较高的 H^+ 传导能力；②在 PEMFC 运行条件下，膜结构与树脂组成保持不变，即具有良好的化学和电化学稳定性；③具有低的反应气体渗透性，保证燃料电池具有高的法拉第效率；④具有一定的机械强度和结构强度；⑤膜的表面性质可以与电极的催化层结合。

PEMFC 曾采用过酚醛树脂磺酸膜、聚苯乙烯磺酸膜、聚三氟乙烯磺酸膜和全氟磺酸膜等。研究表明全氟磺酸膜是目前最适用的 PEMFC 电解质。

(1) 全氟磺酸质子交换膜

乙烯是全氟磺酸质子交换膜的原始单体，乙烯中的四个氢原子被氟取代变成四氟乙烯，经过聚合成为 PTFE，再经过磺化成为 PEM。

全氟磺酸质子交换膜的结构式如下：

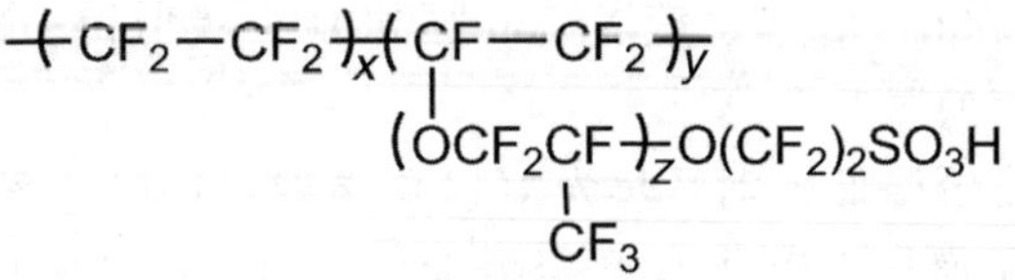

目前使用的全氟磺酸质子交换膜主要是 DuPont 公司的全氟磺酸质子交换膜，即 Nafion 膜，此外美国 Dow 化学公司也开发了全氟质子交换膜 Dow 膜。全氟磺酸质子交换膜的摩尔质量表示 1mol 磺酸基团的树脂质量，摩尔质量值越小，树脂的电导率越大，但膜的强度越低。膜的酸度通常以树脂的摩尔质量值表示，也可用交换容量(每克树脂中含磺酸基团的物质的量)表示，摩尔质量和交换容量互为倒数。通过调整 x、y、z 的值可以改变摩尔质量的值，如表 6-19 所示。

表 6-19 不同种类全氟磺酸质子交换膜的化学结构与摩尔质量

种　类	化学结构	摩尔质量/(g/mol)
Nafion 膜	$x=6\sim10$，$y=z=1$	1100
Dow 膜	$x=3\sim10$，$y=1$，$z=0$	800~850

由于全氟磺酸质子交换膜以 PTFE 作为主体结构，具有很多优点，即使处于强电化学氧化还原条件下，膜也不会发生明显的变化，因此已实现了产品的商业化。表 6-20 列出了常见的 Nafion 全氟磺酸质子交换膜的性能参数。

表 6-20 常见的 Nafion 全氟磺酸质子交换膜的性能参数

型号	干膜厚度/μm	干膜质量/(g/cm²)	电导率/(S/cm)	交换容量/(meq/g)
N115 膜	127	250	0.083	0.89
N117 膜	183	360	0.083	0.89
NRE211 膜	25.4	50	0.083	0.95~1.01
NRE212 膜	50.8	100	0.083	0.95~1.01

全氟磺酸膜的优点是机械强度高、化学稳定性好，在高湿度条件下具有高电导率，在低温下具有高电流密度和低质子传导性。然而，全氟磺酸膜质子交换膜还有以下缺点：质子电导率随温度升高而降低，且该膜在高温下易于化学分解。单体合成困难，且昂贵。

(2) 部分含氟的质子交换膜

为了解决全氟磺酸膜成本高的问题，科学家致力于开发部分含氟的质子交换膜。如加拿大 Ballard 公司研发的 BAM3G(α,β,β-三氟苯乙烯与取代的同系物共聚，再经磺化后制得 BAM3G 树脂)效果良好，该膜具有较好的电化学稳定性、热稳定性、机械性能，低摩尔质量值和高水含量。

这种膜的主要特点是具有非常低的磺酸基含量、高的工作效率，并且使单电池的寿命提高到15000h，成本也较Nafion膜和Dow膜低得多，更易被人们接受。

(3) 无氟质子交换膜

无氟质子交换膜价格低、对环境友好、化学稳定性好，是未来质子交换膜发展的方向。当Nafion膜与用磺化萘型聚酰亚胺(sulfonated naphthalene PI)制得的膜厚度相同时，可以明显看到Nafion膜的吸水能力较弱、稳定性差、氢气渗透速率大，所以磺化萘聚酰亚胺膜的性能总体优于Nafion膜。在研究中发现，无氟质子交换膜的关键问题在于使它具有质子传导性和平衡的机械强度。

总体来说，质子交换膜虽然已取得长足的进步，但不可避免地也有许多问题。现在全氟磺酸膜发展较快，技术也较为成熟，但是它价格高昂，制作工艺繁琐，所以推广受到了限制。同时，全氟磺酸膜的阻醇性能差，只适用于氢氧燃料电池，而不适用于DMFC。其他种类的质子交换膜也大多存在各自的缺点。

2. 电极

(1) 扩散层

扩散层(Gas Diffusion Layer，GDL)起支撑催化层的作用。反应气体参加电化学反应前需要经过扩散层后进入催化层，所以对于扩散层有一定的结构要求：合适的孔分布、高的孔隙率、电的良导体和热的良导体。另外，为了能使PEMFC长期稳定运行，扩散层的材料与结构应在工作条件下保持稳定。

为了满足扩散层的上述要求，需要采用石墨化的炭纸或炭布。当炭纸或炭布的表面不平时，需要进行平整处理，否则会影响催化层。

(2) 催化层

电化学反应的场所在催化层，所以催化层需要具备质子、电子、反应气体的连续传输通道，同时也要及时排出产物水，保证反应能够顺利进行。

根据应用环境(包括电流密度、燃料和氧化剂的类型、压力、流速等)以及阴极和阳极气体的组成，催化剂层分为憎水催化剂层、亲水催化剂层、复合催化剂层以及超薄催化剂层。

1) 憎水催化层。憎水催化层因为采用PTFE作为黏合剂，所以疏水性很好，电极的里面有许多气体通道生成，所以传质效果也好。此外，由于催化层与质子交换膜的膨胀系数不同，质子交换膜失水后收缩，容易发生与催化层分离的现象，对于电极的使用寿命有一定的影响。

2) 亲水催化层。为了解决憎水催化层电导低和催化层与膜间树脂变化梯度大的问题，有学者提出在制备催化层时不加PTFE作为黏合剂，改用Nafion制成亲水催化层。这种催化层具有很多优点，如催化剂分布均匀，质子、电子传导性能较好。同时存在缺点，气体传递阻力较大，需要控制催化层厚度，结合强度随着使用时长而逐渐下降，所以需要提高催化层的结合强度。

3）复合催化层。综合考虑憎水催化层和亲水催化层的优点和缺点，研究人员提出来一种亲、疏水复合催化层结构。该催化层由两个催化单层构成：第一个单层是憎水催化单层，由 PTFE 和催化剂构成；第二个单层是亲水催化层，由 Nafion 和催化剂构成。

复合电极具有很多优点，比如在催化剂用量相同时，它比传统疏水或亲水电极具有更好的传质性能和离子传导性能，所以催化剂的利用率得到极大提升。但它的缺点是制备流程复杂，制得的催化层较厚。

4）超薄催化层。为了进一步降低铂载量，研究者又提出了超薄催化层的理论。铂催化层的厚度小于 1μm，一般为几十纳米。随着新型碳材料的开发和纳米碳材料技术的不断发展完善，可以通过在基底材料上定向生长碳纳米管，通过在定向生长纳米碳材料的表面上直接制造电极催化剂来形成超薄催化剂层。

这种结构具有显著的优点。首先，其厚度一般小于 1μm，可以大大简化催化剂层内部的水和热管理；其次，在该结构中铂的催化活性非常高；此外，催化剂层中无须添加额外的离子导电聚合物，其尺度为纳米级。但它的缺点是普遍生产困难，电极的寿命还没有定论。

（3）催化剂

燃料电池电催化剂需具备良好的导电性、电化学稳定性、催化性能等特征。Pt 具有的优良分子吸附、离解行为使得 Pt 系材料始终是催化剂的研究重点，且 PEMFC 的工作温度一般在 100℃以下，因此一直以铂作为首选催化剂，同时为了提高铂的利用率，将高分散的纳米级 Pt 颗粒均匀地担载到导电、抗腐蚀的乙炔炭黑制成担载型催化剂。

对于阳极而言，氢气是 PEMFC 的最佳燃料，碳载铂(Pt/C)作为目前活性最佳的氢氧化反应的催化剂而得到广泛应用。但当以各种烃类或醇类的重整气作为 PEMFC 的燃料时，重整气中含有一定浓度的 CO，会导致铂催化剂中毒，因此抗 CO 电催化剂是 PEMFC 阳极催化研究的重点。目前研究的重点主要集中在 Pt-M (M 表示贵金属或过渡金属)二元或多元组分合金催化剂，Pt-Ru/C 是一种已实用化抗 CO 电催化剂，但其性能依然受到 CO 浓度的影响。对于阴极而言，主要是选择能够快速催化氧还原的催化剂。目前，高分散的碳载铂催化剂依然是 PEMFC 阴极主要的活性物质，然而氧气在铂表面的还原速度要远小于氢气在铂表面的氧化速度，因此为了获得更高催化活性的氧化还原反应催化剂，Pt-M 合金催化剂是有效的途径，此外为了降低 PEMFC 的成本，一些不含铂的催化剂，如过渡金属、碳氮化合物、过渡金属大环化合物以及过渡金属氧化物等，也是研究的重点。

在质子交换膜燃料电池中，现阶段广泛采用的仍然是高分散、高担载量的

Pt/C 催化剂，但 Pt 金属价格昂贵，且资源短缺，所以更多学者在探索非铂催化剂。

3. 双极板

双极板又称集流板，是电池的重要组成部分，其作用为：①分隔氧化剂与还原剂；②串联各单电池并具有集流作用：③在整个电极上均匀分布反应气体。结合双极板的功能，PEMFC 的双极板必须具备以下特点：①鉴于双极板两侧的流场分别是氧化剂与燃料通道，所以双极板必须是无孔的，若是复合双极板，那至少有一个是无孔；②双极板实现单电池之间电的联结，起到收集传导电流的作用，而 PEMFC 的电压低、电流大，因此它必须由导电良好的材料构成，以防止内阻过大而影响电池的效率；③燃料气体和氧化剂气体通过由双极板、密封件等组成的公共孔道，并通过每个单电池的吸入管通向每个单电池，流场均匀地分布在电极上；④阳极板的材料必须在阳极工作条件（特定的电极电势、氧化剂、还原剂等）下具有耐腐蚀性能，以满足电池组的使用寿命，通常为数千小时至数万小时。

现在制备 PEMFC 双极板主要采用的材料是石墨和金属。

(1) 石墨双极板

目前 PEMFC 中采用较多的是石墨双极板。石墨双极板具有耐腐蚀性强、导电导热性能好的优点。缺点为：①为了防止石墨板造成弯曲和收缩等变形的情况，石墨板的石墨化温度需要进行程序升温，需要高于 2500℃；②双极板需要进行切割，但花费时间长，而且对机械的精度要求高，造成成本过高；③因为石墨易碎，所以难点在于组装；④因为石墨是多孔材料，须作堵孔处理。目前采用的石墨双极板厚度大多在 0.8mm 以上，而且石墨双极板的体积比功率和质量比功率都相对较低。

(2) 金属双极板

金属双极板的优点在于导电性和导热性都很好，而且致密易于加工，缺点为：它具有高质量和高密度，易于腐蚀（阳极，酸性环境），并且由于表面钝化（阴极）而使内部电阻迅速增加。常用的金属材料是铝、镍、铜、钛和不锈钢。金属双极板受到腐蚀后金属粒子会污染质子交换膜，增加质子传递阻力，从而影响电池的性能，因此要对金属双极板进行表面处理，使得双极板既能保证导电需要，又能防止被腐蚀。

(3) 复合双极板

复合双极板有两种：一种是金属石墨复合双极板，即以金属片为基材，在两侧复合石墨材料层，具有金属成型容易、耐漏电性优异的优点。另一种是高分子复合材料双极板，具有热塑性聚合物材料的塑性，即材料在黏度流动转变温度下具有流动性和黏附性。可以通过挤出成型、注塑成型和压缩成型获得各种形状的产品，并根据阳极板和工艺要求通过流动成型生产模具，然后将耐腐蚀的热塑性聚合物材料与导电填料混合。流场复合双极板是低成本双极板制造的主要研究方向之一。

4. 流场

流场的形式和结构对反应物和生成物在电堆内部的流动、分配、扩散等起关键的作用。流场的设计是否合理将直接影响电堆能否正常运行。常见的流场形式主要有点状流场、平行沟槽流场、单通道蛇形流场、多通道蛇形流场和交指状流场等。

流场是由各种图案的气体通道(沟槽或孔)和起支撑作用的脊或面组成。沟槽或孔为反应气体和水的流动提供通道，而脊或面的电极接触则起导电导热的作用。沟槽或孔所占的比例称为流场的开孔率。流场结构和开孔率不但影响双极板与电极的接触电阻，还影响传质和排水。可见，流场的几何形状、尺寸及开孔率等方面都是流场设计应该考虑的内容。另外，还应考虑电堆应用环境、工作状态、流场板与电极的电阻、气流分配、流速、压力和压力降等因素。

点状流场结构简单，特别适合于气态排水的燃料电池，而对于以液态水排出的 PEMFC，由于反应气流在这种流场中的流速较低，不利于液态水的排出而很少采用。网状流场和多孔流场对电极的扩散层强度要求较低，另外，当反应气体平稳流动时，容易形成局部湍流，这有利于扩散层的传质并且减小了极化。

平行沟槽流场的优点是可以通过有效减少压降来提高效率，但可能出现的问题是水、反应杂质(如氯)等可能聚集在某个通道局部无法排出，因而反应气体无法正常通过，导致某个电极区域内没有反应物的供给。为此，有人提出采用单通道蛇形流场，这样，能够保证反应物在各处不会存在阻塞，即使存在阻塞也会被及时清除。

对于单通道蛇形流场，它需要额外的功来推动，主要是因为这种流场压降较大，通道长而弯曲，所以电流的密度分布不均匀是气体的浓度分布不均匀导致的。为此，研究者结合平行沟槽和单通道蛇形流场的优点设计出多通道蛇形流场，这种流场效果较好，是目前 PEMFC 使用较为广泛的流场。

能够提高电池的功率密度是交指状流场具有的特点。此外，交指状流场能够强制流体流过扩散层，其他类型的流动通道的气体主要通过自然对流通过扩散(有时是由于压力差)压缩进入扩散层。相比之下，可以看出交指状流场可以促进流化床完全流过扩散层，但是压降很大，而且流体流过扩散层时肯定要带走很多的水，导致加湿难度增加，且设计难度较大，设计不好会发生气体短路或者回流，从而导致电池性能下降。

目前，在流场设计领域还需要进行大量深入的研究，结合膜电极这种特殊的气体扩散电极以及整个电堆对热水管理的要求，需要对流场进行严格的模拟和实践。由于燃料电池条件的繁杂性以及变动性，一成不变的流场结构不可能是未来发展的方向。将燃料电池与仿生学结合，设计出可以根据工作情况自动调节流场结构的新型流场将是未来一个研究方向。

6.7.3 质子交换膜燃料电池单电池与电池组

1. 单电池

电池组设计的主要依据是单电池，单电池作为燃料电池电池组的基本单元，一般要通过考核它来验证燃料电池中各种材料的使用寿命和性能。

对于 PEMFC 来说，靠着电池间的组装力，多孔气体的内部质子导体无法进入，而且膜与电极之间的接触也不好，主要是因为膜是高分子聚合物。将质子导体添加进入多孔气体扩散电极，能实现电极的三维化和改善膜与电极之间的接触。“三合一”组件指的是隔膜、全氟磺酸树脂的阳极和阴极压合在一起。

2. 电池组

(1) 电池组结构与构成

电池组的主体为 MEA、双极板及相应夹板。电池组的正极为阴极单板，用作电流导出板，负极为阳极单板，用作电流导入板，与两块导流板相邻的是夹板。

(2) 电池组设计原则

效率是电池组在标定功率下运行时的能量转化效率，比功率是电池组在标定功率下运行时的质量比功率和体积比功率。对于不同用途的电池组，设计时要遵循不同的原则。

1) 对于移动动力源，相较于效率，比功率的要求更高一些。在电池关键材料与单电池性能已定时，若要提高电池组的质量比功率和体积比功率，只能通过提高电池工作电流密度。

2) 对于民用发电(分散电源或家庭电源)，相较于比功率，效率的要求更高。

(3) 电池组密封

为了使得氧化剂、冷却液和燃料相互不流通，冷却液和反应气不泄漏，PEMFC 电池组需要有电池组的组装力，这就要求它的密封结构要按照设计的要求。对于 PEMFC 电池组而言，电池组的密封结构与 MEA 的结构密切相关。一般 PEMFC 多采用线密封，这样可以减小组装力。密封件可由平板橡胶冲剪、模压制备或采用注入法特制密封胶。放置密封件的沟槽一般开在双极板上，以简化 MEA 的结构。

在电池组运行过程中，电池组中的密封件(一般是橡胶密封件)会老化，密封性能会随时间逐渐变差，尤其是要长期运行的电池组老化更为严重，然而PEMFC中的密封件又不能定期更换，为了确保电池组的密封良好和MEA与双极板紧密接触，需要在电池组组装时增加自紧装置。

（4）电池组的水管理

因为PEMFC的工作温度低于100℃，所以电池里面生成的水以液态水的状态存在，但是如果液态水含量过多，会降低阴极扩散层内氧传质速度，为了避免这种问题的出现，需要将水以气态的形式排出，而且要求此时生成的液态水为90%，这样可以降低电池组废热排出的热负荷，也可以提高氧阴极气体扩散层内氧的传质速度。

（5）电池组的热管理

电池组需要及时排出生成的废热，因为电池需要在一定的温度下进行工作。目前主要采用的排出废热的方法是冷却液循环排热法。以纯水或者水与乙二醇的混合液为冷却液，当电池组的功率较小时，用空气即可冷却。

6.7.4　影响质子交换膜燃料电池性能的因素

影响PEMFC工作性能的因素有电流密度、工作电压、功率、气体压力、工作温度等。

1. 电流密度、工作电压和功率的影响

当电流密度增大时，工作电压随之下降，而功率增大。但是燃料电池的效率和工作电压有关，当电压升高时，效率升高，但是功率降低。因此，设计的燃料电池还无法满足既获得最高效率又获得最大功率，只有通过对电堆进行最优化设计。一般来说，燃料电池的设计是依据最终的应用要求来决定是获得高功率还是获得高效率。例如，燃料电池电动汽车用的PEMFC，需要在较大的电流密度下实现低价格和高功率密度，而此时工作电压必然下降，能量效率就要低些；而对于地面固定发电站，需要能量效率较高，而且使用时间要长，这些要求只有在工作电压高的条件下才能满足，但工作电压较高时，导致电流密度降低，功率也会降低。

2. 气体压力的影响

反应气体的压力影响着电池的工作性能，当压力升高时电动势会升高，但电化学极化和浓度极化会降低。不过反应气体压力的提高也会增加PEMFC系统的能耗。但总而言之，气体压力越高，燃料电池性能越好，对阴极的影响尤为明显。

3. 温度的影响

温度升高，质子交换膜传质和电化学反应速度随之提高，电解质的欧姆电阻下降，主要原因在于，在限定的温度范围内，质子从阳极向阴极的速度随着温度的升高加快，反应气体也会快速地向催化层扩散。温度升高还有利于缓解催化剂中毒问题。质子交换膜会由于高温而脱水，它的稳定性随之降低，甚至可能会分解，质子电导率也有所下降。在湿润的条件下，质子交换膜才能有良好的质子传导性，生成的水最好是液态水，这就要求在 PEMFC 的工作温度不能高于 80℃（常压），在 0.4~0.5MPa 压力下不能超过 102℃。

6.7.5 质子交换膜燃料电池的优缺点

1. 优点

1）不会造成化学腐蚀。质子交换膜燃料电池不含具有腐蚀性的物质，它用水来润湿电解质；

2）燃料来源广，适应性高。质子交换膜燃料电池所用的燃料氢气可以通过很多途径获得，除了用纯氢作为燃料，也可以用重整氢气。

3）低工作温度。质子交换膜在低温下也可以启动，因为它的工作温度一般在 60~80℃。

4）高能量转化率。能量转化效率高达 40%~60%。

5）绿色环保。水作为质子交换膜燃料电池唯一的排放产物，不会对环境造成污染。

6）维修简单。因为质子交换膜燃料电池的内部结构简单，所以拆卸、清洗和维修方便。

7）低噪声。质子交换膜燃料电池中只有固定的部件，所以在工作过程中不会产生太大的声音。

2. 缺点

1）对温度要求高。质子交换膜燃料电池中 Nafion 系列膜最常见，它们最合适的工作温度为 70~90℃。

2）对水含量要求高。如果温度升高，则膜的含水量也会下降，从而导致导电性能变差；

3）成本高，工艺繁琐。质子交换膜制作流程复杂且困难，所以导致成本过高。

6.7.6 应用领域

质子交换膜燃料电池可应用于各个领域，总体来说主要分为以下三类：

一是可用作分散型电站。作为分散型电站，它具有许多集中电站所不具备的优点：①可通过很多方法制氢，燃料来源广泛；②控制系统大大简化，可以没有配电调度控制系统和电网线路；③循环系统的存在可使成本很大程度上降低；④质子交换膜燃料电池中只有固定的部件，所以在工作过程中不会产生太大的声音，这有利于电站的就近安装，这种低噪声的优点也有利于质子交换膜燃料电池的热电供联，使发电产生的热直接进入供热系统。基于质子交换膜的以上优点，它的应用主要有两个：①用于偏远地区、海岛和山区等的分散型主供电源；②调峰，让电网供电系统和质子交换膜燃料电池电站共用。总体来说，质子交换膜燃料电池电站绿色环保、成本低，所以分散型电站的推广和发展指日可待。

二是用作便携、小型移动电源等，以便于满足应急供电；适用于军事、通信及计算机等领域，以便于满足稳定性和可靠性高的供电。

三是用于交通工具。传统的交通工具有很多缺点，如体积大、对温度要求高和启动速度慢，质子交换膜燃料电池可以克服这些缺点，成为替代的新一代交通工具动力。现在，全球关注环境和能源保护问题，所以开发电动汽车和代用燃料汽车是必然趋势。

总的来说，质子交换膜燃料电池具有传统电池不具备的优点，而且能满足造价低和环境污染小的要求，所以在未来，它的发展和应用有广阔的前景。

6.7.7 发展状况

质子交换膜燃料电池发展历程如表 6-21 所示。

表 6-21 质子交换膜燃料电池发展历程

时间	国家	事　件
20 世纪 60 年代	美国	PEMFC 电池用于双子星座航天飞机
1993 年	加拿大	第一辆燃料电池公共汽车出现
1999 年	美国、日本	研制出质子交换膜燃料电池电动汽车
1999 年	中国	清华大学研制出中国第一辆燃料电池车
2014 年	中国	上汽发布了大续航里程为 400km 的荣威 950 燃料电池概念车

非氟磺酸型和全氟磺酸型质子交换膜是质子交换膜燃料电池的固体电解质，它们具有环境友好、工作温度要求低和能量转换效率高的优点，特别适合于动力电源。20 世纪 60 年代，美国通用电气公司将 PEMFC 电池用于双子座航天飞机。

在美国、德国、加拿大和日本等发达国家的政府以及德国梅赛德斯-奔驰和通用汽车等国际汽车集团的大力支持下，质子交换膜燃料电池成为电动车的最佳驱动电源，发展优势非常明显。丰田汽车公司(日本)和福特汽车公司(美国)在 1999 年都开发出了质子交换膜燃料电池电动汽车。在此之前，巴拉德公司(加拿大)在 1993 年开发了世界上第一台燃料电池客车。参与汽车行业是 PEMFC 快速发展的主要驱动力。

中国的质子交换膜燃料电池技术起步较晚，在1999年，清华大学开发了中国的第一台燃料电池汽车。此后，中国将重点转移到了清洁车辆的开发上，停止了对燃料电池技术的研究。2006年2月，燃料电池和氢能技术被列为重点扶持对象。通过“十五”“十二五”的深入研究，中国基本掌握了车辆动力系统和关键零部件的核心技术。上汽集团于2014年推出了巡航距离为400km的荣威950燃料电池概念车，但其他关键技术指标和系统的整体性能仍远远落后于美国、欧洲、日本和韩国。例如，燃料电池发动机的输出功率为35~50kW，国外基本上为90~100kW；中国目前开发的燃料电池的耐用性在2018年超过5000h，而日本已超过10000h。主要原因是在新材料的开发和新技术的应用中，有必要改进中国质子交换膜燃料电池的主要部件(双极板、膜电极等)。

6.7.8 发展趋势

随着对燃料电池多年的研究，质子交换膜燃料电池的应用和开发取得了不错的成绩。质子交换膜燃料电池主要用于交通工具和分散型电站，能满足环境友好和成本低的要求；用作便携、小型移动电源等，以便于满足应急供电；适用于军事、通信及计算机等领域，以便于满足稳定性和可靠性高的供电。对于中功率和大功率电池系统的研究开发也有一定的进展。

相较于其他燃料电池，质子交换膜燃料电池的工作噪声低、环境友好、成本低、维修简单、无化学腐蚀等优点推动着它更好地发展，也让质子交换膜燃料电池的应用领域广泛。

为了进一步开拓质子交换膜燃料电池的应用领域，需要解决它的一些技术问题，如：适用于可以在各种环境工作的发电机、高的发电效率、安全可靠、制氢技术和储氢技术、发电机的电力补偿技术、氢气安全检测技术、质子交换的集成制造技术等。只有解决这些问题，氢燃料电池才能有更广阔的应用前景。

参 考 文 献

[1] 王志成，钱斌，张惠国，等. 燃料电池与燃料电池汽车[M]. 北京：科学出版社，2016.

[2] 卢立娟. AuPt双金属纳米粒子合成及电催化性能研究[D]. 重庆：重庆大学，2018.

[3] Tatsumi Ishihara，Takaaki Shibayama，Shinji Ishikawa，et al. Novel fast oxide ion conductor and application for the electrolyte of solid oxide fuel cell[J]. Journal of the European Ceramic Society，2004，24(6).

[4] Shaikh S P S，Muchtar A，Somalu M R. A review on the selection of anode materials for solid-oxide fuel cells[J]. Renewable and Sustainable Energy Reviews，2015，51：1-8.

[5] Leone P，Santarelli M，Asinari P，et al. Experimental investigations of the microscopic features

and polarization limiting factors of planar SOFCs with LSM and LSCF cathodes [J]. Power Sources, 2008, 177: 111-122.

[6] Sharma S, Pollet B G. Support materials. for PEMFC and DMFC electrocatalysts - A review [J]. Power Sources, 2012, 208: 96-119.

[7] J Kuga, S Seino, T Nakagawa, et al. Comparison of Stabilizer Effects on the Size, Dispersion, and Catalytic Property of Pt, PtCu, and PtRu Nanoparticles [J]. Journal of nanoscience and nanotechnology, 2018, 18(8): 5738-5748.

[8] H Fang, Y Chen, M Wen, et al. SnNi nanoneedles assembled 3D radial nanostructure loaded with SnNiPt nanoparticles: Towards enhanced electrocatalysis performance for methanol oxidation [J]. Nano Research, 2017, 10(11): 3929-3940.

[9] Y Song, H Ji, M Wang, et al. Feasible synthesis of protein-templated zinc phosphate-supported Pt nanoparticle with enhanced electrocatalysis for methanol oxidation [J]. Applied Surface Science, 2017, 422: 228-238.

[10] A Meichen, D Chunyu, D Lei, et al. Phosphorus-doped graphene support to enhance electrocatalysis of methanol oxidation reaction on platinum nanoparticles[J]. Chemical Physics Letters, 2017, 687: 1-8.

[11] 周嵩林，魏先全，姜宁宁，等．燃料电池应用及前景[J]．泸天化科技，2009(04)：409-412.

[12] 张先珍，戴德彦，王立鹏，等．熔融碳酸盐燃料电池/燃气轮机混合装置发展现状[J]．东北电力大学学报，2011，31(02)：67-71.

[13] 吴小娟，朱新坚，曹广益，等．基于神经网络的固体氧化物燃料电池电堆建模[J]．系统仿真学报，2008(04)：1068-1071.

[14] 金醒群．固体氧化物燃料电池在天然气市场开发应用的探讨[J]．城市燃气，2012(04)：17-21.

[15] 戴宪滨．燃料电池发电技术的特点及发展现状[J]．科技咨询导报，2007(20)：98.

[16] 何长青，衣宝廉．熔融碳酸盐燃料电池阴极的研究进展[J]．电源技术，2001(04)：299-302，307.

[17] 黄乃宝，衣宝廉，侯明，等．PEMFC 薄层金属双极板研究进展[J]．化学进展，2005(06)：17-23.

[18] 孔祥峰．钌钛复合氧化物及其负载催化剂的制备、表征及电化学性能[D]．青岛：中国海洋大学，2011.

[19] 张上．碱掺杂聚丙烯酰胺凝胶电解质膜的研究[D]．天津：天津大学，2008.

[20] 匡尹杰．基于贵金属纳米颗粒/碳纳米材料复合物的燃料电池电催化剂研究[D]．长沙：湖南大学，2012.

[21] 李婧．电化学沉积法制备掺硼碳材料及其电催化性能[D]．大连：大连理工大学，2019.

[22] 鲁菲菲．固体氧化物燃料电池 $PrBa_{(0.94)}Co_2O_{(5+\delta)}$ 阴极的电化学改性研究[D]．哈尔滨：黑龙江大学，2019.

[23] 蒋雨霏．碳基无金属氧还原电催化剂的设计及作用机理研究[D]．南京：南京大

学，2016.
[24] 费明明．基于二维纳米材料 MXene 的复合材料制备及研究[D]．合肥：合肥工业大学，2018.
[25] 李舒婷．CeO_2 掺杂 $SrCoO_{(3-δ)}$ 基钙钛矿阴极材料的制备及性能研究[D]．包头：内蒙古科技大学，2019.
[26] 张伟慧．基于超支化聚合物的 AEMFC 电解质的制备及性能[D]．大连：大连理工大学，2013.
[27] 张中刚．多通道 SOFC 内部传递过程研究与数值分析[D]．大连：大连海事大学，2015.
[28] 高海英，侯杰，傅正平，等．固体氧化物燃料电池综合实验的设计[J]．化学教育(中英文)，2019，40(24)：39-44.
[29] 卢军．对称固体氧化物燃料电池非钴基钙钛矿电极材料的设计、制备与性能研究[D]．上海：上海交通大学，2016.
[30] 李响．车用质子交换膜燃料电池性能试验及混合动力仿真研究[D]．北京：北京工业大学，2019.
[31] 邵孟．燃料电池后备电源故障诊断和控制系统的研究[D]．上海：上海交通大学，2016.
[32] 季芸．提高直接甲酸燃料电池阳极 Pd 催化剂电催化性能的研究[D]．南京：南京师范大学，2014.
[33] 郑雪艳．直接甲醇燃料电池内阳极侧两相流动与传输特性[D]．重庆：重庆大学，2007.
[34] 金沂彤．短信技术[J]．天津科技，2003(02)：59.
[35] 桂敏言．国外燃料电池发电技术现状及前景[J]．东北电力技术，2001(05)：40-45.
[36] 任远．质子交换膜燃料电池(PEMFC)的智能建模优化与控制研究[D]．上海：上海交通大学，2008.
[37] 孙兴进，朱新坚，曹广益．熔融碳酸盐燃料电池性能影响因素分析[J]．电源技术，2001(06)：432-435.
[38] 王志成．基于纳米结构的中低温固体氧化物燃料电池电极的制备和性能研究[D]．杭州：浙江大学，2008.
[39] 固体氧化物燃料电池．http://www.360doc.com/content/14/0222/14/15289912_354754792.shtml.
[40] 桑绍柏，李炜，蒲健，等．平板式 SOFC 用密封材料研究进展[J]．电源技术，2006(11)：871-875.
[41] 桑绍柏．固体氧化物燃料电池密封材料设计与性能优化[D]．武汉：华中科技大学，2008.
[42] 吴努斌．固体氧化物燃料电池平板和圆筒单体电势场数值模拟[D]．北京：华北电力大学(北京)，2006.
[43] 丁岩芝．中温固体氧化物燃料电池复合连接材料的制备与性能研究[D]．北京：中国科学技术大学，2011.
[44] 孙帆，郑勇，高小龙，等．固体氧化物燃料电池电解质和电极材料的研究进展[J]．金属功能材料，2010，17(04)：75-80.
[45] 丁姣．低成本阳极支撑型膜电解质固体氧化物燃料电池的研究[D]．广州：华南理工大

学，2010.
[46] 李仲秋．Y/Gd 掺杂与等价元素取代的 BaSrCoFeO 系 SOFC 阴极材料性能研究[D]．哈尔滨：哈尔滨工业大学，2012.
[47] 王晨松．掺硼非晶碳薄膜的氧化处理及其氧还原反应催化性能的研究[D]．大连：大连理工大学，2019.
[48] 潘伟平．阳极孔和界面微结构对 SOFC 的电极极化与性能影响研究[[D]．哈尔滨：哈尔滨工业大学，2012.
[49] 李婉．直接甲醇燃料电池阳极的稳定性研究[D]．大连：大连海事大学，2014.
[50] 张根磊．直接甲醇燃料电池阳极铂基电催化剂的研究[D]．天津：天津大学，2017.
[51] 刘志祥，钱伟，郭建伟，等．质子交换膜燃料电池材料[J]．化学进展，2011，23(Z1)：487-500.
[52] 赵文颖．磺化侧苯基杂萘联苯聚芳醚质子交换膜的研究[D]．大连：大连理工大学，2010.
[53] 张兴芳．三维电极的非线性分析[D]．太原：太原理工大学，2009.
[54] 梅学华．磺化杂萘联苯聚芳醚酮质子交换膜的研究[D]．大连：大连理工大学，2008.
[55] 窦志宇．新型燃料电池用质子交换膜的合成和性能研究[D]．长春：吉林大学，2006.
[56] 王晓丽．质子交换膜燃料电池膜电极结构研究[D]．大连：中国科学院研究生院(大连化学物理研究所)，2006.
[57] 张建鲁．质子交换膜燃料电池电催化剂和阴极电极结构研究[D]．大连：中国科学院研究生院(大连化学物理研究所)，2005.
[58] 马畅．Pt/WC/MWCNTs 纳米复合催化剂的制备及电化学性能研究[D]．鞍山：辽宁科技大学，2019.
[59] 吴斌．质子交换膜微观结构调控研究[D]．天津：天津大学，2015.
[60] 唐江凌．基于支持向量回归机的燃料电池研究[D]．重庆：重庆大学，2012.
[61] 夏文．质子交换膜燃料电池动态模型与控制研究[D]．南京：南京理工大学，2010.
[62] 张学伟．质子交换膜燃料电池膜电极的研究[D]．哈尔滨：哈尔滨工业大学，2007.
[63] 伊曼．自支撑二氧化硅基复合质子交换膜的研究[D]．上海：上海交通大学，2010.
[64] 张明．$Ba_xCe_{(0.8)}Y_{(0.2)}O_{(3-\alpha)}+yZnO$ 的合成、导电性及应用[D]．苏州：苏州大学，2011.
[65] 秦明俊．质子交换膜燃料电池工作性能数值仿真研究[D]．上海：上海交通大学，2009.
[66] 锂电池原理．https：//wenku. baidu. com/view/ce2652da50e2524de5187e3c. html.
[67] PEMFC 电源系统的开发和应用技术．https：//www. docin. com/p-706746966. html.
[68] 张海林．质子交换膜燃料电池复合膜及膜电极的研究[D]．北京：北京化工大学，2004.
[69] 胡里清．质子交换膜燃料电池——21 世纪的新一代能源动力系统[J]．电池工业，2002(Z1)：225-231.
[70] 胡里清．质子交换膜燃料电池——21 世纪的新一代能源动力系统[C]//中国电池工业协会．中国电池工业协会 2002 年学术交流会论文集，2002：153-159.
[71] 徐震，夏爱军．质子交换膜-聚砜类分离膜材料的研究进展[J]．污染防治技术，2015，28(03)：10-14.

[72] 王振．质子交换膜燃料电池系统特性仿真研究[D]．济南：山东大学，2007.
[73] 王雅丹．全氟磺酸质子交换膜电极的研究[D]．北京：北京化工大学，2006.
[74] 上海神力科技有限公司．质子交换膜燃料电池——21世纪的新一代能源动力系统(上)[J]．上海节能，2001(05)：54-58.
[75] 杨贵恒，吕林，贺明智．PEMFC电源系统的开发与应用[J]．电源世界，2004(03)：49-52，48.
[76] 华胜军．燃料电池发动机尾气能量回收的研究[D]．杭州：浙江大学，2005.
[77] 杨贵恒．质子交换膜燃料电池性能试验及其系统设计[D]．成都：四川大学，2005.
[78] 吴团结，范永江，李景．PEMFC电源系统及应用前景[J]．电气技术，2009(08)：140-144+159.
[79] 任俊霞．质子交换膜燃料电池膜电极制备工艺的研究[D]．哈尔滨：哈尔滨工业大学，2008.
[80] 张峰磊．燃料电池用不锈钢基双极板表面改性研究[D]．大连：大连海事大学，2009.
[81] 刘小波．质子交换膜燃料电池热分布及性能研究[D]．重庆：重庆理工大学，2019.
[82] 窦志宇．新型燃料电池用质子交换膜的合成和性能研究[D]．吉林：吉林大学，2006.
[83] 李文兵，齐智平．质子交换膜燃料电池研究进展[J]．化工科技，2005(04)：55-59.
[84] 高平．磺化芳烃聚合物质子交换膜的研究[D]．北京：北京交通大学，2007.
[85] 曾松军．新型聚倍半硅氧烷基酸—碱无水质子交换膜的制备与性能研究[D]．长沙：湖南大学，2011.
[86] 邹利．碳纤维机织物在燃料电池扩散电极中的应用研究[D]．无锡：江南大学，2007.
[87] 罗杰．质子交换膜燃料电池膜电极的研究[D]．北京：北京化工大学，2007.
[88] 牛敬彬．3.5kW PEMFC热电联供系统研究与设计[D]．上海：上海交通大学，2009.
[89] 周霞．燃料电池用铝基双极板表面改性研究[D]．大连：大连海事大学，2007.
[90] 李晶晶．燃料电池与超级电容器混合驱动系统的研究与仿真[D]．武汉：武汉理工大学，2006.

第7章 氢燃料电池汽车

汽车是人类现代文明的象征，但同时也给世界带来了环境污染和石油资源短缺等严峻的问题。为了适应社会发展的要求和实现汽车产业的可持续发展，各国政府和产业界都已将汽车发展方向转向了新能源汽车。

纯电动汽车(Blade ElectricVehicle，BEV)、插电式混合动力汽车(Hybrid Electrical Vehicle，HEV)和燃料电池汽车(Fuel Cell Vehicle，FCV)是中国新能源汽车发展的“三驾马车”。它们的优缺点如表7-1所示，与插电式混合动力汽车相比，燃料电池汽车以氢气作为燃料，零污染；与纯电动汽车相比，氢燃料电池汽车只需3~5min就能充满长途行驶所需的气量。这让燃料电池汽车更方便日常使用。此外，与传统内燃机汽车和混合动力汽车所不同的是燃料电池汽车的内部是通过电动机的驱使进行运转的，因此，其内部的动力传递相对而言较为简单。燃料电池内驱动汽车运转的电机使用目前最为先进的变频矢量控制技术进行工作，能在最大程度上达到速度的变化以及制动能量的重生利用。迄今已研发出的多种类型燃料电池中，PEMFC和SOFC是最有希望成为燃料电池汽车的动力源。

表7-1　不同类型新能源车的优缺点对比

汽车类型	优点	缺点
纯电动汽车	零排放、无污染、高能效	充电时间长、续驶里程较短、电池成本高、废弃电池存在污染
混合动力汽车	内燃机的存在确保了续驶里程，提高了燃料的经济性	由于内燃机的存在依然会有碳排放，污染环境
燃料电池汽车	零排放、无污染，续驶里程可与内燃机媲美，加注氢气时间短	燃料电池昂贵导致整车成本高，加氢站等基础设施不完善，制氢成本较高，还会产生污染

7.1 燃料电池汽车工作原理

燃料电池汽车是电动汽车的一种，其核心部件是燃料电池。其通过氢气和氧气的化学作用产生电能来带动电动机工作，从而驱动电动汽车前进。燃料电池汽车会产生极少的二氧化碳和氮氧化物，副产品主要产生水，因此被称为绿色新型环保汽车。

7.2 燃料电池汽车重要部件

燃料电池汽车和电动汽车相似，主要区别在于用燃料电池发动机代替动力电池组，附加供氢系统、动力系统、氢安全系统。燃料电池汽车的主要部件为：升压转换器、氢气罐、电动机、燃料电池、蓄电池和动力控制单元，下面介绍这些系统和特殊部件。

7.2.1 燃料电池发动机

燃料电池发动机是燃料电池的核心部件，主要组成部分包括燃料电池堆、供气系统和水处理系统。储氢瓶中的高压氢气和空气压缩机提供的空气分别经减压阀、喷射泵、增湿器进入燃料电池后进行电化学反应发电，空气尾气直接放空，氢气尾气经气液分离、热交换器后由循环泵混合新鲜氢气作为燃料进入。可见氢气的利用率很高。当大功率燃料堆发电时，大约有相等的能量变成热能，所以需要有冷却水系统，保持燃料电池堆温度在80℃左右。由于在运行过程中，以碳材料为主体的燃料电池堆有各种离子溶解于水，使水的电导率增大，这些水又贯穿电堆的每一块单电池，可能给电池堆造成短路。因此对冷却水的要求很严格，通常系统中都要用到离子交换树脂处理水。

由于燃料电池发动机的功率很大，一般要几十瓦到数百千瓦，因此通常用几个电堆，经过串联或并联使之互相连接起来，提高汽车所需要的功率。到目前为止，燃料电池发动机一直在不断地改进中。

7.2.2 动力系统

燃料电池汽车的动力系统有很多种，总结起来主要有两种类型：纯燃料电池驱动系统和混合动力驱动系统。适用于燃料电池车辆的辅助电源主要是动力蓄电池(Traction Battery，TB)、超级电容器(Uitra Capacitor，UC)。混合动力驱动系统是燃料电池和辅助电源的组合，燃料电池只需要满足恒定的动力需求，辅助电源用于提供加速、爬坡等所需的最大动力，能量存储在辅助电源中，以改进车的经济性。

1. 纯 FC 动力系统

纯燃料电池车辆仅以燃料电池作为能源，车辆的所有动力负载均由燃料电池承担。该系统的结构简单，但是结构中燃料电池的额定功率非常大且昂贵，并且对冷启动时间、耐启动循环次数以及对负载变化的响应提出了很高的要求。DC/DC 功率变换器(Direct Current/Direct Current Power Converter)的作用是阻抗匹配，其能够达到为燃料电池电动机解决软输出特性的问题。纯燃料电池系统目前还存在以下问题亟须进一步解决：①虽然燃料电池的系统效率较高，但是在使用过程中每里程所消耗的氢气量也会因此增加，这就导致运行成本有所上升；②目前燃料电池的动态响应时间还不能够达到车辆使用的要求；③因为燃料电池运行功率较大，所以在制造过程中的成本会有所上升，对汽车的总质量也会增加；④系统目前还无法实现再生制动。

2. FC+TB 混合动力系统

FC+TB 混合动力系统是当今大多数燃料电池汽车动力系统采用的结构形式，这种结构有很多优点。作为主要动力源，燃料电池提供连续动力，动力电池在提供最大动力的基础上，还能够进行再生制动能量的回收利用。由于可以采用不同的模式进行工作，所以动力蓄电池在仅电动力支持的情况下也可以使得车辆行驶，而当电池发生故障的情况下，汽车则可以进行跛行返回。然而动力电池功率特性需要达到某些要求是目前该系统还存在的问题，并且电力系统控制的复杂性增加，而这种要求对于目前动力蓄电池的技术水平来说有一定的难度。

3. FC+UC 混合动力系统

混合动力驱动结构在德国大众集团推出的 Hypower 燃料电池汽车上得到了应用。在该系统中超级电容能够进行能量的储存以进行混合驱动，因此超级电容器是一个用于辅助汽车运行的动力电源。超级电容的充电时间较短、放电倍率较高、循环寿命较长、比功率较大、使用成本较低，其功率特性极为优异。然而，所制得的超级电容器存储的能量却是极为有限，并且只能提供持续约 1min 的最大功率，因此电压波动范围非常大，所以应用程序需要添加 DC/DC 进行阻抗匹配，从而增加了系统结构的复杂性。

4. FC+TB+UC 混合驱动系统

燃料电池和辅助电池(动力电池或超级电容器)的混合驱动是一种比较流行的结构。使用燃料电池和辅助电池的双重动力结构主要基于以下原因：①燃料电池的动态性能不好，并且由于汽车的运行状态总是在相对较宽的范围内动态变化，因此燃料电池不能总是满足汽车的需求。添加辅助电池可用于快速调整电源；②通过增加辅助电池来调节燃料电池的输出，以在额定功率范围内以最佳的燃料电池负载率实现车辆的最佳能源效率；③目前，燃料电池的价格仍然很高，这意味着可以适当降低燃料电池的额定功率以及使用辅助电池补偿不足的功率来降低整车的成本。

鉴于所介绍的不同类型动力系统结构的优缺点，可以显而易见地发现，燃料电池与动力蓄电池的混合动力系统的设计，具有再生制动能量回收良好、相对简单的结构和控制、可以最大程度提供峰值功率等优点。另外，在各项技术的不断提高下，蓄电池的比功率特性也大大提高，因此大多数燃料电池汽车动力系统目前都使用这种结构。

7.2.3 电动机

驱动电机是所有电动汽车必不可少的关键部件，因为车辆的最高车速、加速时间、爬坡能力等整车性能，均与驱动电机有着密切的关系。目前，国内外电动机的结构众多，性能不一，工作原理也不尽相同。使用较多的有直流电机(直流有刷电机和永磁无刷直流电机)、永磁同步电机、交流感应电机和开关磁阻电机四种。

直流有刷电机结构简单，主要由转子、定子、端盖和电刷架四部分组成，利用通电导体在磁场中受力的电磁原理制成。直流电机具有优良的电磁转矩控制特性，启动转矩、转动矩大，易于快速启动、停机；调速比较方便，调速范围宽，易于平滑调节；控制装置简单、价格低。直流电机的磁场和电枢可以分别控制，因此控制性能较好，而且直流电机的容量范围较广，可供选择的也多，所以直到1980年代中期，它仍然是国内外电动汽车用电动机的主要研究目标。但是，由于直流电机存在电刷、转向器等易磨损的器件，所以必须进行定期的维护和更换；直流电机相对于其他类型的电机，其体积一般较大。并且限于转子电枢的结构，直流电机不适合用于高速旋转的情况等，因此在电动汽车上的应用受到了限制。

永磁无刷直流电机的转子采用永久磁铁，用电子换向装置代替直流有刷电机的机械换向装置，在其工作时直接将方波(梯形波)电流输入永磁无刷直流电机的定子中，控制电机的运转。永磁无刷直流电机具有很高的功率密度和宽广的调速范围，同时还具有高转速、高效率、体积小、惯性低、响应快等优点。这些显著的优点使其非常适用于电动汽车的驱动系统，并具有极好的应用前景，但价格高且耐热性差。日本开发的电动汽车主要使用这种类型的电动机。

永磁同步电机是将永久磁铁代替他励同步电动机的转子励磁绕组，定子则与普通同步电机一样，转子采用径向永久磁铁做成的多层永久磁铁，形成可同步旋转的磁极。三相永磁同步电机具有定子三相分布的绕组和永磁转子，在磁路结构和绕组分布上保证反电动势波形为正弦波，为了进行磁场定向控制，输入定子的电压和电流也为正弦波。在新能源汽车领域，永磁同步电机得到广泛使用。通过控制电机的定子绕组输入电流频率，电动汽车的车速将最终得到控制。与其他类型的电动机相比，永磁同步电动机的最大优势是其较高的功率密度和转矩密度。因此，与其他类型的电动机相比，相同的质量和体积下，永磁同步电动机可以为新能源汽车提供最大的功率和加速度。但是，永磁同步电机也有自身的缺点。转子上的永磁材料在高温、震动和过流的条件下，会产生磁性衰退的现象，所以在相对复杂的工作条件下，电机容易发生损坏。此外，永磁材料价格较高，因此整个电机及其控制系统成本较高。目前国产新能源汽车也基本采用永磁同步电机。

交流感应电机又称“异步电动机”，通过定子产生的旋转磁场与转子绕组的相对运动，转子绕组切割磁感线产生感应电动势，从而使转子绕组中产生感应电流。转子绕组中的感应电流与磁场作用，产生电磁转矩，使转子旋转。

开关磁阻（Switch Resistance，SR）电机也称可变磁阻（Variable Reluctance，VR）电机，是双凸极可变磁阻电动机，定子和转子的凸极是通过层压普通的硅钢板形成的。转子没有绕组或永磁体，集中绕组缠绕在定子极上，径向两个相对的绕组相连，称为“一相”。开关磁阻电机定子和转子的极数不同，可以通过多种组合方式形成不同相数的电机，现在广泛使用四相电动机和三相电动机。这种开关磁阻电机结构简单、系统稳定，可以在较宽的速度和转矩范围内高效工作，可适用于频繁启停和正反向转换运行，具有可控参数多、调速性能好、响应速度快、效率高、损耗小以及成本较低等优点。然而，在实际应用中，由于开关磁阻电动机与其他电动机相比需要更大的转矩波动，有更大的噪声和振动以及多个出线头和位置检测器的缺点，因此其应用范围受到限制。

如表 7–2 所示，这四个电动机各有优缺点。但是，对于电动汽车，使用相对效率最高的永磁无刷电动机是合理的，因为电能通过各种电池提供并且价格相对较高，它已广泛用于功率小于 100kW 的现代电动汽车中。

表 7–2　四种电机优缺点比较

电机类型	优点	缺点	应用现状
直流电机	成本低、易控制、调速性能良好	转速低、功率密度低、体积大、可靠性差、维护频繁	已淘汰
交流感应电机	结构简单、可靠性好、成本易控制	体积较大、效率低、调速性差	主要应用于欧美产的新能源汽车，如 Tesla
永磁同步电机	效率高、结构简单、体积小、质量轻	成本较高、在高温震动和过流条件下会产生磁性衰退	主要应用于国产、日产新能源汽车，如荣威 E50
开关磁阻电机	结构简单、可靠性高、质量轻、成本低、温升低，易于维修	转矩波动大、控制系统复杂、噪声大	主要应用于电动大巴

7.2.4 电子控制系统

燃料电池电动汽车的电子控制系统的主要功能是燃料电池系统控制、DC/DC功率变换器控制、辅助储能装置能量管理、电动机驱动控制和整车协调控制等，各控制功能模块通过总线连接。通过电子控制系统可以实现汽车的实时监控和协调控制。

在电动汽车的电子系统中，由于直流总线不可能满足性能各异、种类繁多的元器件对直流电源的电压等级、稳定性等要求，必须采用各种 DC/DC 功率变换器，DC/DC 功率变换器的直流输入电源来自系统中的电池或直流总线。对燃料电池电动车来说，DC/DC 功率变换器的作用更为重要，是燃料电池汽车的关键设备。

7.2.5 燃料系统

燃料电池汽车用供氢系统可分为车载制氢和车载纯氢两大类。

1. 车载制氢

车载制氢使用氢处理器通过重整或部分氧化从烃类燃料中获得氢。用于车载制氢的合适燃料可以是醇类(甲醇、乙醇、二甲醚)、碳氢化合物(柴油、汽油、甲烷等)。从技术上讲，醇类燃料的制氢温度较低，制氢反应容易实现，其中，甲醇通常被用作最适合车辆的氢燃料。碳氢化合物比醇类更难以产生氢，主要是因为重整温度高且硫去除率高。因此，目前车载制氢的主要研究方向是以醇类为原料的重整制氢系统。

用于车载的重整制氢系统还存在一些问题。首先，车辆行驶的动态过程对燃料的供应要求很高。汽车加速或上坡时，需要加大氢气供应量，而低速或等待交通信号时，则用很少的氢气，这就需要重整器具有极好的动态响应特性，这对于重整器而言太难实现。其次，目前使用的燃料电池大多数采用质子交换膜燃料电池，其对燃料氢的要求极为苛刻，如 CO 含量要少于 5×10^{-6}，对于 SO_2 的要求要到 10^{-9}级，加大了重整器的难度。由于以上两点，原本在地面上已经工业化的醇类重整制氢技术遇到难题。

在其他制氢方法中，氨被用作制氢的原料，但是由于完全氨裂化的高温、高成本和高腐蚀性，因此不适合使用车载制氢燃料。由于金属或金属氢化物所面临的许多技术问题，因此只能在特殊情况下生产氢，因此不适用于大型汽车工业。

2. 车载纯氢

车载纯氢主要直接使用液氢或气氢两种，其他储氢的技术如金属氢化物储氢，由于本身技术不过关，目前尚不能应用。氢气储罐通常放置在底盘中心或后排座椅下方的空间(传统内燃机汽车的燃料罐所在的位置)中，氢气罐进行分配和存储。

(1) 高压氢气储存

车载高压氢气罐是目前最简单和最常用的车载纯氢储存方法。一般的车载高压氢气储存系统由储氢瓶组、压力表、滤清器、减压器、单向阀、电磁阀、手动截止阀及管路等组成。世界已有的燃料电池大客车示范项目中，几乎无一例外地使用压缩气氢。高压氢在燃料电池汽车中也占大多数。耐高压储氢压力容器和材料是该方法的关键。目前可以供应35MPa压力的气体储罐，现在各国燃料电池车基本采用这一方案，使用高压氢气显而易见的好处是，由地面供应氢气，其质量能得到保证，不会发生氢气中的杂质使燃料电池“中毒”的严重事故。高压气氢的加注也特别方便，和现在汽车加汽油非常相似，加注也很快，十几分钟即可加注完毕。其缺点是，使用压力罐会影响公众接受心理，当然将氢压缩到高压也要花费能量。

(2) 液态氢储存

理论上，在各种储氢方式中，无论是从体积密度还是质量密度的角度看，只有氢气以液态存储才能达到最高的存储密度。目前，液态氢存储的质量密度为5%~7.5%，堆密度约为0.04kg/L。然而，由于低温容器的热漏损，液态氢的产生、存储、运输，填充和液态氢化所消耗的大量能量，不可能在汽车中大量使用和运输液态氢。液氢的温度太低，为-253℃，即使用目前最好的保温液氢罐，每天也要约有1%的液氢因漏热而蒸发，从而导致密闭容器中氢气的压力升高。为了保持液氢罐的安全，就必须通过安全阀将氢气排出到大气中，损耗较大。

7.2.6　安全系统

由于氢气具有爆炸性、氢脆等危险特性，使得燃料电池汽车存在着一定的安全问题，这也极大地冲击了消费者的购买欲望，阻碍了燃料电池汽车的市场推广。燃料电池汽车主要存在储氢、车载供氢系统、燃料电池汽车发生氢气泄漏以及发生碰撞等安全问题。因此，为了推广燃料电池汽车的商业化市场，必须建立完善的安全系统。

1. 储氢安全

目前，燃料电池汽车大多采用高压压缩储氢方法，但是要携带足够行驶500~700km里程的氢气燃料时，容器必须由可稳定承受高达70MPa以上压力的复合材料制成。

2. 车载供氢系统的安全

燃料电池汽车的车载供氢系统安全措施应从预防与监控两方面着手。供氢系统中的电磁阀、减压阀、手动截止阀、单向阀、安全阀等供氢系统主要安全部件以及温度传感器、压力传感器等在内的辅助安全装置，可以很好地维护系统的安全性，应当定期检查和维护。

电磁阀包括气罐电磁阀和管路电磁阀。其中，气罐电磁阀控制储气罐的开合，主要为低压直流电源驱动，在不通电源时处于闭合状态，当泄漏氢气浓度达到一定浓度时，也能自动关闭。手动截止阀，通常处于打开状态，主要为了确保气罐电磁阀失效时能手动切断氢源。气罐电磁阀和手动截止阀联合作用，可以更有效地杜绝氢气泄漏的发生。管路电磁阀在给气罐充气时，可有效防止气体进入电池。溢流阀在系统正常工作时，阀门关闭，只有当系统压力超过调定压力(比系统最高工作压力高 10%~20%)时进行过载保护，使系统压力不再增加。单向阀可以保护加气口的使用寿命，并能在加气口或供氢管路产生损坏时防止气体向外泄漏。过滤网主要过滤氢气源中的杂质，保护电池反应活性物质正常工作。减压阀则是将氢气的压力调节到电池所需要的压力。安全阀可以在出现危险时将氢气罐中的残余氢气安全放空。

气罐安全阀、温度传感器和压力传感器一般作为储气罐的附件安装在气罐的出气口。当储气罐内的压力突然上升并超过安全阀设定值时，安全阀会自动泄压至安全范围之内。温度传感器用来检测储气罐内气体温度，并将温度信号发送到驾驶室仪表盘上，并通过温度变化判断异常情况发生。例如，当排除温度传感器故障时，气体温度突然急剧上升可能是在储气罐周围有火警发生。压力传感器主要用于判断储气罐中剩余氢气量，并当压力低于某值时提醒加注氢气，以保证车辆的正常行驶，同时也能判断储气罐是否有氢气泄漏发生。

3. 氢气泄漏安全

氢易泄漏，在空气中，氢的着火点很低且燃烧范围很宽，一旦发生泄漏，氢气就会迅速扩散并存在发生燃烧甚至爆炸的危险。因此燃料电池车还要包含整车氢安全系统，主要包括氢气泄漏检测和报警处理系统。一般氢气泄漏检测系统由安装在乘客、燃料电池发动机、储氢罐舱位和发动机水箱附近的 4 个催化燃烧型传感器以及车体下部的一套监控器组成，传感器实时监测车内的氢气浓度，只要检测到的氢浓度超过氢爆炸极限(空气中氢气的爆炸极限为 4.1%~74.2%，体积分数)下限的 10%、30%和 50%时，监控器会分别发出不同等级的声光报警信号，并通知报警处理系统采取相应的安全措施。

对氢燃料电池车而言，四种失效会产生严重的氢泄漏事故：①供氢系统存在密封失效情况；②储气罐上的流量计失效；③监测氢和关断氢流量的氢传感器系统失效；④计算机控制燃料电池氢流量程序失效。因此对燃料电池车的维护和保养非常重要，除了要定期进行载氢系统的气密性检测，对管路进行定期的保压实验，还要对传感器元件进行定期的校正、检查，能高效识别并阻止氢气的泄漏，确保其能正常工作。

4. 碰撞安全

燃料电池汽车在发生碰撞时，可能会存在氢气泄漏、控制系统的失效以及电路起火等安全隐患。因此，燃料电池汽车的碰撞安全性研究成为其在开发过程中十分重要的举措。

首先是储气罐保护，除了要防止储氢罐在碰撞过程中直接受损，还要固定储氢罐的支架等装备使其具有一定的强度，以确保在储存及运输过程中，储氢罐不会由于碰撞的原因出现大幅度的位移以及管路因碰撞出现弯曲变形或断裂，甚至导致储罐内氢气的泄漏。其次，控制系统主要由动力系统能量管理和功率平衡控制、动力系统各部件协调控制、容错控制和驱动电机转矩控制等组成，它是实现整车动力组织和能量管理正常运行的保证，是整车控制策略的核心内容，一旦控制系统失效，对整车的安全性都会产生重大影响。此外，还要尽量避免电路起火问题，如果在碰撞过程中产生氢气泄漏并遇上明火，后果则不堪设想。

7.3 燃料电池汽车的关键技术

燃料电池汽车作为电动汽车的一种，因此其关键技术同样有电池技术、控制器技术和电机技术三部分。这三种关键技术是电动汽车所特有的，同时也成为燃料电池汽车能够规模化应用和发展的主要制约条件。

7.3.1 电池技术

电池作为提供电动汽车驱动力的主要来源，也是其核心的组件。比功率、比能量、能量密度、制造成本、循环寿命是电动汽车电池的主要性能指标。这些主要性能的有效提高成为燃料电池汽车比燃油汽车更具有使用价值的基本要求。

电池在电动汽车上的应用已经经历了三代的发展，技术的不断改善取得有效的成就。

第一代是具有高比能量、高放电倍率的铅酸电池，该电池还具有价格低的优点，是目前唯一实现大规模产业化的电动汽车用电池。

第二代是比能量和比功率都高于铅酸电池的碱性电池，主要包括锂离子、镍镉、镍氢和锂聚合物等多种电池，该类电池使电动汽车具有高动力性能和宽范围的续驶里程，但价格也比第一代电池高。

第三代是能量和功率性能更为优异的燃料电池，它能高效地将燃料中的化学能转变为电能，并可以灵活控制电池反应进程，连续输出能量。当前电动汽车中多采用以纯氢为燃料、空气为氧化剂的质子交换膜燃料电池，该电池能量转换时不受热力循环影响，因此比一般的内燃机的效率高 2 倍左右。此外，由于其启动时间短、运行过程噪声小、排放气体无污染、寿命长等特点，因此非常适合用于交通工具。但是燃料电池的一些关键技术还有待突破，还处于研制阶段。

7.3.2　电机技术

电机是一种通过能量的相互转换即电能与机械能的相互转换的元件。当电机作为电动机进行工作时，其电能便转化为机械能，而当电机作为发电机进行工作时，其机械能便转化为电能。新能源汽车在运行的过程中并不是使用发动机进行工作，而是采用电机进行汽车的动力驱使。在电动机控制器的作用下，通过能量的转化为燃料电池汽车提供动力源泉，同时也能够使电池进行二次充电，具有双重作用效果。所以，电机是新能源汽车的必不可少的部件之一，其技术的先进性也对电力汽车的驱动产生了一定的影响。

电机性能决定了电动汽车的工作能力，制造电机应具有严格的技术规范：高效率能增加汽车单次充电行驶里程；高瞬时功率和功率密度能有效提升汽车的最高时速；宽的调速范围和较高的高低速综合效率使电动汽车更灵活地变速工作。此外，电机还必须具有强过载能力，启动转矩大以及响应灵敏。另外，电机还应具备低成本、体积小、质量轻、安全性能高等特点，还应具有一定的防尘防水能力。

目前国外的电动汽车普遍采用电机(多为永磁无刷式)直接驱动车轮电动轮(又称轮毂电机)，该种车轮内装电机技术(又称轮毂电机技术)最大特点就是将动力、传动和制动装置都整合到轮毂内。由于电动车辆无传统汽车的变速器、传动轴、驱动桥等复杂的机械传动部件，其机械部分得到极大地简化。除了可简化结构外，采用电动轮的车辆具有高的空间利用率和传动效率。此外，无论是前驱、后驱还是四驱形式，其单个车轮便可独立驱动。轮毂电机技术还可以差动转向，减小车辆的转弯半径，甚至可以原地转向。当前，大多数新能源车型都采用电驱动。

轮毂电机可以为任何新能源动力车型提供驱动力。但轮毂电机还存在一些缺点，如簧下质量和轮毂的转动惯量增大影响了车辆的操控性；电制动性能有限，需要消耗更多的电能维持附加的机械制动系统运行；轮毂电机的工作环境恶劣，因此对密封性和散热性有较高要求。

7.3.3　控制器技术

控制器技术通过调速控制装置来改变电动机的电流和电压，从而改变运行过程中的转矩和方向，进而实现电动汽车方向和速度的调节。由于晶闸管斩波调速能够均匀地对电机的端口电压进行调控，进而实现电流的稳定变化，所以其变速性能极为优异，成为当前使用最为广泛的一种技术。随着电力技术的发展突飞猛进，一些电子晶体管(如 IGBT、GTO 等)斩波调速装置的优势越来越突出，已经呈现出了取代晶闸管斩波调速装置的态势。随着新型驱动电机的发展与应用，电动汽车直流逆变技术的应用将成为必然。

通过接触器对磁场电流的方向进行调节能够实现直流电机的旋向变换，然而电机在这种情况下其可靠性不能得到保证，电路也相对复杂。如果电机使用交流异步电机驱动，那么仅依靠三相电流的相序改变即可实现其转向，操作和控制电路都得到了极大的简化，也简化了电动汽车制动能量的回收控制。

21 世纪以来，矢量控制及直接转矩控制成为感应电动机运转所采用的主要方式。矢量控制又包括无速度传感器矢量控制和最大效率控制，前者在估算速度时，可利用电机电压、电流和参数，可以简化掉系统的速度传感器，降低成本、提高可靠性；后者通过电动机所选用参数的变化以及负载条件的改变实现励磁电流的变化，该技术的采用可以将损耗降至最低，而获得的功率极大提高。直接转矩控制把转子磁通定向变换为定子磁通定向从而解决了矢量控制中存在的解耦问题，转矩的调节可以采用对幅值和矢量相对于转子磁链的夹角来进行。由于直接转矩响应时间较短、其结构也相对简单、控制技术较为直接、控制性能也普遍优良，极为适用于电动汽车的使用。

随着电机及驱动系统技术的不断完善与发展，控制系统也越来越智能化和数字化。为了提高整个系统的综合性能，使系统结构更简化、响应能力更迅速、抗干扰能力更强，非线性智能控制技术在电机控制中的各部分都将得到进一步的应用。

7.4 氢气加注站

新能源汽车是解决目前汽柴油汽车严重的污染排放和缓解环境问题与资源问题的必然选择，也是汽车产业的发展趋势。清洁燃料电池汽车将在未来新能源汽车的开发和应用中发挥重要作用。然而在将燃料电池汽车完全推向市场化的进程中，除了要克服小型高效燃料电池发动机和高储氢车载罐设计的技术难题，其相应的配套基础设施——氢气加注站的建设和分布规划也是不容忽视的重大问题。

氢气加注站是指储存氢气和加注氢气的站点，其主要用途是为燃氢汽车补充氢气。一个典型的加氢站与压缩天然气加气站相似，由制氢系统、压缩系统、储存系统、加注系统和控制系统等部分组成。取决于氢气供应方法，设备配置和氢气加油站的每个系统的配置可能不同，但通常是相似的。当氢气被运送到站外或在站内生产和纯化时，它会被氢气压缩系统压缩到一定的压力，加压的氢气会被存储在固定的高压容器中，当需要加氢时，在加氢站的固定容器和储氢容器之间的高压差的影响下，通过填充系统将氢迅速填充到车载储氢容器中。

在加氢技术方面，中国已经可以设计和建造 35MPa 的加氢站(包括固定站和移动站)，并在主要设备，如加氢机、压缩机和储氢容器(储氢装置)的国产化方面取得进展。其中加氢机和储氢容器组(储氢罐)的设计制造能力已达到国际水平，但压缩机的设计制造能力与国际水平略有不同，机器的制造精度和使用稳定性仍需要提高。

7.5 氢燃料电池汽车的优势

1. 与传统汽车相比的独特优点

与传统汽车相比，以质子交换膜为代表的氢燃料电池汽车主要优点在于：

1）环保性好。氢燃料汽车在行驶过程中只产生水，并不会像传统汽车那样产生大量的碳氧化物、氮氧化物等污染物质。此外，汽车使用的燃料氢气可通过一些较为环保的方式制取，如生物质制氢、太阳能制氢等。

2）能源效率高。氢燃料电池所产生的动力并不会经过热机过程，这在很大程度上减少了热释放和热能损失，使得能量转化效率大幅提高，大约是普通内燃机的 2~3 倍。

3）燃料来源丰富。氢燃料电池汽车所需用的燃料氢气来源广泛，制取方法多样，是一种清洁的二次能源。相对于传统汽车所需要的化石能源其来源更加丰富。

4）乘坐舒适度高。与传统汽车相比，氢燃料电池汽车的动力系统不存在机械振动和热辐射等问题，这使得汽车具有更长的使用寿命和更高的可靠性，而且保证汽车在运行时更加平稳，更加舒适。

2. 与纯电动汽车相比的独特优点

氢燃料电池汽车具有以下优点：

1）驾驶里程更长。受到蓄电池的限制，纯电动汽车的续驶里程大约只有 100~200km。而氢燃料汽车所用燃料电池实际工作时起到的是发电作用而非蓄电作用，其续驶里程取决于储氢罐中氢的容量。而由于氢的能量密度要远高于当前商业化的锂离子电池，5kg 的氢气大约可支持氢燃料电池汽车连续行驶 400km 以上。而且氢燃料电池相对于锂离子电池要轻得多，因此氢燃料电池具有更长的驾驶里程。

2）充能更快。与传统汽车充能方式相同，氢燃料汽车也已补充燃料氢气的形式进行续航使用。有报道称，几分钟的加氢过程就能供给氢燃料电池汽车行驶400km。与纯电动汽车的充电速度相比，氢燃料电池汽车更能满足现代人快节奏的生活需求。简单快速的充能方式也降低了对加氢设施建设密度的要求，大大降低了燃料汽车的推广成本。

3）电池安全性高。氢燃料电池工作时基本不会产生热辐射，这在很大程度上降低了因电池过热而产生爆炸的安全问题。氢燃料电池汽车的安全性能甚至可与传统汽车相当。

4）更加环保。燃料电池的构成材料没有毒性，其生产、使用以及回收过程中也不会产生对环境有害的物质。因此，从燃料电池的全生命周期来讲，其基本不会对环境产生污染。

7.6　氢燃料电池汽车的发展难点

氢燃料电池汽车作为一个完全创新型、革命性的技术产品，它还存在以下不足之处。

1. 发动机技术性能较差

1）由于燃料电池的功率密度较低，限制了燃料电池发动机的输出功率，使得其动态响应较慢，特别是在加速或爬坡时，发动机无法及时提供大功率的需求，影响汽车的正常使用。

2）燃料电池发动机耐久性较差。美国能源部制定的、可满足正常使用的2020年燃料电池发动机使用寿命目标为5000h，而目前实际使用的氢燃料电池汽车都无法满足这一要求。

3）燃料电池发动机的环境适应性较差。氢燃料电池汽车在低温环境下的启动较为困难，无法满足汽车的正常使用。

2. 系统可靠性较差

燃料电池是由成百上千的单体电池聚成一体构成的电池堆，其对于单体电池的质量以及安装时的操作都具有很高的要求。当单体电池受到某些外部因素（如水、热、压力变化）影响或电池内部出现问题时，都会影响到电池堆，进而导致发动机无法正常工作。此外，燃料电池发动机的结构也非常复杂，由许多不同的部件或单元组成，如果这些零件不能很好的匹配，也将影响燃料电池汽车的运行。

3. 氢燃料电池汽车制造成本高

由于燃料电池的价格较高，尤其是质子交换膜燃料电池，铂金属催化剂和质子交换膜都非常昂贵，所以，氢燃料电池汽车的制造成本要远高于传统汽车。

4. 配套设施不完全

作为一种新型的汽车类型，氢燃料电池汽车的基础设施与现有的汽车都不相同。这是一个非常庞大而又复杂的系统，这些配套设施的建设也将是一个漫长的过程。

7.7 产业现状

当前，我国在氢燃料电池汽车上的发展还在起步阶段，其主要体现在以下几个方面。

其一，氢燃料电池目前大多在商用汽车中使用。主要原因在于当前的加氢站技术还不成熟，大量基础设施建设还不完善，所以还不能保障大量私家车用氢燃料电池的使用。而商用车的容纳空间相对于私家车更广，其可以容纳更大的储氢罐以及燃料电池。当前，我国加氢站的建设数量基本能够保证氢燃料电池汽车的日常行驶以及燃料的分配，因此对氢燃料电池汽车的推广较为适合。

其二，产业的发展在一定程度上也取决于政策和补贴政策的实施。由于我国氢燃料电池的起步较为，其产业化并不成熟，大多数情况下都依赖于中央和地方政府的政策支持和鼓励。这种发展模式与纯电动汽车的发展都依赖于政策的大力施行。

其三，作为一种新兴产业，其发展速度较快。根据最新数据显示，2019 年我国氢燃料电池汽车的销售量为 2737 辆。其中主要的生产厂商为金华汽车、中通客车、北汽福田、佛山飞驰以及东风汽车。

我国氢燃料电池汽车产业现状为：

1. 核心技术亟须突破

首先，燃料电池作为氢燃料电池汽车的核心部件，其生产成本相对较高，占比超过总汽车造价的一半。因此，在大力发展氢燃料电池汽车的同时降低其生产成本成为技术性突破问题，其中最核心的就是对燃料电池堆膜电极组件的成本降低。由于该膜组件是由贵金属铂作为原料制成的，所以极大地增加了生产成本。因此寻求能够代替铂金属的材料成为接下来研究的一个主要方向。

其次，我国在燃料电池的制造上原料大多依靠国外进口，且价格较高，所以打破原材料的进口化，同时加快我国氢燃料电池制造技术的发展成为重中之重。此外，还需要进一步扩大行业规模，使得氢燃料电池的发展在制造、生产、市场方面都突飞猛进，从而使燃料电池价格的进一步降低也将成为可能。

2. 商业推广的关键驱动因素

在进行商业推广的同时，氢气的储存及运输、加氢站建设等一系列上游产业链设施的完善是其另一个挑战。

据有关数据显示，和纯电动汽车充电站相比，加氢站的建设成本更高。当前，每一个加氢站的建设资金投入都达到 2000 万元左右。根据高工产研氢电研究所统计，截至 2018 年年底，中国大陆的加氢站数量约为 28 个，加氢站与燃料电池汽车的比例极为两极化，远远落后于其他发达国家。因此，当前的加氢站建设规模还不能满足当前氢燃料汽车的发展需求。氢气的储存和运输无论是技术方面还是成本上也在一定程度阻碍了其产业化发展。

3. 发展前景未来可期

尽管我国当前发展氢燃料电池汽车仍存在很大的阻力，但是在政策、技术和资金的大力支持下，该产业将会得到迅速发展。此外，我国对于发展新能源纯电动汽车所积累的宝贵经验也有利于推进氢燃料电池汽车产业的商业化发展进程。有预计称，我国氢燃料电池汽车产量在近几年将会直线增加，并很快突破十万大关。

4. 政府大力支持

为了更好地加强燃料电池基础材料和机理的研究，促进关键零部件研发与使用，促进燃料电池汽车的开发和产业化，促进技术标准的研究与开发，我国先后制定了《中国制造 2025》和《“十三五”国家战略性新兴产业发展规划的通知》等规划文件，并计划在 2020 年完善燃料电池汽车的基础设施建设，实现其大规模示范应用。

5. 技术创新加速

目前，我国氢燃料电池制造中大部分原材料仍依赖进口，国产化率仅为 30% 左右。随着我国各种政策的制定以及制造商们对燃料电池关键部件研发投资的增加，毕马威团队预计到 2020 年，我国的氢燃料电池国产化率将达到 70%～80%。

6. 基础设施不断完善

当前政府正在增加加氢站的部署以满足未来氢燃料汽车对氢能源的需求问题。毕马威团队估计，全国加氢站将在 2020 年达到 100 多个，到 2025 年达到 350 个。

7. 充足资金支持

在政府政策补助的扶持以及相关企业的重视下，氢燃料电池汽车产业将进入发展热潮期，产业发展将会获得充足的资本，这也有利于相关全产业链的均衡发展。但是，市场需求小于产能时，反而会阻碍市场的规模推广。

为了使氢燃料电池产业更快实现大规模商业化，政府部门正积极推出政策支持，科研有关部门正全力攻克关键核心技术，相关企业也正积极探索产业规模化发展路线。在一系列的政策、资金支持下，我国燃料电池汽车将很快从示范阶段过渡到大规模商业化阶段，相关的加氢网络设施建设等产业也将会得到发展和完善，使我国的氢能和燃料电池汽车全产业链实现真正的全面大规模发展。但在这个发展过程中，相关企业要保持革新精神与技术创新能力，并要谨慎判断行业发展趋势，及时规避风险，抓住机遇，在激烈的市场竞争中立于不败之地，才能更好地为我国氢能与燃料电池汽车产业的发展提供重要力量。

7.8 氢燃料电池汽车的前景

当前，世界上氢燃料电池汽车的发展已经从“技术创新”发展到“成本大大降低”的过程节点，并且基本上具有工业化和商业化的条件。2015 年和 2017 年进入市场引入期，并在 2020 年后普及并大规模应用。根据国外相关市场研究机构的一项调查，到 2015 年，全球氢燃料电池汽车的发展已经找到了转折点，市场规模已经从之前的百辆级示范运用迈上千辆级的台阶。到 2018 年底，全球有 12952 辆燃料电池汽车上市并投入运营，从 2015 年到 2025 年，氢燃料电池汽车将加速发展，全球市场规模将达到约 1800 亿元人民币。普及和应用的汽车数量约为 20 万辆，在美国约为 80 万辆，在欧洲约为 70 万辆，这项研究的结果与日本经济产业省调查结果几乎相同。

氢燃料电池汽车市场在未来将显示出广阔而光明的未来，除了技术和成本的巨大变化外，美国股市的变化也可以看到趋势。根据相关媒体报道，2014 年在美国纳斯达克上市的氢燃料电池制造商 Ballard Power Systems 公司由于业绩好于预期而继续上涨。生产公司 Prager Energy 连续收到大量订单，这使其股价不断上涨。两家上市公司对市场乐观的原因主要是由于现阶段市场对燃料电池的需求增加。

可以大体判断全球燃料电池汽车的未来发展速度较快(或更快)，这是一个客观趋势。

参 考 文 献

[1] 王志成，钱斌，张惠国，等. 燃料电池与燃料电池汽车[M]. 北京：科学出版社，2016.

[2] 程振彪. 燃料电池汽车：新能源汽车最具战略意义的突破口[M]. 北京：机械工业出版社，2016.

[3] Bruno G. Pollet，Iain Staffell，Jin Lei Shang. Current status of hybrid，battery and fuel cell electric vehicles：From electrochemistry to market prospects[J]. Electrochimica Acta，2012，84.

[4] Kolli A，Gaillard A，De Bernardinis A，et al. A review on DC/DC converter architectures for power fuel cell applications[J]. Energy Conversion and Management，2015，105：716-730.

[5] Aardahl C L，Rassat S D. Overview of systems considerations for on-board chemical hydrogen

storage[J]. Hydrogen Energy，2009，34：6676-6683.

[6] 毛宗强，毛志明．氢气生产及热化学利用[M]．北京：化学工业出版社，2015.

[7] 陈明伟．燃料电池城市客车动力系统基本技术方案研究[D]．上海：同济大学，2005.

[8] 王晓蕾，马建新，邬敏忠，等．燃料电池汽车的氢安全问题[J]．中国科技论文在线，2008(05)：365-369.

[9] 王立颖．电动汽车的关键技术及发展前景[J]．汽车工业研究，2009(08)：12-15.

[10] 司戈．氢能源应用的消防安全初探[J]．消防技术与产品信息，2008(01)：44-48.

[11] 陆洋，徐晔，徐宏林．燃料电池在车辆中应用的技术难关[J]．节能，2006(04)：2，6-9，49.

[12] 徐乔．燃料电池汽车设计探索[J]．上海汽车，2006(01)：4-7.

[13] 张贺彬．PHEV 智能充电站通信网络关键技术研究[D]．长春：吉林大学，2011.

[14] 王宏华．新型交流电动机及其控制技术系列讲座(1) 开关磁阻电动机[J]．机械制造与自动化，2004(01)：91-95.

[15] 陈铖彬．电动汽车开发的关键技术及发展路线浅析[J]．科技创新与应用，2017(08)：121.

[16] 王斌．新能源汽车驱动电机性能研究[J]．汽车实用技术，2014(05)：76-80.

[17] 姚层林．集成式起动机/发电机在车用42V 电气系统中的应用[J]．微特电机，2007(04)：46-48.

[18] 万怡．9 缸径向活塞式压缩空气发动机设计[D]．大连：大连理工大学，2016.

[19] 程振彪．我国应更加重视燃料电池汽车发展(连载一)[J]．汽车科技，2016(05)：2-9.

[20] 毕马威中国．氢燃料电池汽车行业何时迎来爆发[N]．中国保险报，2019-08-21(008).

[21] 毕马威中国．氢燃料电池汽车：何时迎来爆发[N]．新能源汽车报，2019-07-08(010).

[22] 王立颖．电动汽车的关键技术及发展前景[J]．汽车工业研究，2009(08)：12-15.

[23] 吕义超．我国电动汽车产业的专利分析与发展对策研究[D]．镇江：江苏大学，2010.

[24] 周雪松．中国氢燃料电池汽车行业爆发在即[N]．中国经济时报，2019-07-01(006).

[25] 张晔．电动汽车智能控制系统研究[D]．长沙：中南大学，2005.

[26] 张煜，张春润，资新运，等．电动汽车核心技术及其发展趋势[J]．汽车电器，2004(09)：1-4，8.

[27] 郑磊，李战胜．燃料电动汽车相关技术的综述研究[J]．科技视界，2016(05)：46，92.

[28] 程振彪．我国应更加重视燃料电池汽车发展(连载二)[J]．汽车科技，2016(06)：2-27.

[29] 孙毅．未来电驱动主力——轮毂电机驱动技术简介[J]．汽车运用，2011(10)：24-25.

[30] 张秋，徐春保．论轮毂电机优缺点及发展[J]．汽车与驾驶维修(维修版)，2017(12)：40-41.

[31] 杨养户．电动汽车轮毂电机技术[J]．汽车维修，2012(03)：44-47.

[32] 魏学哲．影响电动汽车性能的关键因素解析电动汽车驱动系统[J]．电子测试，2006(06)：15-20.

[33] 于爽．机车用燃料电池混合动力系统建模与能量管理[D]．成都：西南交通大学，2018.

[34] 宋菲．驱动，靠轮毂[J]．产品可靠性报告，2013(07)：26-28.

[35] 李磊．加氢站高压氢系统工艺参数研究[D]．杭州：浙江大学，2007.
[36] 广证恒生新三板团队．电解水制氢+管道运输是氢能发展方向[N]．中国能源报，2019-12-02(010).
[37] 李财盛．混合动力军车复合电池控制系统研究[D]．沈阳：东北大学，2014.
[38] 刘勇，王秀宝，王成春，等．新能源客车之路(下)[J]．驾驶园，2012(09)：60-67.
[39] 王晓蕾，马建新，邬敏忠，等．燃料电池汽车的氢安全问题[J]．中国科技论文在线，2008(05)：365-369.
[40] 王琦，罗马吉，罗仲．燃料电池汽车车载氢气安全研究[J]．武汉理工大学学报(信息与管理工程版)，2011，33(02)：232-235.
[41] 朱剑宝．轮毂电机驱动系统在电动汽车上的应用探讨[J]．邯郸职业技术学院学报，2013，26(03)：49-52.
[42] 王睿亮．纯电动公交车及其驾驶技能[J]．交通与运输，2017，33(05)：75-77.
[43] THIS MONTH [J]．兵器知识，2016(11)：12-13.
[44] 杨甲辉．燃料电池汽车整车控制器的设计与实现[D]．上海：华东理工大学，2013.
[45] 蔡体杰，刘炜炜，刘友良．浅谈我国燃料电池汽车加氢站的建设[J]．低温与特气，2006(06)：1-5.
[46] 海涛．燃料电池汽车动力系统控制技术研究[D]．上海：同济大学，2006.
[47] 刘世哲，李斌，罗宇轩．电动汽车驱动电机的选择[J]．科技展望，2016，26(13).
[48] 王晓涛．氢燃料车，火热之余还须冷静防虚火[N]．中国经济时报，2020-01-21(006).
[49] 王新虎，石祖春．纯一点 混一点 电动汽车的分类及特点[J]．当代汽车，2010(02)：17-25.
[50] 周雪松．中国氢燃料电池汽车行业爆发在即[N]．中国经济时报，2019-07-01(006).

第8章 氢能产业前景

8.1 氢能产业引导

1972年，美国宾夕法尼亚大学的J. O'M. Bockris教授在通用汽车技术中心首次提出了“氢经济”的概念，但是由于当时的相关技术还不成熟，“氢经济”仍处于设想阶段。自从进入21世纪以来，各国对汽车污染物排放要求的不断提升，储氢技术的水平得以发展，燃料电池技术也不断进步，“氢经济”逐渐进入人们的视野。氢气作为一种具备热值高、反应速度快、可通过多种反应途径制得、能以气态或液态储存、反应产物无污染等优点的能源，表现出了优异的应用前景。另外氢是可再生能源的高效载体，未来可作为重要的二次能源，在交通运输等领域的潜力巨大。目前，国际制氢年产量63Mt左右，而我国每年产氢量约22Mt，占世界氢产量的三分之一，成为世界第一产氢大国。

8.1.1 氢能政策推动

近年来氢能产业始终处在能源产业发展的前沿，而在低碳减排大背景下，氢能作为一种零碳绿色新能源，更符合中国清洁、低碳、安全、高效的能源政策。目前，很多国家和地区也建立起了氢能产业园和各种发展规划，美国、日本、德国等传统汽车强国已自上而下布局氢能产业，预计到2030年能够提供1000万~1500万辆燃料汽车乘用车及50万辆燃料电池卡车所需要的氢气。我国也出台了多项政策发展氢能产业。预计到2050年，氢能需求将是目前的十几倍，将在全球变暖控制在2℃以内的前提下，能源需求的18%实现氢能源化。只有各国政府积极出台相关国家政策来扶持氢能产业发展，各相关企业才能更好地及时调整产业规划，革新生产模式，使氢能产业更快走向成熟，实现真正的“氢经济”。

8.1.1.1 国际氢能政策

近些年来，日本、美国和欧盟等国家和地区为了发展氢能源，纷纷规划出台出了一系列发展战略。尤其是美国、日本、德国等主要发达国家从资源、环保等角度出发，率先开展氢能产业，在政策和发展状况方面都处于世界领先的位置。

1. 美国

美国一直重视新能源的开发与利用，并首先提出“氢经济”的概念，为尽快实现“氢经济”的目标，美国政府也颁布了众多政策措施。为了实现这一目标，美国于1970年开始计划进行有关氢能技术方面的研究，并在即将进入21世纪时，颁布了《氢气研究、开发及示范法案》和《氢能前景法案》等。在这一时期，美国对于氢能的实际投入较少，还是主要停留在基础研究层面。

进入21世纪后，美国便开始大力推进在氢能领域的投入。2002年，美国发布的《国家氢能发展路线图》中明确了今后对发展氢能所设立的目标规划，并制定了详细的发展路线。2004年，《氢立场计划》中提出，要想发展氢能产业，就要经历四大过程：技术研发与示范运行，引导市场良好转化，相关基础设施的建设和市场的大规模推广、扩张，实现氢能社会目标。同年，开始持续开展“氢能与燃料电池项目计划”，截至2017年，该计划资助项目已经累计完成30项技术的商业化应用，申请580项专利，预计未来3~5年还将会有60余项技术投入应用。2014年的《全面能源战略》中，美国意识到了氢能对于解决交通清洁能源新出路问题的重要意义与作用，并提出了新的氢能计划。2015年，美国参议院通过了第2171号决议，宣布10月8日为其全国氢燃料电池日，众议院也通过了相关决议，对此表示支持。2016年，美国国会为更好地发展氢能产业，为“氢能与燃料电池项目计划”资助了1.49亿美元。第二年，美国能源部也宣布将为氢能和燃料电池项目投入1580万美元支持相关技术的研究。2019年3月，美国能源部宣布将高达3100万美元的资金用于推进“H_2@Scale”概念，“H_2@Scale”的重点是在美国多个部门实现经济可靠的大规模制氢、运输、储存和利用。截至2018年6月，加州拥有36座对外开放的加氢站，达到政府产业发展的目标。

2. 日本

日本的氢能产业起源也很早，在1973年便成立了氢能源协会。1981年，日本“月光计划”启动开发燃料电池。2013年，日本政府更加重视氢能产业，把“发展氢能”立为国策，通过在生产、生活各领域大力推广使用氢燃料电池来发展氢能。为更好落实这一国策，日本随后明确实现“氢能社会”的战略方向。2014年发布并于2016年和2019年分别进行修订的《日本氢能与燃料电池战略路线图》中提出实现“氢能社会”目标分三个阶段的发展路线图，表8-1为其主要内容。2017年，日本在《氢能基本战略》中规划了2050年“氢能社会”建设的目标，并提出具体发展目标和实施路径。随后一年，日本在《第五次能源基本计划》中提到了要利用发展氢能产业来治理气候变化带来的能源规划压力。

表 8-1　日本氢能与燃料电池战略路线图“氢能社会”三个阶段

步　骤	目　标
第一阶段 （加速推广氢能利用市场）	2017 年：固定式燃料电池示范推广至商业和工业应用 2020 年：氢燃料价格降至混合动力汽车燃料价格水平 2025 年：燃料汽车价格降至混合动力汽车价格水平
第二阶段 （大规模氢能供给）	2020 年：与国外氢气供应商建立战略合作伙伴关系； 建立商业氢燃料分配体系
第三阶段 （氢燃料零碳供给）	2040 年：零碳氢气生产，全产业链整体运作

3. 欧盟

欧盟各成员国能源进口依存度超 50%，整体上需要进口能源以满足自身发展要求。为实现低碳经济、降低能源成本、减少进口依存度，欧盟在寻求低碳能源时对于氢能抱有较大期望。2003 年开始，欧盟多国对如何发展氢能以及相关产业进行合作研究，并计划首先共同打造发展氢能和燃料电池技术平台，并依托这一平台着重对核心技术进行研究，决心要掌握关键核心技术以更好地全方位发展氢能产业。2009 年，为了既快速又低成本地构建起输氢网络，欧盟开始研究利用天然气管道来进行输氢。欧盟为 2015 年和 2016 年分别启动的 Hydrogen Mobility Europe H2ME1 与 H2ME2 计划投资 1.7 亿欧元用于建设加氢站以及氢燃料电池汽车。2019 年，欧洲燃料电池和氢能联合组织发布《欧洲氢能路线图》，其中对于 2030 年以及 2050 年的氢能发展路线图进行了规划与展望。

德国作为欧盟成员国家之一，其氢能产业处于世界领先地位，这离不开欧盟组织对于发展氢能的支持以及德国政府对于氢能发展的重视。2007 年，德国政府、工业和科学界启动了长达 10 年的重大项目——国家氢和燃料电池技术创新计划（Nationales Innovationsprogramm für Wasserstoff-und Brennstoffzellentechnologie, NIP），该计划体现了德国对于氢能与燃料电池产业技术、市场和发展全产业链的重视。2006—2016 年间，NIP 为 750 个项目总计投入约 7 亿欧元，共有 240 家企业、50 家科研和教育机构以及公共部门得到了 NIP 的资助。2016 年，联邦政府实施第二阶段即 2016—2026 年的氢和燃料电池技术计划（NIP-2）以确保研究和开发的继续，预计在接下来十年内可以提供 14 亿欧元左右扶持资金。

为更好发展氢能，美国、日本、德国三个氢能强国均设置了氢能源管理机构并且创建了相对科学安全的技术标准及监测体系。2005 年美国能源部下设氢燃料电池技术咨询委员会（Technical Advisory Committeeon Hydrogen Fuel Cell, HTAC），就氢能研究、开发和示范项目向能源部长提供咨询建议，下设燃料电池技术办公室(Fuel Cell Technology Office，FCTO)负责协调美国能源部氢和燃料电池项目的研发活动。2014 年日本经济通产省能源效率和可再生能源部(Energy Efficiency and Renewable Energy Department)下设了氢能与燃料电池战略办公室(Hydrogen and Fuel Cells Strategy Office)。2004 年德国政府牵头成立了国家氢能与燃料电池组织(Nationale Organisation Wasserstoff-und Brennstoffzellenorganisation，NOW)；2015 年由法液空、戴姆勒、林德、奥地利石油天然气集团(OMV)、壳牌和道达尔六家龙头企业结成“H_2 Mobility”联盟，与 NOW 共同支持德国氢能产业发展。

8.1.1.2 我国氢能政策

当前，氢能源产业才刚开始正式进入到我国的产业市场中，为正确引导我国氢能产业规模化发展方向以及解决导入期对市场需求的判断，相关政策的扶持、技术的攻克以及市场的推广是关键。为了我国氢能产业能健康发展，《“十三五”国家战略性新兴产业发展规划》中便提出了于 2020 年实现燃料电池汽车批量生产和规模化示范应用的目标。为实现《规划》提到的目标，我国政府已经在资金和政策方面尽可能地提供扶持工作，不仅为建设相关基础设施提供资金支持，还放宽了相关设施建设的审批条件。目前，我国已出台多项有关氢能产业方面的政策，明确表示大力支持氢能产业的发展。在国家政策引领下，至少有 36 个地方(省市级)出台了扶持氢能和燃料电池产业的相关政策。

1. 国家氢能政策发布历程

2006—2014 年期间，国家开始将氢能及燃料电池写入发展规划之中，但氢能产业还只处于推广阶段，并未出台相关补贴和制定计划。2014 年，《能源发展战略行动(2014—2020 年)》中正式将“氢能与燃料电池”作为能源科技创新战略方向。

2015 年，国家提出了燃料电池汽车要实现千辆级市场规模，并强调对燃料电池汽车补贴不实行退坡。2016 年，制定的《中国氢能产业基础设施路线图》中提出氢能产业规划目标：到 2020 年，氢气用于能源的产能规模将达到 720 亿 m^3；加氢站数量达到 100 座；燃料电池车辆达到 10 万辆；氢能轨道交通车辆达到 50 列；行业总产值达到 3000 亿元。

2019 年 3 月，我国对《政府工作报告》进行了修订，其中便强调了要加强加氢站等设施的建设，并且第一次将“氢能”写入到政府工作报告中。26 日发布的《关于进一步完善新能源汽车推广应用财政补贴政策的通知》表示，将 3 月 26 日至 6 月 25 日作为过渡期，超过此过渡期后不再对购置新能源汽车(不包括新能源公交车和燃料电池汽车)施行补贴政策，而是用于加氢和充电基础设施“短板”建设和配套运营服务等方面。4 月 8 日，国家发布《产业结构调整指导目录(2019 年本征求意见稿)》公告，其中鼓励类新列入了高效制氢、运氢及高密度储氢技术开发应用及设备制造、加氢站、氢燃料电池汽车关键零部件等内容。5 月 16 日，由工信部装备工业司组织全国汽标委编制的《2019 年新能源汽车标准化工作要点》发布。其中，在燃料电池电动汽车领域，对氢燃料电池汽车及加氢站技术领域标准提出相关要求。6 月份，国家能源局印发 2019 年第 3 号公告，鼓励储能、氢能等方面研究。6 月 30 日，发布的《鼓励外商投资产业目录(2019 年版)》中提出要持续推行新能源汽车优惠购置政策，并继续推动加氢站等氢能产业基础设施的建设。7 月 1 日，《燃料电池电动汽车整车氢气排放测试方法》正式实施，并对燃料电池汽车的生产规范加以明文要求。9 月 19 日，印发的《交通强国建设纲要》中提出，要加强加氢设施建设，使交通能源结构得到优化，推进新能源清洁应用，促进公路货运节能减排，推动城市公共交通工具和城市物流配送车辆全部实现电动化、新能源化和清洁化，开展绿色出行行动，倡导绿色低碳出行理念。11 月 15 日，发布的《关于推动先进制造业和现代服务业深度融合发展的实施意见》中，提到要加强新能源生产使用和制造业绿色融合，推动氢能产业创新、集聚发展，完善氢能基础设施和服务。

2. 地方多元化氢能政策

2019 年以来，我国对于氢能推出的政策主要倾向于基础设施建设、关键零部件制造和配套运营服务等方面。此外，我国也正在努力推进对于建设和运营加氢站的补贴政策的设立，建设一座加氢站最高可获得 900 万元的国家补贴。此外，对于氢燃料电池汽车的购置优惠补贴政策也正在进行，一辆燃料电池汽车最高可获得 50 万元的优惠补贴，这基本弥补了与购买纯电动汽车的成本差距。针对氢能源产业一定程度的财政补贴政策，政府仍将会继续保持。除了经济外，实用也是氢能产业化的根本动力源之一。因此，在国家政策引领下，各省市也因地制宜，纷纷出台了各项氢能政策。表 8-2 汇总了近几年有关省市地方级政府出台的氢能发展方案，表 8-3 为各省氢能产业规划具体目标。

表 8-2 我国地方氢能政策发布情况汇总

省份	时间	政　策
山东	2019—2020 年	《济青烟国际招商产业园建设行动方案(2020—2025 年)》(山东省人民政府)
		《青岛市加快新能源汽车产业发展的若干政策措施》(青岛)
		《关于做好全市汽车加氢站规划建设运营管理工作的意见》(潍坊)
		《关于支持氢能产业发展的意见》(济宁)

续表

省份	时间	政策
广东	2018—2019年	《关于组织开展2019年(第二批)广州市新兴产业发展补助资金项目申报工作的通知》(广州)
		《中山市关于广东省新能源汽车充电基础设施财政补贴专项资金管理实施细则》(中山)
		《江门市新能源汽车推广应用地方财政补助实施细则(2016—2020年)》(征求意见稿)(江门)
		《佛山市氢能源产业发展规划》(佛山)
		《关于加快新能源汽车产业创新发展的实施方案的通知》(云浮)
		《茂名市加快新能源汽车产业创新发展实施方案的通知》(茂名)
		《深圳市2018年新能源汽车推广应用财政支持政策》(深圳)
江苏	2018—2019年	《苏州市氢能产业发展指导意见(试行)》(苏州)
		《2018—2020年镇江市新能源汽车推广应用地方财政补贴实施细则》(镇江)
		《常熟市氢燃料电池汽车产业发展规划》(常熟)
		《张家港市氢能产业发展三年行动计划(2018—2020年)》(张家港)
		《扶持氢能产业发展的实施意见》(如皋)
四川	2019年	《成都市氢能产业发展规划(2019—2023年)》
		《成都市支持氢能暨新能源汽车产业发展及推广应用若干政策》(成都)
河北	2019年	《氢能张家口建设规划(2019—2035年)》(张家口)
浙江	2019年	《关于加快氢能产业发展的若干意见》(宁波)
		《关于加快嘉兴氢能产业发展的若干意见》(嘉兴)
陕西	2019年	《西安市装备制造业产业发展规划(2019—2021年)》(西安)
山西	2019年	《长治市上党区氢能产业扶持办法》(长治)
福建	2019年	《关于加快福州市产业发展的工作意见》(福州)
吉林	2019年	《白城市新能源与氢能产业发展规划》(白城)
辽宁	2018年	《关于加快新能源汽车产业创新发展的指导意见》(大连)
安徽	2019年	《六安市人民政府关于大力支持氢燃料电池产业发展的意见》(六安)
		《铜陵市智能网联新能源汽车产业发展路线图》(铜陵)
贵州	2019年	《六盘水市氢能源产业发展规划(2019—2030年)》(六盘水)
湖南	2019年	《株洲市氢能产业发展规划(2019—2025年)》(株洲)
湖北	2018—2019年	《氢能产业发展规划方案》(武汉)
		《老河口市加氢站管理办法(试行)》(老河口)

表 8-3　各省氢能产业规划具体目标

省份	加氢站/座	燃料电池汽车/辆	年经济产值/亿元
山东	235	53000	1000
江苏	23~55	大于 10000	大于 1500
湖南	12	8000	
河北	21	4500	1700
湖北	30~100	2000~3000	1000
广东	57		1000
四川	30	2000	500

1）四大直辖市。2019 年 6 月，北京市发布《关于调整<北京市推广应用新能源汽车管理办法>相关内容的通知》，对燃料电池汽车按照中央补贴的 0.5 比例来安排市级财政补助。

2017 年 9 月，上海市发布《上海市燃料电池汽车发展规划》，目标到 2020 年，燃料电池汽车突破 150 亿元的全产业链年产值，至少建设 5 座加氢站和 2 个运行规模达到 3000 辆的燃料电池乘用车示范区；到 2025 年形成区域内相对完善的加氢配套基础设施建设，并探索批量投放；到 2030 年，燃料电池汽车技术和制造水平能与国际齐平，上海燃料电池汽车年产值突破 3000 亿元。截至 2019 年 11 月，上海已建成加氢站 8 座，上海及周边地区还集聚了上汽集团、上海捷氢、上海神力、上海新源、上海氢枫、富瑞氢能、上海瀚氢等一大批氢能与燃料电池领先企业，显然上海已吹响氢能产业发展的“冲锋号”。

2019 年 9 月，天津市编制的《天津市氢能产业发展行动方案(2019—2022 年)》中提出，到 2022 年，天津市将引进和培育一批氢气与燃料电池相关企业，初步构建起氢能全产业链的发展格局。该《行动方案》还提出要依托京津冀协同发展区位优势，更好地发展氢能产业。此外，还将打造三个试点示范区，以推广氢燃料电池物流车、公交车等在交通领域的应用。

2019 年 11 月，重庆市发布的《重庆市氢燃料电池汽车产业发展指导意见(征求意见稿)》明确指出：到 2022 年和 2025 年，加氢站分别要建成 20 座和 30 座，氢燃料电池汽车分别达到 1000 辆和 2000 辆的运行规模；到 2030 年，则要带动周边地区发展氢能，促进未来社会能源转型。2019 年 6 月，重庆市发布的《关于印发重庆市 2019 年度新能源汽车推广应用财政补贴政策的通知》中，对加氢站给予可高达 200 万的建设运营补贴。同时，对于区县(自治县)地方，市级和本地两级的财政补贴累加不得超过相应加氢站标准造价的一半。

2）山东省。2018 年 9 月，山东省印发的《山东省新能源产业发展规划

（2018—2028 年）》中指出，在氢能与燃料电池产业领域，要加快布局氢能前沿产业、培育壮大氢能特色产业集群、组织实施氢能产业与应用融合示范区，到 2028 年，全省氢能产业力争突破 500 亿元的产值。各地级市在济南市、青岛市等重视发展氢能城市的带领下也纷纷响应省政府号召，出台相关政策推广氢能产业，山东省氢能产业已呈现出蓄力发展的良好态势。

3）广东省。2018 年 6 月，广东省发布《关于加快新能源汽车产业创新发展的意见》提出要加快加氢基础设施建设。2019 年，发布的《关于进一步明确我省优先发展产业的通知》中指出了 7 大优先发展产业，其中，在绿色低碳中明确提及燃料电池、氢能设备及其关键零部件制造的发展。这意味着，广东省将进一步在政策上侧重氢能和燃料电池产业。

4）江苏省。2019 年 9 月，江苏省发布的《江苏省氢燃料电池汽车产业发展行动规划》中指出，到 2021 年，江苏省氢能及氢燃料电池汽车相关产业主营收入要达到 500 亿元，整车产能超过 2000 辆，建设超 20 座加氢站；至 2025 年，基本建立氢燃料电池汽车完整产业体系，至少建设起 50 座加氢站，形成布局较为完整的加氢网络。

5）四川省。2019 年 5 月，四川省发布《四川省打好柴油货车污染治理攻坚战实施方案（征求意见稿）》，其中便提到要鼓励开展对燃料电池货车的示范运营工作，并成立加氢示范站，开发氢燃料等新能源专用发动机，优化动力总成系统匹配。从政策支持来看，四川省政府把发展氢能及燃料电池汽车产业作为缓解当地能源和环境压力、推动汽车产业转型升级的一项重要措施。

6）河北省。2019 年 8 月，《河北省推进氢能产业发展实施意见》正式印发实施。该意见提出，到 2022 年，要基本掌握其中的关键核心零部件的技术，并在此基础上普及氢燃料电池并要大规模自主化生产，到 2025 年，培育多家国内领先的氢能企业，到 2030 年，培育能在国际地位上领先的氢能龙头企业，并分别达 150 亿元、500 亿元和 2000 亿元的氢能产业链年产值。可以看出，河北省也已经把推动氢能发展提升至战略的高度。

7）浙江省。2019 年初，浙江省在《汽车产业高质量发展行动计划（2019—2022 年）》中提出，要继续大力支持对燃料电池关键技术的自主研发，并带动相关企业继续研制燃料电池汽车，要更快、更均衡地培育出一条完整的燃料电池汽车产业链。

8）陕西省。2018 年 7 月，陕西省印发的《推动汽车产业加快发展的支持措施》，其中提出要支持新能源与清洁能源汽车的推广与应用，扩大氢燃料汽车等在全省的推广应用范围。对于购买省内生产的新能源与清洁能源汽车，根据车型不同，每辆重型卡车 1 万元补助，每辆乘用车 5000 元补助。

9）山西省。2019 年 4 月，山西省发布的《新能源汽车产业 2019 年行动计划》中明确指出，省级财政补助将按照中央财政补助的比例对氢燃料电池汽车给予一定的补贴扶持。

10）河南省。2019 年 6 月，河南省发布《关于引发加快新能源汽车推广应用若干政策的通知》，其中强调了要鼓励企业能够为发展氢燃料电池汽车增大推广力度与生产规模，并促进氢燃料电池汽车示范运营项目的建设与运行。此外，也提出了将根据投入运营的氢燃料电池汽车数量及配套设施建设情况给予奖励。

11）海南省。2019 年 3 月，海南省印发的《清洁能源汽车发展规划》中提出最多 5 年时间内，努力构建起可以全面覆盖、满足各类型清洁能源汽车需求的综合型加氢网络。

8.1.2　氢能技术标准化

技术标准是经济和社会发展必不可少的要素，对社会生产生活今后的发展起着巨大作用。一方面，技术标准是市场经济体制有机组成的必要元素，是产业结构调整和升级的促进剂；另一方面，技术标准是企业在激烈的市场竞争中长久生存的必要条件。

一般而言，技术发展大多会先于标准的制定，但对于发展快、技术含量高且产品生命周期短的新能源和可再生能源来说，两项工作的开展几乎平行进行，甚至在特殊情况下，标准制定工作超前进行。随着氢能技术的发展和产业化，氢能技术标准的制定工作所受到的阻力越大。因此，要想更快地建立和发展氢能产业，首先要协调好氢能技术标准化工作。在各国的重视下，氢能标准化工作已取得了良好的工作进展。

当前，世界各国为更好地开发和利用氢能及其相关技术，正积极建立和完善氢能技术的规范和标准体系。尤其是美国、德国等发达国家非常重视氢能技术标准的制定与技术的同步协调发展工作，在制定氢能技术标准方面十分活跃，同时也致力于将本国氢能技术规范标准推广至国际化。目前，世界上约有近 300 个标准或技术制定组织，其中规模和影响力大的组织主要有：国际标准化组织 ISO 和国际电工委员会（International Electrotechnical Commission，IEC）等。在 ISO 组织中主要是 ISO/TC197 氢能技术标准化技术委员会负责氢能技术领域的标准制定，主要涉及生产、运输、储存、产品测试以及利用等领域设备和系统的标准制定工作。ISO/TC22 和 ISO/TC58 委员会等也会协助 ISO/TC197 的标准制定工作。IEC 组织中的 IEC/TC105 燃料电池技术标准化技术委员会负责制定氢能技术方面的标准，主要涉及用于交通领域的燃料电池技术以及固定式燃料电池发电系统标准等方面。发达国家对于氢能标准的设立非常严谨，其除了通过介入制定氢能标准的组织之外，还纷纷成立氢能标准学会以研究氢能产业的发展趋向，严格制定相关标准。表 8-4 和表 8-5 列举了 ISO 和 IEC 已发布的部分氢能技术相关国际标准。

表 8-4　ISO 组织发布的部分氢能技术国际标准

中文名称	英文名称	编　号
液氢-陆地车辆燃料添加系统接口	Liquid hydrogen-Land vehicle fuelling system interface	ISO13984：1999
氢燃料-产品规范	Hydrogen fuel-Product specification	ISO14687：1999
机场氢燃料设备的运作	Airport hydrogen fuelling facility operations	ISO/PAS15594：2004
氢系统安全的基本要求	Basic considerations for the safety of hydrogen systems	ISO/TR15916：2004
压缩氢地面车辆燃料添加的连接装置	Compressed hydrogen surface vehicle refuelling connection devices	ISO17268：2006
氢燃料-产品规范第 2 部分：质子交换膜燃料电池在道路车辆中的应用	Hydrogen fuel-Product specification Part 2：of Proton exchange membrane（PEM）fuel cells applications for road vehicles	ISO14687-2-2012
气态氢-燃料站第一部分：一般要求	Gaseous hydrogen - Fuelling stations Part I：General requirements	ISO/TS19880-1-2016
变压吸附氢气分离提纯系统的安全性	Safety of pressure swing adsorption system for hydrogen separation and purification	ISO/TS19883-2017

表 8-5　IEC 组织发布的部分氢能技术国际标准

中文名称	英文名称	编　号
燃料电池技术-第 5-1 部分：便携式燃料电池装置-安全性	Fuel cell technologies-Part5-1：Portable fuel cell power systems-Safety.	IEC62282-5-1-2012
燃料电池技术-第 1 部分：术语	Fuel cell technologies-Part1：Terminology	IEC/TS62282-1-2010
燃料电池技术-第 7-1 部分：聚合物电解质燃料单电池试验方法	Fuel cell technologies-Part7-1：Single cell test methods for polymer electrolyte fuel cell（PEFC）	IEC62282-7-1-2010
燃料电池技术-第 6-100 部分：微型燃料电池动力系统-安全性	Fuel cell technologies-Part6-100：Micro fuel cell power systems-Safety	IEC62282-6-100-2010

1. 美国

美国是在氢能标准制定上投入最积极的国家。2002 年，美国在《国家氢能发展路线图》中强调了“规范与标准”对完整氢能系统的重要性。路线图中强调，要想使氢能更快实现市场商业化，就必须有完整全面的氢能相关技术标准做坚实基础，因此政府和业界要统一合作，加速完整体系的氢能技术标准的制定与推行。截至 2018 年年底，美国国家标准学会(American National Standards Institute，ANSI)已发布 27 项现行氢能技术相关标准。

2. 欧洲国家

欧洲对于氢能技术与标准的发展也非常重视。1961 年成立的欧洲标准化委员会(Comité Européen de Normalisation，CEN)，旨在促进各成员国统一协作制定欧洲标准和协调文件。

英国标准部(Britain Standard Institute，BSI)是英国的国家标准组织，是世界上第一个国家标准化组织。该组织代表着英国的经济与社会利益，并为不同规模和领域的英国机构开发商业信息解决方案。目前，英国标准部所发布的氢能技术相关标准大部分采用的是 ISO 标准和欧盟标准。

德国标准化学会(Deutsches Institut für Normung，DIN)是德国私立标准化主管协会，设有标准委员会和工作委员会，大约有 6000 个工业公司和组织会员。同英国标准部一样，DIN 已发布的氢能技术相关标准也是主要采用欧盟和 IEC 发布的燃料电池相关标准。截至 2018 年年底，DIN 已发布氢能技术现行相关标准 14 项。

3. 日本

日本工业标准调查会(Japanese Industrial Standard Committee，JISC)成立于 1949 年，由总会、部会、标准会议和专门委员会四部分组成，是根据日本工业标准化法建立的日本全国性标准化管理机构，其总部设在首都东京。该调查会制定的日本工业标准(JIS)在日本标准中居于绝对权威的地位。截至 2018 年年底，日本发布氢能技术相关标准 29 项。

4. 中国

近年来，我国为了更好地发展氢能产业，也将氢能技术与相关标准的制定工作视为重要任务，并于 2008 年组织成立了全国燃料电池及液流电池标准化技术委员会(SAC/TC342)和全国氢能标准化技术委员会(SAC/TC309)。其中，SAC/TC309 对口 ISO/TC197，负责有关生产、储运、利用等氢能领域的标准化工作。截至 2019 年，我国氢能的技术标准情况为：国家标准 80 多项，行业标准 40 多项，地方标准 5 项。表 8-6 和表 8-7 列出了我国现行的部分氢能技术相关国家标准和行业标准。

表 8-6　我国现行的部分氢能技术国家标准

名　　称	编号
氢气、氢能与氢能系统术语	GB/T 24499—2009
燃料电池术语	GB/T 28816—2012
氢气第 1 部分：工业氢	GB/T 3634. 1—2006
氢气储存运送系统第 1 部分：通用要求	GB/T 34542. 1—2017
反应气中杂质对质子交换膜燃料电池性能影响的测试方法第 1 部分：空气中的杂质	GB/T 31886. 1—2015
氢气第 2 部分：纯氢、高纯氢和超纯氢	GB/T 3634. 2—2011
变压吸附氢提纯系统技术要求	GB/T 19773—2005
水电解制氢系统技术要求	GB/T 19774—2005
加氢站设计规范	GB 50177—2005
氢气使用安全技术规程	GB 4962—2008
加氢站技术规范	GB 50516—2010
氢系统安全的基本要求	GB/T 29729—2013
氢能汽车加氢设施安全运行管理规程	GB/Z 34541—2017
加氢站安全技术规范	GB/T 34584—2017
质子交换膜燃料电池汽车用燃料 氢气	GB/T 37244—2018

表 8-7　我国现行的部分氢能技术相关行业标准

标准名称	标准号
催化吸附型氢气纯化装置通用技术条件	SJ/T 10273—1991
水电解制氢装置通用技术条件	CB 3521—1993
氢冷发电机氢气湿度的技术要求	DL/T 651—1998
电动自行车用蓄电池及充电器第 2 部分：金属氢化物镍蓄电池及充电器	QB/T 2947. 2—2008
氢气纯化设备完好要求和检查评定方法	SJ/T 31458—1994
加氢车技术条件	QC/T 816—2009
变压吸附精制氢气用活性炭	LY/T 1971—2011
核空气与气体处理规范工艺气体处理	NB/T 20143. 1—2012
用氢安全技术	QJ 2298—1992
核空气与气体处理规范工艺气体处理第 1 部分：氢气复合装置	NB/T 20143. 1—2012
进口燃料电池的检验技术要求便携式燃料电池发电系统的安全	SN/T 4444—2016

世界各国正在积极制定氢能技术相关标准。目前，包括 ISO、IEC、ANSI、CEN、JISC 以及我国 SAC 等组织累计发布了超 200 项氢能技术标准，主要在氢能

基础、加氢站、安全、氢品质、储存、输运、制备、加注设备、检测和应用等方面。整体而言，目前氢能技术应用标准较为丰富，占氢能技术标准的50%以上，多为燃料电池技术标准。目前，对于氢能基础、氢品质以及加注设备和检测等方面的标准相对缺乏，氢能技术标准化工作任重而道远。

8.2 国际氢能发展

根据上一节的介绍可以了解到，许多国家为扶持氢能与燃料电池汽车产业的发展，积极推行了一系列相关政策与技术标准。随着环境与能源压力的持续增加以及氢能应用技术与标准化的日渐成熟，氢能产业已被众多国家作为新一轮科技与产业革命的突破口，纷纷争先抢占氢能市场和技术的制高点。其中，加氢基础设施作为燃料电池汽车充装燃料的专门场所，是氢能利用和发展的中枢环节，反映着氢能产业发展的程度，各国加氢站的规划建设情况也直接反映出对氢能发展的重视程度。表 8-8 为截至 2019 年 9 月的全球部分国家投运加氢站数量统计。

表 8-8 2019 年全球部分国家投运加氢站数量统计

国家及地区	加氢站数量	国家及地区	加氢站数量
日本	109	英国(苏格兰)	5
德国	70	丹麦	11
美国	46	法国	11
中国	45	挪威	9
韩国	28	加拿大	7
英国	12		

截至 2019 年，共有 31 个国家已经投入了加氢站的建设，其中日本加氢站数量为 109 座，居于世界第一；德国为 70 座，仅次于日本，是全球第二大加氢站基础设施国家，也是近几年来加氢站新增数量最多的国家。在中国，根据各省初步规划的目标，加氢站数量也正在快速增长，由 2018 年的 23 座，发展为 2019 年的 45 座(其中不包括已拆除的北京绿能竞立加氢站、深圳大运会加氢站、上海世博加氢站以及广州亚运会加氢站)。亚洲国家中，日本和韩国在投入建设加氢站方面工作突出，在政策与产业技术方面也较为先进。不同的是，我国最初的加氢站被首先用于公共汽车和小型货车，而韩国和日本的大多数加氢站基本用于乘用车。加氢站是氢能产业的核心设施，接下来，随着各国政府对氢能产业的重视以及相关政策的继续推行，加氢站的数量将会持续增加。

各国积极投入加氢站的建设，在一定程度上也会推动燃料电池汽车市场的扩大。日本、美国以及一些欧洲国家是当前燃料电池汽车的主要市场。在2019年年初时，全球燃料电池汽车的保有量便突破了万辆大关，燃料电池汽车销量超12000辆。美国燃料电池汽车保有量占全球45%左右，是目前燃料电池汽车的主要市场。表8-9为2019年全球燃料电池车辆示范运营量情况。除了燃料电池乘用车外，燃料电池客车作为构建“零排放城市”的突破口，也在全球多地开展示范运营；燃料电池货车作为“零排放货运”的最佳解决方案，也正受到更多的重视；燃料电池叉车的使用成为实现港口、货运中心“低碳”“零排放”的重要举措；燃料电池列车也开始进入大众视野，并在德国首先试运营。

表8-9　2019年全球燃料电池部分车型示范运营量情况

国　别	车　型	
	燃料电池乘用车	燃料电池客车
美国	6500	35
日本	3026	18
韩国	889	2
德国	500	21
法国	324	0
挪威	159	5
英国	100	20
荷兰	58	8
加拿大	17	1
意大利	15	10
总量	11588	120

8.2.1　日本氢能发展

日本能源严重缺乏，对化石能源的依赖程度高，且由于近几年日本核电发展的停滞，日本能源自给率由20%下降至8%左右，使得日本面临着严重能源供给压力。此外，为实现《巴黎协定》中2℃以内的温升目标，日本以2013年温室气体排放量为对比参数，计划到2030年可以削减26%的温室气体排放量，再过20年要削减掉80%的排放量，这将会带来不小的压力。一系列的能源与环境压力使得日本必须在重建核能的基础上再发展一种更为清洁安全的能源。作为全球氢能产业发展的积极推动者，日本正积极制定氢能战略，合理规划其国内氢能产业的发展路线，大力投身于构建“氢能社会”的国家战略及发展路线图的蓝图中。

8.2.1.1 日本氢能社会的构建

日本“氢能社会”，是指氢能将与电力、热力一起构成二次能源支柱，并广泛用于日常生活和产业应用之中。为更快地实现“氢能社会”的愿景，日本在继将2015年作为“氢能元年”后又承接2020年东京奥运会的契机，分别将2020年、2025年、2030年定义为日本发展氢能的“奥运”元年、“走出去”元年和“氢燃料发电”元年。日本政府为了更好地向世界展示本国的氢能方案和氢能产业发展成果，采取了更为具体细致的政策措施。不仅加大了对技术开发的投入，还放宽对相关行业的标准管制，并简化相关制度鼓励企业对氢能产业的投资，因地制宜设立氢能示范城市和示范基地。此外还对生活用燃料电池、燃料电池汽车以及加氢站建设推行了一系列的补助措施来刺激产业发展。

1. 生活用燃料电池补助政策

为了更全面地向民众普及燃料电池，日本政府决定向燃料电池消费者进行补助，并为此设立了“民用燃料电池补助金”的补贴制度。最开始每台燃料电池机器补助高达140万日元，但随着技术的改进，燃料电池成本降低，补助金额有所退坡，2014年，固体高分子型燃料电池每台补助最高可达38万日元。为进一步推广家用燃料电池，日本政府还施行了新的政策，尽可能地让燃料电池相关企业缩减产品的出售价格，刺激民众消费。

2. 燃料电池汽车补助政策

日本的燃料电池汽车产业属于世界领先地位，丰田Mirai燃料电池汽车于2014年底在日本正式上市，并面向全球销售。然而，该车辆的市场价格较高，含税价格高达724万日元，这在一定程度上会成为推广阻力。日本政府为尽可能地减小这一阻力，推行“清洁能源汽车补助金”的补助政策，购买一台新能源车辆在获得减免税优惠的同时，还会获得车价三分之二差额的补助，实际购入价格要比原价少将近220万日元。除了日本政府对燃料电池汽车制定的相应补助政策外，日本地方自治体也对燃料电池汽车进行了部分补助：东京会再另行补助日本政府补助额的一半；爱知县另行补助日本政府补助额的三分之一。

3. 加氢站建设补助政策

为进一步降低加氢站的建设成本，方便加氢站的建设，日本推行“燃料电池汽车加氢站建设补助金”的补助政策，其中提到将会为每座加氢站提供1.5亿~2.8亿日元来帮助建设。除了资金直接补贴，政府还对与加氢站建设相关的一系列法规(如建筑基准法等)进行简化与修订，以放宽建设限制，激励相关企业建设加氢站。除了出台一系列对氢能源规划和技术方面的战略部署外，日本政府还部署了氢能源在生活应用和交通工具等方面的市场应用形式。日本不仅仅是发展氢能产业，还正努力以此来发挥产业关联效应，推动相关材料产业以及劳动力市场的发展，实现整个产业经济的全面大发展。

日本是首个将“氢能”设定为未来主要能源利用方式的国家，也为发展氢能制定了长远的战略与规划。但是日本当前氢能实际利用率还较低，规模也较小，而且日本一部分氢气来源上是通过进口非可再生能源提取产品气获得，这也有悖于氢能社会的构建愿景。总的来说，在解决好氢气供应能力和扩大氢能产业消费等方面还存在较大的挑战。为了构建真正意义上的零碳氢能社会，日本在原来战略路线基础上又进行了更新改进，将继续攻克相关技术难题，完善行业标准规范，合理规划资金分配以及出台相关政策措施等，此外，日本也开始致力于在全球推行构建氢能社会，这也是提升其全球经济和技术竞争力以及引领全球氢能技术的重要手段。

8.2.1.2 日本加氢站状况

2011 年，由日本丰田、日产、本田 3 家汽车企业与 JX 日矿日石能源、东京燃气、岩谷产业等 10 家能源公司组成“日本氢供给及利用技术研究”组合，开始加强协作，推动燃料电池车制氢、供氢、加氢系统的建设。再依据 2013 年，日本政府有关部门放宽对加氢站建设中的标准限定，采取大力补贴加氢站建设的政策，使日本成为世界氢能源的先行者，也是拥有最多加氢站的国家，截至 2019 年，日本加氢站数量为 96 座。在日本中央政府及地方政府的协调规划下，日本开始围绕 4 大都市圈：“首都圈”(东京都及埼玉、千叶等县)、“中京圈”(爱知县的名古屋、冈崎、丰田等市)、“关西圈”(滋贺县、大阪府、兵库县等地)、“北部九州圈”(福冈县北九州市、山口县等地)，即主要围绕东京、大阪、名古屋、福冈四大都市区来构建加氢网络核心，并围绕核心逐渐发展全面区域联动的完整加氢网络。

为实现加氢站规模化商业应用，日本政府在 2018 年成立了 Japan H_2 Mobility (JHyM)公司，该公司由加氢基础设施开发商、汽车制造商以及相关金融机构组成，以方便更好地规划加氢站的建设与运营，并制定更为合理的成本投资方案，以期探索出科学、高效、低成本的商业化运行模式，来带动日本整个新能源产业的发展。

8.2.1.3 日本燃料电池汽车产业

2019 年，日本有超过 3000 辆燃料电池汽车在使用，并计划 2020 年达到 4 万辆。随着汽车企业对于燃料电池汽车研发的进展和技术路线的基本定型，以及日本政府对于加氢站建设和燃料电池汽车补贴相关政策的施行，2014 年年底，丰田公司推出世界闻名的 Mirai 燃料电池汽车，在世界上率先实现了燃料电池车的商业化销售；本田也在其后的 2015 年推出 Clarity 汽车，实现其燃料电池车的商业化销售。表 8-10 为日本制定的燃料电池技术发展目标。

表 8-10　日本燃料电池汽车技术发展目标

项　目	2020 年	2025 年	2030 年
普及数量/万辆	4	20	80
车辆价格/(万元/辆)	约 25		
乘用车寿命/a	大于 15	大于 15	大于 15
电堆功率密度/(kW/L)	4	5	6
最低启动温度/℃	-30		
储氢质量分数/%	6.0		

首先在世界上实现商业化的日本丰田汽车公司在氢能源领域的专利数量丰硕，具有丰富的经验和相对成熟的技术，尤其是对于氢燃料电池这一核心部件的研制。尽管，Mirai 汽车的制造技术相对已经成熟，但是其价格较为昂贵，这就阻碍了该款汽车的大规模推广。为利用好现已建成的加氢设施，丰田公司与 7-11 大型连锁便利店联手，将氢能源物流卡车投入到对部分店铺的物流运输上。除此之外，丰田公司还与政府有关部门达成协议，投入 100 辆氢燃料巴士来为 2020 年东京奥运会和残奥会服务，并于 2018 年开始在日本销售燃料电池巴士汽车。丰田企业积极推动了日本氢能与燃料电池汽车产业的发展，为日本完善氢能产业链、突破能源困境做出了巨大的贡献。

8.2.2　美国氢能发展

8.2.2.1　美国加氢站状况

截至 2019 年，美国建立了 46 座加氢站，其中大部分位于重视发展氢能的加州地区。加州地区的加氢站供应能力为每天 100~350kg，可进行 35MPa、70MPa 双压力加注。加州发达的加氢网络主要取决于政府的政策支持、精准的布局规划以及合理全面的商业模式。

美国加州为了更好地发展燃料电池汽车产业，出台了相关法规来推进零排放汽车的商业化，同时，还推行了低碳排放积分激励政策，既保障低碳汽车自由出行，又进一步促进了加氢网络的发展，带动氢产业链全面发展。加州加氢站的布局主要采取了加州大学在对土地利用、交通路网和投资市场等进行综合分析所给出的布局建议。加州出台支持燃料电池汽车发展的政策，以侧面推进加氢网络的建立，有意思的是，加氢网络的完善反过来又能促进燃料汽车产业的发展。通过合理超前建立加氢网络，解决户外行驶时车用燃料的供应问题，来促进燃料电池汽车产业的发展。2019 年，美国示范运营的燃料电池乘用车约 6500 辆。此外，美国政府也对加氢站的建设进行了资金激励，加州政府将提供加氢站 70%的投资资金。

8.2.2.2 美国燃料电池汽车产业

截至2019年9月，美国运行的燃料电池汽车达7000多辆，其中燃料电池乘用车推广超过6500辆。美国示范运营的燃料电池客车已超过35辆，未来还将部署超过39辆燃料电池客车。燃料电池汽车的商业价值日益凸显，美国能源部和美国交通部联邦运输管理局根据燃料电池客车的运营情况，制订了发展燃料电池客车所要达到的性能和成本目标，其中还包括2016年中期目标和商业化最终目标。燃料电池汽车产业规模的持续扩大推动着制造业的发展、经济的增长和就业的提升。随着美国氢能基础设施建设持续展开，燃料电池汽车的数量也将在未来几年内实现快速增长。

除燃料电池乘用车外，美国燃料电池叉车的示范运营走在世界前列。截至2019年9月，美国已部署了超过2.5万台燃料电池叉车，装机容量超过162MW，初步实现了燃料电池叉车商业化发展。相关企业对于燃料电池叉车的发展保有积极的态度，十分看好燃料电池叉车相比传统及电动叉车的竞争优势。

燃料电池在重型车辆方面的应用也在逐渐兴起，多个燃料电池重型货车已在美国进入路试阶段。2017年4月，丰田推出的Project Portal 18级燃料电池货车已进行路试；尼古拉汽车公司正在研发燃料电池8级货车样车，并计划于2018~2021年对车辆进行道路测试，该公司还计划在美国和加拿大搭建加氢站网络，以服务燃料电池重型货车；加拿大氢能公司、英国宇航系统公司、美国肯沃斯公司等的燃料电池货车也将接受测试；此外，美国还将部署10辆燃料电池行李牵引车示范项目，目前，该项目的第一阶段已圆满结束，10辆燃料电池行李牵引车正接受高寒测试，之后还可能接受高温、高原等其他条件的测试。为推进燃料电池汽车技术发展，美国能源部联合工业界制订了燃料电池应用及技术发展规划，明确未来美国燃料电池发展规模和成本目标。

8.2.3 欧洲氢能发展

欧洲的能源供应具有结构性弱点和地缘政治的特点，存在社会和环境方面的缺陷，特别是在供应安全和气候变化方面尤为严重。能源是经济增长的主要决定因素。欧洲能源供应的缺陷对欧盟(European Union，EU)经济的增长以及公民福祉的稳定性具有直接影响。因此，能源供应安全问题，以及减缓气候变化和经济竞争力是可持续发展背景下能源研究的主要驱动力，这也是欧盟的高层目标。为实现以上目标，欧洲国家也将目光投向氢能产业，以期可以实现可持续能源产业化。

当前，欧洲凭借强大的政策支持和环保意识，已逐步完善氢能和燃料电池产业链的发展。同其他国家一样，欧盟国家推广氢能产业出台大量相关政策进行引导和扶持，还提供资金支持以更好地进行氢能基础设施和燃料电池技术方面的研究，以期能降低发展成本，更快实现氢能产业的商业化推广。欧盟政策强力推广成果显著，运行加氢站数量较多，推行的“大型氢能公交车项目”是氢能源实际应用的全球典范。截至 2019 年，德国拥有加氢站 70 座、法国 11 座、丹麦 11 座，原欧盟成员国英国此前拥有 17 座加氢站(其中包括苏格兰 5 座)。欧洲对环保的绝对重视，使得欧洲各国坚定推广氢能和燃料电池应用。

除欧盟国家针对氢能发展所制定了一系列战略目标外，欧洲其他国家也在致力于改变能源构架，大力发展氢能产业。其中，目前拥有 3 座加氢站的冰岛计划到 2050 年将二氧化碳排放量降至零，并已开始致力于改变当前使用的燃料种类。由于地理位置特点，冰岛利用储存在地下的大量地热能作为主要能源之一。虽然冰岛的大多数汽车仍然使用传统燃料，但冰岛现在已经开始使用氢动力公交车，并逐渐转向氢动力汽车，供居民日常出行。目前，冰岛氢动力公交车所使用的燃料氢气主要通过电解水方法制得，而其所用电能多由清洁的地热能发电方法产生。因此，冰岛汽车所使用的氢确实是一种清洁能源。冰岛很可能在近几年实现零排放的目标。

8.2.3.1　德国氢能产业状况

德国是氢能产业发展较为领先的国家，从政府部门提出明确的氢能发展战略定位、氢能产业发展路线图以及合理资金投入，到推动产业联盟的建立和鼓励技术创新，德国的氢能发展都为其他国家提供了良好的示范。德国积极发展氢能全产业链，在通信基站、加氢站、交通运输等方面实现了很好的应用。为研发氢燃料电池技术，德国自 2007 年一直到 2018 年，已累计投资近 40 亿欧元。2018 年，联邦运输和数字基础设施部(Bundesministerium für Verkehr und digitale Infrastruktur，BMVI)批准了总额超过 310 万欧元的资金申请，用于采购 223 辆燃料电池汽车。该资金来自 NIP 计划第二阶段。此外，来自资助计划的 2050 万欧元将用于建立 20 座加氢站，从而推进零排放氢能汽车的发展。表 8-11 为德国近期氢能产业发展现状。

表 8-11　德国近期氢能产业发展现状

项目	发展现状
加氢站	2019 年，共建成 70 座，居于世界第二
燃料电池车	当前约有 500 辆燃料电池汽车，被视为燃料电池汽车产业的关键市场； 2018~2019 年引进约 40 辆燃料电池巴士； 2018 年，世界第一辆氢燃料电池列车在德国萨克森州车站开始运营
通信基站	在 300 座通信基站安装燃料电池电源

当前德国加氢站建设正在步入一个高速发展的状态。2018 年德国是新增加氢站数量最多的国家，达到 18 座。2019 年德国加氢站 70 座，仅次日本之后居于世界第二。德国计划在 2023 年之前加氢站的数量将增加到 400 座，希望能成为第一个有基本加氢站网络的国家。届时，加氢站将分布在德国整个高速公路的网络中，每隔 90km 就有一个加氢站，在每个大都市区内有 10 个加氢站。此外，德国利用 790 万欧元资金用于燃料电池驱动的零排放火车示范项目，该示范列车已于 2018 年正式下线，可在约 100km 的线路上运送乘客。

8.2.3.2　法国氢能产业状况

法国对于发展氢能具有很大的信心，并宣称要成为发展氢能的世界领先者。2007 年，法国正式明确了可再生能源将会在未来得到重点发展，为此，法国开始加大对氢能的发展。2018 年，法国在《法国氢能计划》中提出，法国环境与能源管理署将拨款 1 亿欧元用于氢能在工业、交通以及能源领域的部署工作。法国想借此计划来促进加氢网络的建设以及对燃料电池汽车的推广工作，并指出要利用十年的时间，即到 2028 年实现建成 400 座加氢站以及运行 800 辆燃料电池汽车的目标。截至 2019 年，法国已建成 11 座加氢站，在欧洲地区处于领先地位。当前，法国正致力于利用可再生能源发展零排放的绿色氢能产业。

为了能真正实现绿色氢能源产业，达到真正的工业脱碳和运输领域零排放的最终目标，法国继续推出了“零排放谷(Zero Emission Valley，ZEV)”项目这一重大举措，图 8-1 为 ZEV 项目示意图。该项目为加快推进氢能的应用，计划建立 20 座加氢站，并对购买前 1000 辆燃料电池汽车的消费者进行购买补贴政策；通过可再生能源来电解水制氢，所产生的氢气供应项目计划区域内的电力、热力、制冷及运输等生产和生活方面的应用需求；此外，将富余的绿色氢气运输到可再生能源较为贫瘠的地区，以推广绿色氢气供应使用。其中，法国第一座可以利用可再生能源制氢的萨尔格米纳加氢站，日产氢气达 40kg，可为 25 辆燃料电池汽车填充 35~42MPa 的氢气。

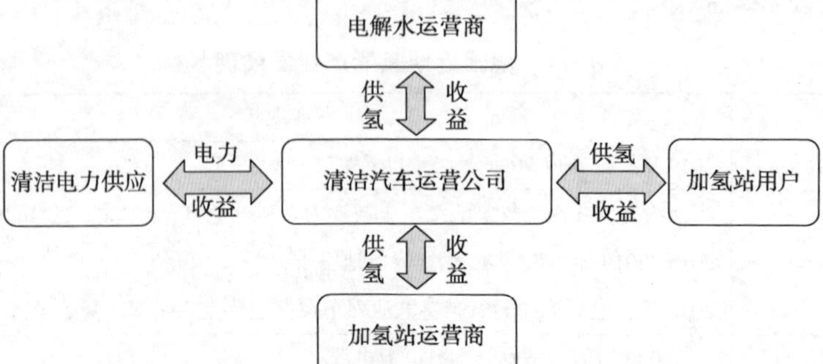

图 8-1　法国“零排放谷”项目示意图

8.3 我国氢能发展

中国对氢能的研究与发展可以追溯至20世纪60年代初，当时液氢燃料主要应用于火箭运行。进入21世纪后，我国开始逐渐明确氢能发展战略，也越来越重视氢能和燃料电池汽车产业的发展。当前，氢能作为我国能源战略计划之一，已成为整改能源结构和维护能源供应安全的战略选择。国家出台政策为氢能和燃料电池汽车产业指明发展方向，我国的氢能与燃料电池汽车产业正在快速发展。表8-12为我国氢能产业基础设施技术发展路线。

表8-12　我国氢能产业基础设施技术发展路线

年份	制氢	氢的储运	氢能利用设施
2016年	工业副产氢气回收 天然气制氢煤制氢 电解水制氢	35MPa气态储存 液氢罐车	35MPa加氢 4座加氢站
2020年	可再生能源制氢	高效液态储氢 复合体系储氢	70MPa加氢 100座加氢站
2030年	低碳煤基制氢 多元化制氢体系	高压储氢设备轻量化安全控制系统	1×10^8kW发电 200万辆车
2050年	形成绿色氢能供应体系	长距离高压氢气管道	全国范围内氢能供给和利用设施完善

8.3.1 我国加氢站发展状况

目前，我国的氢能产业链布局较为完整，涵盖了制氢、纯化、储运、加注以及应用等环节，也已经初步形成了从研究到示范应用的全方位格局。作为氢能产业的核心，我国加氢站的建设虽还处于萌芽阶段，但该建设核心技术已获得突破。当前制约加氢站推广的瓶颈问题：一是其成本方面，目前我国加氢站单站平均建设成本在1500万元以上；二是如何合理布局加氢站，加氢站的合理布局有助于氢能及燃料电池汽车产业可持续健康发展，扩大燃料电池汽车的运行范围，也能促进氢能产业的快速发展，合理规划加氢站的选址将是发展氢能所要攻克的难点之一。由于部分石化企业建有自己的加油站体系，接下来可以考虑与相关机构进行合作，推广油-氢混合站的改造。

截至2019年年底，我国已建成45座加氢站，主要分布在广东、上海以及江苏等地，山东、湖北等省份随着有关氢能产业发展规划的陆续出台，加氢站建设方面也正在大力推行。当前，我国已建成加氢站的加注压力主要为35MPa，加注能力基本可维持在200～500kg/d，甚至可达1000kg/d及以上。随着我国对70MPa加氢机样机的成功自主研发，加氢站的加注压力也会得到提高。我国加氢站具体情况如表8-13所示。

表8-13 我国加氢站具体情况

所在地		名称	加注压力/MPa	加注能力/(kg/d)	时间/年
直辖市	北京	永丰加氢站	35	200	2006
	上海	驿蓝金山加氢站	35/70	1920	2019
		西上海油氢合建站	35	1000	2019
		安智路油氢合建站	35	1000	2019
		江桥撬装加氢站	35	750	2018
		神力加氢站	35		2018
		电驱动撬装加氢站	35		2018
		上汽撬装加氢站	35/70		2017
		安亭加氢站	35	400	2007
江苏	如皋	神华如皋加氢站	35/70	1000	2019
		百应加氢站	35	80	2018
	盐城	创咏加氢站	35	1000	2019
	张家港	东华能源加氢站	35	500	2018
	常熟	丰田TMEC加氢站	70		2017
广东	广州	新南加氢站	35	1000	2019
		东晖加氢站	35	500	2019
	佛山	瀚蓝狮山桃园加氢站	35	1000	2019
		瀚蓝松岗禅炭路加氢站	35	1000	2019
		中国石化佛山樟坑油氢合建站	35	500	2019
		国能联盛更合镇加氢站	35	500	2019
		国能联盛塱沙加氢站	35	500	2019
		佛罗路加氢站	35	500	2018
		瑞晖(丹灶)加氢站	35	350	2017
		三水撬装式加氢站	35	100	2016
	云浮	罗定1#加氢站	35	500	2018
		思劳加氢站	35	400	2016

续表

所在地		名称	加注压力/MPa	加注能力/(kg/d)	时间/年
山东	潍坊	潍柴加氢站	35/70	1000	2019
	章丘	重汽豪沃加氢站	35	500	2019
	德州	鲍庄村加氢站	35	500	2019
	邹城	兖矿国宏氢能源研发示范基地撬装加氢站	35	500	2019
	聊城	中通客车加氢站	35	200	2018
湖北	武汉	雄众加氢站	35	1000	2018
		中极加氢站	35	300	2018
	十堰	东风特汽撬装加氢站	35	500	2018
	襄阳	襄阳检测中心撬装站	35	80	2018
辽宁	抚顺	沐海氢能兴京一号站	35	500	2018
	大连	同济-新源加氢站	35/70	400	2016
河南	新乡	豫氢科研示范撬装站	35	50	2019
	郑州	宇通加氢站	35	1000	2015
河北	张家口	张家口加氢站	35	1500	2018
山西	大同	氢雄加氢站	35	500	2019
新疆	乌鲁木齐	乌鲁木齐集约式加氢站	35	500	2019
安徽	六安	明天氢能加氢站	35	400	2019
内蒙古	乌海	乌海化工加氢站	35	300	2019
四川	成都	郫都区加氢站	35	400	2018

虽然我国的加氢站建设还处于萌芽阶段，但在国家和一系列优秀能源企业的共同努力下，我国氢能产业的发展前景十分乐观。我国当前在加氢站关键装备自主研发、油-氢多能源供应模式以及氢气供应多样化等方面具有代表性的加氢站有大连同济-新源加氢站、广东中石化佛山樟坑油-氢合建站以及上海驿蓝金山加氢站。

大连同济-新源加氢站是由同济大学牵头承担的“十二五”863 计划科技成果的集中体现。该加氢站不仅第一次采用了风光互补发电耦合电解制氢系统，还集成了 70MPa 加氢机系统、87.5MPa 大容积的钢质碳纤维缠绕储氢容器以及 90MPa 隔膜式氢气压缩机等关键装备。这体现了我国已经具备大加注压力加氢站设计和自主研发关键装备技术的能力，也为我国氢能产业赶上国际水平奠定基础。

中国石化是我国拥有加油站数量最多的能源央企，一直积极响应国家号召，投入到布局氢能产业中。广东中石化佛山樟坑油-氢合建站，就是由中国石化建成的我国第一座集油、电、氢能源供给及连锁便利服务于一体的多能源补给供应新型网点。该合建站加注压力为35MPa，加注能力达500kg/d，主要服务于周边使用氢燃料的公交线路以及物流运输，氢燃料公交车仅需4min便可完成燃料加注，并续航300km。中国石化可以根据已建立起的全国巨大油站网络来发展合建加氢站，这也可以极大地解决发展加氢站的用地规划问题并能降低资金投入。

上海驿蓝金山加氢站，是由上海驿蓝能源科技有限公司投资建设并运营的特色加氢站。由于该加氢站位于上海化工区，其氢气来源于该工业区的副产氢，这不仅节约能源资源，还建立起了集群产业发展。该站具有35MPa和70MPa两种加注压力，加注能力高达1920kg/d，具有给燃料电池汽车、管束车等不同类型车辆加氢，新能源汽车维修保养、充电等功能，是我国首个商业化70MPa加氢站以及首个商业化加氢母站，同时也是国内首个通过管道输送供氢的加氢站，具有重要意义。

8.3.2 我国燃料电池汽车产业发展状况

我国发展燃料电池汽车较晚，关键核心技术难以实现自主创新，商业化也难以大规模推广，与国际先进水平具有相当大的差距。但经过了“九五”“十五”“十一五”和“十二五”期间燃料电池汽车技术的攻关，以及相关项目和专项的支持，已经基本掌握动力系统与关键零部件的核心技术，同时还在努力建设自主化燃料电池汽车动力系统技术平台，并开展了燃料电池汽车示范运行。在我国燃料电池汽车产业发展过程中，上汽集团、东风特汽、宇通客车等一系列车用燃料电池企业取得较好的发展。然而，燃料电池汽车产业仍存在急需解决的瓶颈问题。首先，我国燃料电池汽车受技术限制还不能大规模推广，仍存在技术可靠性差、成本高和氢能基础设施不完善等问题。其次，我国尚未形成有效的技术创新和产业化推广环境，这和我国燃料电池汽车产业政策体系不完善也有较大关系。所以，要更好地发展燃料电池汽车产业需要明确燃料电池汽车产业的战略定位，合理调整相关补贴政策。

1. 当前战略定位

我国氢能及相关产业正处于初期阶段，对于发展汽车产业来讲，还是应该根据技术水平与市场实际需求来确定发展路线。当前存在的新能源汽车有各自独特的适用领域，但燃料电池汽车对比纯电动汽车等更具有高清洁性、高转化效率、加注时间短以及可长途高载重等优势，更适用于城际客车、中长途物流车和货车等行驶里程长、载重负荷大、行驶路线相对固定的商用车领域。然而，目前在国际上大规模推广燃料电池汽车的条件尚不成熟。虽然国外已有多家燃料电池汽车企业实现量产，但氢气价格仍远高于传统燃油和电能，汽车技术水平和氢能基础设施也不够完善。因此，我国当前更适合发展技术和充电基础设施更成熟的纯电动汽车。

要想发展燃料电池汽车，需要将制氢、储氢、加氢等仍存在的众多技术和产业化难题解决，并加强对燃料电池汽车的战略储备、前瞻布局和切实投入，防止出现战略误判和关键短板。我国应充分借鉴纯电动汽车的发展经验，率先在客车、货车等商用车领域取得突破，进一步强化我国新能源商用车的国际竞争力。

2. 补贴政策支持

近几年，我国加大对燃料电池汽车支持力度，布局了相关科技创新专项和工程项目，并推出了一系列补贴和免税政策，效果较为显著。在补贴政策方面，我国在 2019 年对于氢能与燃料电池汽车产业出台了一系列相关支持政策，在众多支持政策中，补贴政策对促进我国燃料电池汽车的快速发展至关重要。2019 年 3 月，财政部官网发布的《财政部工业和信息化部科技部发展改革委关于进一步完善新能源汽车推广应用财政补贴政策的通知》中提出，在 2019 年 3 月 26 日至 6 月 25 日的过渡期期间，凡仅符合 2018 年技术指标要求的销售上牌车辆，按照 2018 年推行的补贴政策中对应标准的 0.1 倍进行扶持，符合 2019 年技术指标要求的销售上牌车辆则按照对应标准的 0.6 倍补贴。

8.3.2.1　我国燃料电池汽车产业

随着近几年我国燃料电池汽车产业发展热度的不断增加，上汽集团、东风特汽、宇通客车等具有代表性的整车企业的燃料电池汽车产品开发进程，核心技术也取得了突破，产品应用范围不断扩大。“十一五”期间研发的燃料电池轿车动力系统结合整车新平台，使我国研发的燃料电池汽车的效率和安全性能得到了进一步的优化。其中，对汽车动力系统的零部件采用扁平化设计；将燃料电池发动机的氢气、空气循环系统和冷却系统合理分散布置；优化集成 DC/DC 变换器、DC/AC(Alternating Current)控制器以及电动空调和低压变换器等功率元器件的动力系统控制单元。这一系列改进，既使汽车整车空间与轴荷分配更加合理，又能使电磁兼容、系统冷却以及电安全等问题得以集中处理。

1. 上汽集团

上汽集团是国内最早研发燃料电池乘用车的企业，最早可以追溯到 2001 年，曾与美国通用汽车一起开发了“凤凰一号”燃料电池汽车。在 2008 年奥运会上，还展示了 20 辆联合研制的燃料电池汽车，并在 2010 年上海世博会上提供了 174 辆燃料电池汽车用于示范运行展示。除了与其他集团或科研院所合作外，上汽集团还自主开发了集成有中等容量动力电池及新一代燃料电池系统的 Plug-in 燃料电池轿车。上汽集团推出的国内首款完成整车公告的荣威 750 燃料电池轿车，实现了新能源汽车万里行示范，已经进行了小批量生产。近年来，上汽集团加大了对于燃料电池汽车产业的开发力度，陆续推出了燃料电池乘用车、轻型客车、轻型商用车等产品。目前，有 390 辆上汽投产的大通 FCV80 燃料电池轻客车，在上海、广东、辽宁等地用于通勤和客运运营。

2. 东风特汽

东风汽车集团是国内最早从事燃料电池汽车技术研究的企业。早在步入 21 世纪前，联合大连化物所开发出国内首台 30kW 燃料电池示范车，后来又联合武汉理工大学开发出“楚天一号”乘用车和“楚天二号”中巴车。随着氢能热潮的来临，东风集团越来越重视氢燃料电池汽车的发展，并将其作为企业未来战略发展方向之一，开始研究燃料电池系统等汽车关键零部件，与其他知名燃料电池研发企业合作开发新能源车型设计，并掌握了传统与新能源整车设计的主要核心技术，成功推出 30kW 燃料电池中型物流车。目前，全国有超 500 辆东风特汽燃料电池物流车在上海、广东等城市用于城郊物流运输运营。

3. 宇通客车

宇通客车公司是国内最早建立燃料电池客车研发团队的企业之一，也是我国首个获得燃料电池客车资质认证的企业。宇通客车公司已经在燃料电池整车及零部件技术方面投入研究工作并已获得显著成果，自主掌握了燃料电池“电-电”混合动力匹配与控制技术，并于 2017 年成功开发出了第三代燃料电池客车，在整车经济性、动力性方面都达到了国内行业领先水平。目前，宇通客车拥有 200 余套试验设备，已经具备了相对完整的燃料电池制备和测试平台，并于 2017 年获批行业内首家“郑州市燃料电池与氢能工程技术研究中心”，具备了国内较为完备的燃料电池客车零部件、系统、整车三级试验验证体系。宇通客车公司具备研发燃料电池汽车的经验和实力，将会为我国发展氢能产业贡献重要力量。

8.3.2.2 燃料电池汽车示范运行

为更好地推广燃料电池汽车示范运行，我国在 2003 年便开始施行“全球环境基金/联合国开发计划署中国燃料电池公共汽车商业化”示范项目。当前，我国燃料电池汽车示范运行可由组织者的不同分为 3 类：由国际合作项目推动、由科技部推动和由地方政府推动的燃料电池汽车示范运行项目。经过十几年的努力，我国已经有超 10 座城市开展了燃料电池汽车示范运行，运行总数已超过 3000 辆。截至 2019 年 7 月，我国已推广了 3509 辆燃料电池汽车，占新能源汽车总量的 0.1%。其中，由我国地方政府推动运行的燃料电池汽车达上千辆。

1. 国际合作推动示范运行项目

中国燃料电池公共汽车商业化示范项目便是由全球环境基金和联合国开发计划署共同支持的国际合作项目，中国汽车技术研究中心北京工作部是该项目的秘书处所在地。该项目具体由我国科技部和财政部联合地方政府共同开展实施工作，目前已推出了三期，每期示范项目执行期基本为四年，其中前两期示范工作已经达标完成，当前正在开展第三期示范工作。表 8-14 为该示范项目不同阶段的目标规划。

表 8-14 中国燃料电池公共汽车商业化示范项目主要内容

阶段	示范基地	数量	示范内容
项目一期 2003—2007 年	北京	3 辆	燃料电池客车
项目二期 2007—2011 年	北京、上海	9 辆	燃料电池客车
项目三期 2006—2020 年	北京、上海、佛山、张家口等	大于 100 辆	开展多类型燃料电池汽车百辆级商业化运行工作

截至 2019 年 9 月，正在进行的第三期示范项目已在北京市示范运行了 10 辆燃料电池客车和 5 辆燃料电池卡车；上海市已示范运行了 40 辆燃料电池轿车、5 辆燃料电池客车以及 40 辆特殊用途燃料电池汽车；江苏盐城已示范运行 10 辆燃料电池客车；河南郑州已示范运行 3 辆燃料电池客车；佛山已示范运行 2 辆燃料电池客车。此外，示范项目还在张家口和常熟分别投放了 1 辆燃料电池乘用车。

2. 科技部推动示范运行项目

我国科技部于 2018 年成立重大专项，以支持我国燃料电池汽车示范运行。中国汽车技术研究中心有限公司便依托由科技部与国际合作推动的示范项目，牵头组织在京津冀、中原、长三角、珠三角四个区域进行了该项燃料电池汽车示范运行工作。目前，已经有 149 辆燃料电池汽车全部上牌，其中 129 辆已经投入正式运营，车型主要为商用车，还包括燃料电池城市客车和物流车，投入运营的车辆数已经达到项目要求。随着加氢站等相关基础设施的完善，其他未投入运营的上牌车辆会陆续到位。

3. 地方政府推动示范运行项目

为了响应国际与国家的号召，推进各地区自身氢燃料电池汽车产业发展，一些地方政府也开始积极开展并推进燃料电池汽车示范运行。其中既包括国家燃料电池汽车示范城市(如上海、广东佛山等地)，还包括一些非示范运行城市(如湖北武汉、江苏如皋等地)。表 8-15 为我国非示范城市燃料电池汽车示范现状。

地方政府所推行的示范工作成绩斐然。上海作为我国燃料电池汽车示范运行规模最大的地区，截至 2019 年 7 月已有 905 辆燃料电池汽车正在示范运行。佛山作为我国规模最大的燃料电池公交车示范运行区，在承担由国际合作推行的燃料电池汽车示范运行项目的同时，佛山政府也正在积极推进更大规模的燃料电池汽车示范，截至 2019 年 7 月底已推广 768 辆燃料电池汽车。张家口为 2019 年新入选示范城市，借助 2022 年冬奥会举办的大好机遇，已推广 174 辆燃料电池客车。

表 8-15　非示范城市燃料电池汽车示范现状

<table>
<tr><th>城　市</th><th>数　量</th><th>类　型</th></tr>
<tr><td>聊城</td><td>30 辆</td><td>氢燃料电池公交车</td></tr>
<tr><td rowspan="2">潍坊</td><td>3 条</td><td>氢燃料电池公交车运营专线</td></tr>
<tr><td>30 辆</td><td>燃料电池公交车</td></tr>
<tr><td>德州</td><td>30 辆</td><td>氢燃料电池物流车辆</td></tr>
<tr><td>张家港</td><td>15 辆</td><td>燃料电池公交车</td></tr>
<tr><td>大同</td><td>40 辆</td><td>燃料电池大巴车</td></tr>
<tr><td>武汉</td><td>26 辆</td><td>氢燃料电池公交车</td></tr>
<tr><td rowspan="2">成都</td><td>20 辆</td><td>氢燃料电池大巴车</td></tr>
<tr><td>10 辆</td><td>燃料电池公交车</td></tr>
<tr><td>新宾</td><td>40 辆</td><td>FCV80 轻型客车</td></tr>
</table>

8.3.3　发展方向

尽管我国氢能产业起步较晚，当前产业基础较为薄弱，但国家和地方政府积极出台相关政策为发展氢能与燃料电池汽车产业提供保障，我国巨大的汽车市场容量也为发展氢燃料电池汽车创造了一定的优势，同时，我国在探索技术研发和市场推广过程中也积累了一定的经验。目前，我国在构建加氢网络方面已经获得一定的成果，建造了 45 座加氢站，虽然距离作为氢能大国的日本和德国还有所差距，但是也已经在世界上崭露头角。在国际组织协助下，我国自强不息，中央和地方政府也大力推行燃料电池汽车的示范运行，各相关企业和科研院所也在努力进行技术研究，打造高质量的汽车产品，这也使我国燃料电池汽车的产销得到了一定的突破。

尽管我国发展氢能产业的各方面态势都比较乐观，但是仍存在需要攻克的瓶颈，阻碍着我国氢能产业冲击国际先进水平。首先，要想发展氢能，要有可供使用的氢气，我国多通过化石燃料作为制取氢气的原料或能量来源，这一过程背离了“绿色清洁”的理念，但我国不同于清洁地热能丰富的冰岛，还需要继续发展其他新能源来供我国电力消耗，努力实现真正无碳的氢能社会。其次，在技术方面，我国氢能与燃料电池各方面技术都与国际水平存在差距，尤其是对于燃料电池的研发，电池催化剂和隔膜等电堆关键材料以及高压比空压机和燃料气循环泵等系统关键设备还主要依赖于国外进口，这也使得我国的燃料电池产品价格较高，不利于商业推广。此外，我国还需要加强民众的环保观念，大力推广氢能与氢燃料电池汽车等新能源产品。最后，我国针对氢能新型应用的相关标准还较欠缺。因此，在氢能产业发展方面，特别是氢燃料电池汽车的研发方面，我国最应该看到存在的技术短板。为加速我国氢能产业与燃料电池汽车产业的发展，克服短板，我们必须明确今后发展方向：

（1）国家合理引导，全面规划氢能燃料电池发展途径。我国政府要依据当前氢能产业现状与市场需求，制定出合理的氢能燃料电池总体规划和发展路线图，来引导我国氢能技术和产业的发展。可通过制定政策措施，规划基础设施布局、鼓励核心技术研发等。

（2）统筹产业集群布局，促进全产业链发展。发展产业集群有利于构建完整全产业链，使氢能与燃料电池产业链更高速、健康全方位发展。这也可以有效带动产业短板和关键核心环节的发展，可以合理规划氢能燃料电池工业园来建设氢能产业集群。我国发展氢能，可以依托现有的石化产业合建加氢站，有效减低资金投入。

（3）加强核心技术研发投入，争取全产业发展自主化，降低产品成本。当前燃料电池的关键核心技术问题是阻碍我国氢能产业发展的最主要因素，我们应当设立氢能燃料电池专项，鼓励相关科研机构和院所提升创新能力，专注攻克关键技术，实现技术自主。只有我们掌握了核心技术，才能降低产业资金投入，并有效降低产品价格，有助于大规模商业推广。

（4）完善相关标准的制定，以规范行业发展秩序，支撑产业发展与技术进步。当前我国对于氢气与氢能方面的技术标准还不够合理和完善，这极大地限制了发展氢能与燃料电池产业的速度。可以通过建设氢能燃料电池国家技术标准创新基地，来更全面、高效地完善氢能燃料电池全产业链的技术和检测标准，这也是发展氢能的重要保障作用。

总体来说，我国氢能与燃料电池汽车产业化进程仍处于发展初期，相关产业技术落后于部分先进国家，企业也缺乏市场竞争力。但只要我国政府持续做好顶层设计，提供合理产业政策扶持；相关科研机构继续加强技术研发工作，努力突破氢能与燃料电池汽车的关键核心技术；相关企业在国家政策扶持下，积极加强与科研院校的交流合作，完善相关产业链，不断提高我国消费者的认可度，我国燃料电池汽车产业化进程将会得到突破性推进，我国氢能事业将更快跻身于世界前列。

参 考 文 献

[1] J. O'M BOCKRIS, A. J. APPLEBY. The Hydrogen Economy: An Ultimate Economy? Environment [R]. 1972: 29.

[2] 张博，万宏，徐可忠，等．世界各国氢能源经济发展举措分析[J]．国际石油经济，2017(9).

[3] 高慧，杨艳，赵旭，等．国内外氢能产业发展现状与思考[J]．国际石油经济，27(04)：17-25.

[4] 中国汽车技术研究中心有限公司．氢能汽车蓝皮书：中国车用氢能产业发展报告(2018)[M]．社会科学文献出版社，2018.

[5] 周琼芳，张全斌．我国氢燃料电池汽车加氢站建设现状与前景展望[J]．中外能源，2019，24(09)：28-33.

[6] 杨雪炜．制氢装置除氧水换热方案优化[J]．宁波化工，2019(02)：40-43.

[7] 陆一夫，陈维城．新能源车企洗牌加速[J]．齐鲁周刊，2019(25)：33-35.

[8] 樊桐杰．氢燃料电池直面产业化之痛[N]．中国能源报，2019-11-18(010).

[9] 十省市氢能产业发展政策[N]．中国石化报，2019-06-11(005).

[10] 孙冉冉．汽车行业在曲折中前进[N]．中国政府采购报，2020-01-10(005).

[11] 中共中央国务院印发《交通强国建设纲要》[N]．人民日报，2019-09-20(004).

[12] 多部门促“两业融合”加快家电向智能、绿色升级[J]．日用电器，2019(11)：8.

[13] 朱熙．木秀于林 燃料电池汽车强势发展中的常见问题[J]．汽车之友，2017(21)：112-115.

[14] 郑雪芹．多地引领“氢能热”[J]．汽车纵横，2019(10)：26-28.

[15] 宗禾．上海市绘制燃料电池汽车发展规划[N]．中国政府采购报，2017-09-22(005).

[16] 中国汽车工程学会．氢能与燃料电池汽车蓝皮书：世界氢能与燃料电池汽车产业发展报告(2018)[M]．社会科学文献出版社，2019.

[17] Committee on Climate Change, UK. Hydrogen in a low carbon economy[R]. 2018.

[18] U. S. Department of Energy. National Hydrogen Energy Roadmap[R]. 2002.

[19] U. S. Department of Energy. Hydrogen Posture Plan: A Integrated Research, Development, and Demonstration Plan[R]. 2006.

[20] Executive Office of the President, US. The all-of-the above energy strategy as a path to sustainable economic growth[R]. 2014.

[21] 王彦雨，高璐，刘益东．美国国家氢能计划及其启示[J]．未来与发展，2015(12)：22-29.

[22] Energy Department Announces $15. 8Million Investment for Innovation in Hydrogen and Fuel Cell Technologies [EB/OL]. 2017 - 06 - 08. https: //energy. Gov/eere/fuel cells/articles/energy-department-announces-158-million-investment-innovation-hydrogen-and.

[23] Hydrogen Posture Plan. A Integrated Research, Development, and Demonstration Plan [R]. 2006: iv.

[24] DOE Hydrogen and Fuel Cells Program FY 2016 Annual Progress Report[R]. 2017；1.

[25] Ministry of Economy，Trade and Indus of Japan. Strategic Energy Plan[R]. 2015.

[26] 日本氢能白皮书一：日本发展氢能的意义和政策[EB/OL]. 中国氢能拥网，2016-08-29. http：//www. chinahydrogen. orglobservationl2016-08-29/5622. html.

[27] Ministerial Council on Renewable Energy，Japan. Hydrogen and Related Issues. Basic Hydrogen Strategy[R]. 2017.

[28] Ministry of Economy，Trade and Industry of Japan. Strategic Energy Plan[R]. 2018.

[29] 马涛. 国外氢能源经济发展现状及对我国的启示[J]. 节能技术，2008，7(4)：324-327.

[30] US National Renewable Energy Laboratory. Blending hydrogen into natural gas pipe Line networks：are view of key issues technical report [R]. 2013.

[31] Hydrogen Mobility Europe is a flagship project giving fueI cell electric vehicle (FCEV) drivers access to the first truly pan-European network of hydrogen refuelling stations[EB/ OL]. Hydrogen Mobility Europe. http：//h2me. eu/about/.

[32] 夏丰杰，周谈. 德国氢能及燃料电池技术发展现状及趋势[J]. 船电技术，2015(2)：49-52.

[33] Fuel Cells and Hydrogen Joint Undertaking. Hydrogen Roadmap Europe[R]. 2019.

[34] 赵旭，杨艳，高慧. 世界主要国家和能源企业加快氢能产业布局[J]. 中国石化，2019(5).

[35] 盘点2019：年度大事TOP10[N]. 新能源汽车报，2019-12-30(010).

[36] 王蕾. 山西：打造氢能全产业链的“创新高地”[N]. 山西经济日报，2019-12-11(001).

[37] 苏树辉，毛宗强，袁国林. 国际氢能产业发展报(2017)[R]. 世界知识出版社，2017.

[38] 中国汽车工程学会. 世界氢能与燃料电池汽车产业发展报告2019[M]. 北京：机械工业出版社，2019.

[39] 顾阿伦，孟翔宇，刘滨，等. 氢能在日本能源发展战略中的地位与作用[J]. 中国经贸导刊，2019.

[40] 滕玲. 新能源战略的一支生力军：氢能 首届氢能源发展及应用国际峰会在京举行[J]. 地球，2017(02)：54-55.

[41] 王学军，张永明. 宇宙元素驱动氢能经济[J]. 氯碱工业，2019，55(10)：9-16.

[42] 苏树辉，毛宗强，袁国林等. 国际氢能产业发展蓝皮书(2017)[M]. 北京：世界知识出版社，2017.

[43] 日本新能源和产业技术综合开发机构(NEDO)氢能源白皮书[R]. 2014.

[44] 赵俊玮，陈轶嵩，方海峰，等. 我国燃料电池汽车加氢站发展现状分析及对策建议[J]. 汽车工程学报，2019，9(03)：49-56.

[45] 王梦简. 我国燃料电池汽车产业政策研究[D]. 杭州：浙江大学，2012.

[46] 中国氢能汽车网. 安倍访华，中日合建加氢站意义何在？[EB/OL]. 2018-10-29.

[47] Japan H_2 Mobility. About Us[EB/OL]. 2018-03-05.

[48] 张震，万宏，杜国敏，等日本能源企业发展氢能业务经验与启示[J]. 石油科技论坛，2019，038(004)：58-63.

[49] Alternative Fuels Data Center. Hydrogen Fueling Station Locations[EB/OL]. 2018-12-14.

[50] MURATORI M, BUSH B, HUNTER C, et a1. Modeling Hydrogen Refueling Infrastructure to Support Passenger Vehicles[J]. Energies, 2018, 11(5): 1171.

[51] California Fuel Cell Partnership. FCEV Sales, FCEB & Hydrogen Station Data [EB/OL]. 2018-12-01.

[52] MARTINEZ A. The Future IS Present in California: Defivering on the Promise of Fuel Cell-Powered Transportation[J]. IEEE Electrification Magazine, 2018, 6(1): 37-47.

[53] 王欣，王苏礼，刘伟，等. 日本和德国的氢能产业发展现状综述[J]. 现代商业，2019(24).

[54] 王欣，王苏礼，刘伟，等. 德国氢能在重点应用领域的激励政策研究及启示[J]. 现代商业，2019(23): 44-45.

[55] 中国汽车技术研究中心有限公司，荷兰皇家壳牌集团. 中国车用氢能产业发展报告 2019[M]. 社会科学文献出版社，2019.

[56] 赵玥，黄嘉莉. 广东石油“氢转型”[J]. 中国石油石化，2019(14): 62-65.

[57] 方川. 车用燃料电池发动机控制系统研究[D]. 北京：清华大学，2014.

[58] 王佳. 我国燃料电池汽车补贴政策合规性研究[J]. 汽车实用技术，2019(13): 15-16,24.

[59] 财政部 工业和信息化部 科技部 发展改革委关于进一步完善新能源汽车推广应用财政补贴政策的通知[J]. 中华人民共和国财政部文告，2019(04): 29-30.

[60] 涂彦平. 一份逐渐加长的名单[J]. 经营者(汽车商业评论)，2019(05): 183-189.

[61] 伊军令. 宇通：燃料电池车发展过程中的关键点剖析[J]. 汽车纵横，2017(08): 36-37.

[62] 王佳，方海峰. 我国燃料电池汽车战略定位、补贴政策和试点示范政策的思考[J]. 汽车与配件，2019，1247(01): 45-47.

[63] 董雷. 发展车用氢能要过三关[J]. 国企管理，2019(10): 18-19.

[64] 袁中，周定华，陈大华. 国内氢燃料电池汽车产业现状及发展前景[J]. 时代汽车，2018，303(12): 69-70.

[65] 邵志刚，衣宝廉. 氢能与燃料电池发展现状及展望[J]. 中国科学院院刊，2019，034(004): 469-477.